문명의
대전환을
공부하다

KB075371

# 문명의
# 대전환을
# 공부하다

## 이중과제론과
## 문명전환론

창비담론 아카데미

백낙청 외 지음

창비

# 왜 지금 이중과제론인가

창비담론 아카데미 2기는 '이중과제론과 문명전환론'을 주제로 2018년 4월 17일부터 7월 3일까지 8차례에 걸쳐 진행되었다. 1기의 공부 결과를 『변화의 시대를 공부하다: 분단체제론과 변혁적 중도주의』(2018)라는 단행본으로 출판한 것과 마찬가지로 2기 모임의 발표와 토론을 정리해 『문명의 대전환을 공부하다: 이중과제론과 문명전환론』을 펴낸다. 1기 공부 주제였던 '분단체제론과 변혁적 중도주의'를 더 깊이있게 이해하기 위해서는 '근대의 이중과제론' 공부가 반드시 필요하다는 데에 창비담론 아카데미 운영위원회(위원장: 백영서, 위원: 한기욱·이일영·이남주·염종선)는 일찍 공감대를 형성하고 있었다. 따라서 아카데미 2기 공부 주제는 자연스럽게 '이중과제론과 문명전환론'으로 정해졌다. 그렇다고 이 주제로 공부한 결과를 책으로 묶어내는 데 걱정이 없지는 않았다. 창비담론에 익숙하지 않은 독자들에게 '이중과제론'이라는 주제가 낯설 수밖에 없는데 여기에 '문명전환론'까지 보태졌으니 말이다.

분단체제론에 대한 공부가 이중과제론으로 심화되어야 하는 이유는 분단체제론이 이중과제론적 인식을 경유해야만 분단현실을 설명하는 데 그치지 않고 변혁론으로 제대로 설 수 있다는 데 있다. 백낙청이 1999년에 발표한 「한반도에서의 식민성 문제와 근대 한국의 이중과제」(『창작과비평』 1999년 가을호)가 한국에서는 최초로 '이중과제론'을 제기했으니 시기적으로만 따지면 이중과제론은 분단체제론보다 한참 뒤에 제출된 셈이다. 그러나 이중과제론을 공식적으로 제기하기 전에도 그의 여러 논의에서 이중과제론으로 이어지는 문제의식을 발견하는 것은 어렵지 않다. 이번 공부모임에서 '이중과제론과 문학'을 토론할 때 한 발표자가 "백낙청의 민족문학론이 말하는 '민족문학'이 자기동일적인 폐쇄성에 근거를 두지 않았음은 물론이고 괴테나 맑스가 제시한 세계문학 이념의 실현에 남달리 기여하기를 겨냥하는 대담한 구상이었음을 나타내줍니다. 여기에는 세계문학이 종종 '보편성'의 이름으로 서구문학 중심의 위계를 은폐해온 데 대한 비판 또한 포함되어 있습니다. 민족문학과 세계문학 사이의 '운동적' 관계는 이후 그가 '근대의 적응과 극복'이라는 이중과제론을 제출하는 결정적 발단이 되기도 했습니다"(본서 126면)라고 한 발언이 그점을 잘 밝혀주고 있다. 이중과제론적 문제의식이 어떻게 리얼리즘을 사실주의 및 모더니즘과 차별성을 갖게 만드는지에 대한 토론 역시 이중과제론이라는 표현을 사용하지 않았더라도 그 문제의식이 백낙청 문학관의 저류에 흐르고 있었음을 보여준다.

그래도 이중과제론이 아직 다소 생소한 담론인 만큼 서문에서 간단하게 이에 대해 언급해 독자들이 더 편하게 본서에 접근하는 것을 돕고자 한다. 이중과제는 '근대적응과 근대극복의 이중과제'를 줄인 표현이다. 따라서 이중과제론을 올바르게 이해하기 위해서는 우선 여기서 말하는 '근대'가 무엇을 의미하는지를 알아야 한다. 근대 혹은 근대성의 개념을 둘러싼 혼란이 적지 않기 때문이다. 원래 간단하지 않은 개념인 데다가 논자마다 근대 내의 어떤 측면만을 중심으로 근대와 근대성 논의를 진행하면서 혼란이 가중된 면이 있다. 이중과제론은 이러한 논의를 반복하려는 것이 아니다. 이중과제론에서 근대는 그 어떤 다른 역사적 시기가 아닌 '자본주의 시대'를 의미하며, 사람들이 저마다 근대로 상정하는 시기의 어떤 특성들을 설명하기 위해 사용하는 '근대성'과도 구별되는 개념이다. '적응과 극복'이라는 이중과제의 대상도 '자본주의 세계체제'이다.

논의의 출발점은 '자본주의 세계체제'에 어떤 태도를 취할 것인가이다. 먼저 추수와 탈출이 쉽게 떠오른다. 변혁적 관점에서는 추수가 대안이 될 수 없다. 탈출에 대한 상상은 변혁적 사유를 진전시키는 역할을 하기도 하지만, 사실상 이미 그 바깥이 존재하지 않는 '자본주의 세계체제'를 탈출하기 위한 실천은 현실에서 가능하지 않다. 그러한 시도들은 결국 여러 경로로 '자본주의 세계체제'에 의해 회수되는 운명에 처한다. 일국적 차원에서 사회주의를 건설하고자 한 시도들이 직면했던 역사적 곤경이 이를 잘 보여준다. 그렇다면 자본주의 세계체제 내에서 이에 적응하는 동시에 극복의 계기들을 만들어나가는 실천적 과정만이 변혁의 지평을 만들어낼 수 있다.

물론 적응과 극복이 어떻게 동시적 실천과제가 될 수 있으며, 현실적으로 사실상 순응을 합리화하는 것이 아닌가라는 질문이 계속 제기되어왔다. 이 질문에 백낙청은 "근대가 꼭 좋은 것만은 아니라 좋은 점은 물론 성취해야 하지만, 나쁜 점은 피할 수 있으면 피하되 불가피하면 그야말로 꾹 참아내야 한다는 뜻이죠. 적응을 해야 해요. 감당해내야 할 일입니다. 적응을 그렇게 해석하면, 감당하면서 동시에 극복하는 노력을 한다는 게 논리적으로 전혀 모순될 게 없는 거죠"(본서 84면)라고 답한다. 이중과제론은 이 일이 쉽다고 이야기하지 않는다. 다만 우리에게 제시된 여러 방안 중 적절하지 않은 것을 하나하나 제외해나가면 이중과제론적 태도만이 남게 된다. 적응과 극복을 동시에 수행하는 것이 우리에게 남는 선택지라면 어떻게 이를 수행할 것인가는 실천과정에서 해결할 문제이다.

그래서 이번 공부에서는 이중과제론이 우리가 현재 직면한 문제를 해결하는 데 어떤 새로운 가능성을 열어주는가를 검토하는 작업에 주력했다. 한반도에서는 분단체제 극복이 이중과제 실천의 가장 중요한 고리이니 이와 관련된 토론이 빠질 수 없다. 분단체제 극복은 한편으로는 근대적 과제의 원만한 수행에 속하지만, 다른 한편으로는 동아시아 차원에서 기존의 패권질서에 균열을 가함으로써 자본주의 세계체제의 변혁을 위한 계기도 제공한다. 변혁적 실천으로서의 분단체제 극복은 하나의 민족이 하나의 국가를 건설해야 한다는 당위적 통일관을 실현하려는 것이 아니라 남북연합 방식으로 평화적·점진적·단계적으로 남북의 재통합을 실현하면서 한반도 주민의 삶의 질을 개선하는 과정이다. 이는 분단체제가 초래한 결손국가라는 문제를 해결하는 것이지만 국가주권 중심성을 강화하는 방식이 아니라 약화하는 방식으로 진행된다. 이 점이 분단체제 극복론이 단순한 분단극복이나 통일지상주의와 다르게 변혁적 지평을 여는 지침이 될 수 있게 만든다.

이 책에서는 이중과제론이 페미니즘, 문학, 학문과 대학, 동아시아 담론 등과 어떻게 만나고 연결될 수 있는가에 대한 흥미로운 논의가 이어진다. 예컨대 페미니즘이 근대화에 더 열심히 나설 수밖에 없는 측면이 있는가 하면 근대에 함몰될 수도 없는 그런 문제를 처음부터 안고 있다는 점에서 이중과제론과 매우 친화적일 수 있다는 주장을 둘러싼 논의가 본서의 처음부터 마지막까지 변주되며 이어진다. 지면이 제한된 서문이라 페미니즘과 그밖의 주제들에 대한 흥미로운 토론을 일일이 언급할 여유가 없기 때문에, 독자들이 이 토론을 따라가는 동안 참신한 지적 자극을 받을 수 있다는 사실만 강조하고 넘어가야 하는 점이 아쉽다. 그래도 '문명전환론'만은 어떤 맥락에서 다루어지는가에 대해서 약간의 설명을 하고자 한다.

갑자기 등장하는 듯한 문명전환론이 현실과 동떨어진 고담준론으로 보일 수도 있지만, 궁극적으로 자본주의 세계체제의 극복을 지향하는 이중과제의 수행에 새로운 문명의 창조를 모색하는 과정이 빠질 수는 없다. 여기서도 문제는 문명전환론 자체에 있지 않고 어떤 문명전환론인가에 있다. 이번 공부에서 우리의 근대 대응에 관해 개화론이나 척사론과 구별되는 개벽론, 그리고 "물질이 개벽되니 정신을 개벽하자"라는 원불교의 개교표어가 중요하게 논의된 이유가 여기에 있다. 이는 물질개벽 시대에 대한 과학적 인식을 바탕으로 거기에 상응하는 정신개벽 운동을 벌이자는 의미에서 이중과제에 부합하는 흐름이었으며, 그 점에서 오늘날까지 유효하고 더 강조되어야 할 표어이다. 장기적으로 보면 정신개벽 운동은 서구의 형이상학을 넘어서는 과정이기도 한데, 이에 대한 관심은 도(道)에 대한 토론으로도 이어진다. 우리의 사상자원을 근대극복의 지평 속에서 재발굴하여 보편적인 공유재로 삼는 일은 우리 지식계에 뿌리가 깊은 식민주의로부터 벗어나기 위해서도 절실하다.

어떻든 이중과제론과 문명전환론은 추상수준이 높은 담론인데, 공부를 주재한 백낙청 선생이나 참여한 분들이 현실과 동떨어진 공허한 논의가 되지 않도록 현실문제와의 관련성을 계속 상기하며 토론을 진행했기 때문에 유익하면서도 읽는 재미가 적지 않은 책이 될 수 있었다. 토론에 여러 방식으로 참여하신 모든 분들께 다시 한번 감사드린다. 그리고 30명에 가까운 사람들이 참여한 토론을 책으로 묶는 어려운 작업을 다시 훌륭하게 마무리한 창비 인문사회출판부의 편집자들에게도 고마움을 표한다. 대전환의 시대에 시대과제와 변혁적 실천에 대한 지적 탐색은 중단되지 않을 것이며, 새로운 주제로 독자들과 만날 것을 약속드린다.

2018년 10월
창비담론 아카데미 운영위원회를 대표해서
이남주

차례

일러두기

1. 제2기 창비담론 아카데미는 2018년 4월 17일(1차), 24일(2차), 5월 8일(3차), 15일(4차), 29일(5차), 6월 5일(6차), 26일(7차), 7월 3일(8차)에 세교연구소 대회의실에서 열렸고, 이 책은 각 공부모임의 발표 및 토론 내용을 정리한 것이다.

2. 토론 중 참고할 만한 문헌의 관련 대목은 본문 내에 박스 안 인용문으로 처리했으며, 공부모임에서 다룬 중요 문헌의 서지사항은 권말의 '제2기 창비담론 아카데미 읽기자료'로 정리했다.

3. 자유롭고 격의 없는 토론을 위해 발언자의 이름은 밝히지 않은 채 각 공부모임의 결과를 정리하여 다음 공부모임의 준비 문건으로 사용했고, 책으로 엮을 때에도 같은 원칙을 유지했다.

제1부

# 다시 공부를
# 시작하다

**참가자**    김명환 박맹수 박종호 백낙청 백영서 백지연 손종도 송종원 양경언
염승준 염종선 오연경 윤동희 이기정 이남주 이일영 이종현 이지영
이하림 전성이 전철희 정지영 최시현 한기욱 한영인 황정아

**사회자(이남주)** 다시 만나뵙게 돼서 반갑습니다. 제2기 창비담론 아카데미 첫번째 모임을 시작하겠습니다. 먼저 한시간 정도 참석자들이 인사와 1기 공부에 대한 소감, 2기에 대한 기대 등을 간단하게 말씀해주시고, 뒤이어 백낙청 선생님이 이번 기의 전체적 내용에 대한 설명과 읽기자료에 대한 소개를 중심으로 말씀해주시는 걸로 진행하겠습니다. 이번 기는 지난 1기보다 1회를 더해서 총 8회로 진행할 예정이고, 백낙청 선생님이 나오시는 날에는 진행도 맡아서 해주실 거니까 공부를 조금 더 세게 할 기대를 하셔도 좋습니다.(웃음)

1기를 마치고 2기를 출발할 때 새로 합류하고 싶다고 한 분들도 있었는데 저희가 공간의 제약과 토론의 효율성을 고려해 인원을 더 늘릴 수 없다고 판단해서 희망자들 가운데 몇분은 부득이하게 참여하지 못하셨습니다. 1기 회원 중에서 2기의 시간일정이 안 맞아 합류하지 못하신 분들도 있었고요. 앞으로 두달 남짓한 기간에 많은 것을 얻어가는 시간이 되었으면 합니다.

말씀드린 것처럼 간단한 자기소개 시간을 갖겠습니다. 새로 참여하시는 분들은 좀더 자세히 소개해주시면 좋겠습니다. 앉아 계신 순서대로 이야기를 들을까 하는데요. 그전에 창비담론 아카데미 운영위원장을 맡고 계신 백영서 선생님 말씀부터 듣도록 하겠습니다.

**백영서** 먼저 1기에 참여하셨던 분들을 다시 만나게 되어서 반갑고 새로 참여하시는 분들께는 환영한다는 인사를 전하겠습니다. 그리고 1기에 이어서 2기에 더 의욕적으로 이 아카데미를 이끌어가주실 백낙청 선생님에게도 감사의 말씀을 드리고 싶습니다. 1기를 돌아보면 저는 무엇보다 '아, 성공했다' 그런 생각을 해요. 왜냐하면 많은 분들이 공부를 또 했으면 하고 바라시더라고요. 어떤 이유로든 마음에 안 들거나 불만이 있으면 2기는 그만하겠다 하실 수도 있었는데, 2기에 많은 분들이 참여하시려고 해서 숫자 조절하느라고 고민을 많이 했어요. 그래서 준비하는 입장에서 굉장히 기쁘다, 보람을 느낀다는 말씀부터 전하고 싶습니다. 이 모임의 성격이 좀 애매할 수 있는데 어떻게 보면 일종의 대학원 과정이에요. 대학원 과정은 쉽지 않거든요. 대학원 수업을 해보신 분들은 아시겠지만 선생님에 따라서 느슨하게 하기도 하고 세게 하기도 하는데, 이건 센 축에 속하는 과정이에요.(웃음) 그런데도 많은 분들이 다시 2기도 하고 싶다고 하셔서 저는 긍정적으로 느낍니다.

　주제 면에서도 지난 1기가 좀더 단기적이고 현실에 대한 설명을 요하는 거였다면 이번에는 좀더 인문학적이랄까요, 혹은 중·장기적인 근대의 이중과제론이나 문명전환론 같은 주제니까 여기 계시는 문학이나 인문학을 하시는 분들은 더 흥미가 있을 수도 있겠다는 생각입니다. 그런데 저는 여러분들이 중·장기적인 담론을 공부하고 토론하면서도 부단히 현실적이고 단기적인 문제에 어떻게 적용해서 설명할 수 있는지에 대한 사고훈련을 많이 하셨으면 좋겠습니다. 그런 점에서 한 말씀만 더 드리겠습니다. 백선생님이 1기에 하셨던 표현이죠. 마음을 비우고 텍스트를 깊이 읽는 훈련을 더 하면, 마음을 비우고 텍스트의 소리를 듣고 텍스트와 대화를 나누는 그런 시간을 많이 가지면 2기는 더 성공적일 것이라고 생각합니다. 감사합니다. (참가자 자기소개)

## 다시 공부를 시작하기에 앞서

**사회자** 그럼 백낙청 선생님께서 아까 저희들처럼 소감도 좀 있으실 테고, 더 중요하게는 2기의 공부를 어떻게 할 것인가에 대해 주요 텍스트들을 중심으로 해제를 겸해서 말씀을 해주시겠습니다.

**백낙청** 1기 시작할 때 제가 쟁쟁한 분들이 많이 와주셔서 설렌다는 표현을 썼습니다. 그런데 그 쟁쟁한 분들 중 대부분이 다시 오시겠다고 하고, 또 새로 참여하신 분들도 있고 해서 정말 반갑고 설렙니다. 1기에서 안 오신 분들도 계세요. 그런데 1기가 너무 재미없어서 안 오겠다 이렇게 말씀한 분은 한분도 없고요.(웃음) 그러나 1기에 대해서 여기 오신 분만큼 만족 안 하신 분들도 물론 계실 것이고, 또 대단히 만족했는데 왜 하필이면 화요일 저녁에 시간을 잡았느냐고 불만을 토로한 분들도 계십니다.

어쨌든 반갑습니다. 지난번에는 제가 공부하는 방법에 대해서 얘기를 많이 했습니다. 잔소리도 꽤 했죠. 이번에 그걸 되풀이하지는 않겠습니다. 다만 1기에서 그랬듯이 우리의 주된 목적은 담론의 **내용**을 학습하는 것보다 담론하는 **방식**을 공부하는 것이라고 생각합니다.

물론 내용을 학습하면서 그 방식을 배우고 또 스스로 점검하는 그런 공부가 됐으면 싶고요. 제가 지난번에도 공부는 기왕에 할 거면 빡세게 해야지 재미있다 그랬는데, 이번에는 여러분 스스로 태업을 하시지 않는 한 유감없이 빡센 공부를 하실 것 같습니다. (웃음)

우선 이번 주제가 추상수준이 훨씬 높죠. 추상수준이 높다는 것은 적용되는 범위가 그만큼 넓어진다는 이야기인데 근대적응과 근대극복이라는 수식어가 붙긴 합니다만, 사실 근대라는 것이 어마어마하게 큰 주제가 아닙니까? 거기에 대해서 이중과제라는 것을 설정해놓고 그 얘기를 하겠다 하니까 그야말로 안 걸리는 문제가 없을 만큼 광범위한 주제입니다. 반면에 담론의 친숙도는 훨씬 떨어지죠. 이중과제론이라는 말을 창비담론 아카데미 바깥에서는 못 들어본 분들도 계시지 않나 싶어요. 나 개인의 경력으로 보더라도 분단체제론을 얘기한 지는 거의 40년입니다. 그리고 남북관계라는 현실문제가 걸려 있으니까 어떤 분들은 그 개념을 배척하고 안 쓰기도 하고, 어떤 분들은 이것을 개념으로라기보다는 레토릭으로 쓰기도 합니다만, 어쨌든 세월이 30~40년 되다보니까 분단체제론은 꽤 유통이 되는 개념입니다. 그런데 이중과제론은 처음 제기한 때로 치면 한 20년 됐지만 처음 제기한 장소는 외국이었고 언어는 영어였습니다. 그후에 한국어로 정식 소개했습니다만, 창비 주변 말고는 널리 통용된 것 같지 않아요. 분단체제론과 달라서 이중과제론에 대해서는 논쟁도 거의 없었습니다. 이번 기의 기본독서 과제 중 하나인 『이중과제론』(창비 2009)에 보면 『녹색평론』 하는 김종철(金鍾哲)씨하고 나하고 논쟁한 것이 있는데, 내용 있는 논쟁으로는 그게 아마 유일하지 않을까 싶어요. 그만큼 이건 아직도 생소한 담론이라서 여러분이 공부하시는 데 아무래도 지난번보다 더 힘든 면이 있을 것 같습니다. 또 독서목록●도 훨씬 방대하고 내용도 복잡합니다. 거기다가 이번에는 문학 논의까지 포함하니까 더욱이나 그렇고요. 지난번에 1기 과정을 들으신 분들도 기본 문건은 복습하는 것이 좋을 것 같고, 새로 들어오신 분은 최소한 이러이러한 것만은 읽고 시작하시는 것이 좋겠다 해서 독서목록 1항에 넣어놨는데, '복습/보습과제'라는 항목이 그겁니다.

한 참가자께서 분단체제론이 공허하다는 느낌을 끝까지 다 지워버리지 못해 이번에 다시 한번 그걸 어떻게 해결해보려고 참가했다고 하셨는데, 분단체제론이 공허하다면 이중과제론은 얼마나 더 공허하겠어요.(웃음) 사실 우리가 공허한 담론은 할 필요가 없죠. 이게 공허하게 여겨지는 이유 중 하나는 거대담론이기 때문인데, 거대담

---

● 본서 340면 참조.

론하고 공허한 담론이 같은 것은 아니라고 봅니다. 거대담론은 항상 공허한 담론이 될 위험에 처해 있지만 거대담론 자체는 꼭 필요한 것이고, 거대담론 안 하겠다며 그것을 배척하면 사실은 은연중에 남이 만들어놓은 거대담론의 틀에 걸려들게 되어 있습니다. 그러니까 되도록 거대담론 차원에서도 그것을 자기가 의식화해서, 의식 속으로 끌어넣어서 검토하고 점검하고 어떻게 현실에 적용할까 하는 노력을 해야 할 겁니다. 그런데 창비담론은 우리가 자부하기로는 항상 현실 적용성이 있고 실천적인 의의가 있는 담론이기 때문에, 이중과제론같이 추상수준이 높고 공허하게 느껴지는 담론이 어떻게 그런 현실성과 실천성을 갖게 되느냐, 이것을 살피는 게 우리가 공부할 중요한 과제인 것 같습니다. 나 개인의 경우는, 제가 사회과학자도 아니고 역사학자도 아니기 때문에 그런 작업을 많이 안 하니까 지나치게 또 공허하게 보는 분들도 있는데,(웃음) 저는 문학평론하고 늘 같이 해왔기 때문에 완전히 겉도는 거대담론이 되는 것을 방지하는 하나의 방법이 문학평론 작업이라고 믿고 있습니다. 한국문학의 현장, 세계문학의 현장과 작품들을 항상 대조하면서 이 담론이 어느 정도의 현실성을, 현실 적용성을 갖는가 하는 것을 점검하는 작업이니까요. 나의 담론작업이 문학평론을 포함하기 때문에 이번에는 문학평론도 같이 공부해보자는 의도도 있지만, 이중과제론이 공허한 과제로 흐르지 않게 하는 하나의 방법이 문학평론 또는 문학작품론과 대조하면서 나아가는 길이라고 봅니다.

## 아카데미에서 다루는 주제들

　독서목록의 '기본독서' 항목에 들어 있는 글들을 보시면 알지만,

이중과제론이라는 게 처음부터 분단체제론의 연장선에서 개발됐어요. 그리고 처음부터 이중과제론이 한반도에 적용되면 분단체제론이 된다는 것을 설명하려고 했기 때문에, 이중과제론이 분단체제론과 실제로 유기적으로 연결되어 있다면 좀더 구체성을 갖게 될 것입니다. 그리고 분단체제론이 더 구체적인 실천노선으로 될 때는 변혁적 중도주의라는 것으로 이어집니다.

이번 수업의 기본독서 과제 중 하나가 이남주 교수가 엮은 『이중과제론』이라는 '창비담론총서' 첫번째 책이죠. 이남주 교수는 최근에 『창작과비평』 특집(2018년 봄호)에도 글을 쓰고 좋은 평가를 많이 받았지만, 『이중과제론』에 실린 글을 쓰면서 당시의 정치현실에까지 이중과제론을 끌어내리려는 노력을 했습니다. 그 시도가 얼마나 성공적이었는가 하는 것은 여러분이 각자 읽어서 판단하시길 바라는데, 말하자면 이것도 이중과제론이 분단체제론과 결합할 때 그것이 현실의 정치문제까지도 연결될 수 있다는 것을 예시하는 하나의 본보기라고 볼 수가 있습니다.

그다음에 이중과제론에서 근대극복이라고 할 때는 근대문명이 뭔가 커다랗게 전환하는 것을 의미하기 때문에 이것을 우리는 문명전환론이라고 줄여서 표현했습니다만, 그 문명전환론도 자칫하면 그야말로 공허한 거대담론이 될 수 있는데 창비담론에서는 그 공허함을 메꾸어주는 하나의 시도가 동아시아 담론이었어요. 지금도 진행중인 겁니다만. 동아시아 담론은, 저는 서양문학 전공자이기 때문에 처음부터 관여하진 않았지만, 창비의 최원식 교수나 이 자리에 있는 백영서 교수, 또 경제학에서 이일영 교수, 정치학에서 이남주 교수 같은 분들이 참여해왔습니다. 우리가 동아시아에 살기 때문에 문명전환을 할 때 동아시아라는 지역이나 문명권이 어떤 역할을 할까 하는 것을 생각하는 것이 당연하겠죠. 그런데 세계역사 전체와 인류문명 전체를 볼 때 대문명이 커다란 전환, 의미있는 전환을 하려면 거기에 동원되어야 할 문명의 유산이 서양에도 있고 아랍세계에도 있고 아프리카에도 있고 여기저기 많습니다만, 동아시아야말로 그런 유산이 가장 풍부한 지역 중 하나가 아닐까 생각되기 때문에 그 점에서도 문명전환을 논의하자면 동아시아를 이야기해야 합니다.

그래서 주제 중의 하나가 '이중과제론과 문명전환론'으로 되어 있는데, 여기서 동아시아에 대해 집중적으로 얘기하면 좋지 않겠나 하는 생각입니다. 그밖에도 각자 자기가 특별히 관심을 갖고 있고, 본인에겐 결코 공허하지 않은 운동이라든가 담론이라든가 의제라든가 하는 것과 연관해서 이중과제론이 무슨 의미를 띨 수 있는가를 점검하는 것이 좋은 방법일 것 같아요.

가령 요즘 페미니즘이나 여성해방론이 아주 큰 관심사가 되어 있고 미투(Me Too)운동이라는 거대한 물결, 쓰나미 같은 그런 현실의 변화가 벌어지고 있는데 그것을 여성운동 내지 여성주의라는 차원으로서 해석할 때 이중과제론이 무슨 도움이 되는가, 그런 식으로 각자 관심에 따라서 점검해볼 수 있겠습니다. 또 동아시아론도 더 세분해서 들어가면, 가령 일본 역사에 이중과제론을 적용할 때 어떤 결론이 나느냐, 그 해석이 이중과제론을 적용하지 않은 해석보다 한층 적절한가, 이런 식으로 점검해볼 수 있죠. 중국 역사에 대해서는 여기 백영서 교수를 비롯해 이욱연 교수 등 몇분이 그런 시도를 한 것 같아요.

2기 모임에 대해서는 아까 얘기가 나왔지만 좀더 효율적인 운영에 목표를 두겠습니다. 워낙 주제가 방대하고 복잡하기 때문에 그렇게 하는 것이 좋지 않을까 싶어서요. 큰 주제가 셋이고 각각 두개씩 발제가 있어서 모두 여섯개가 될 판인데, 그중에 원불교 관련해서는 박맹수 교수님에게 특강을 부탁했고, 중간에 '이중과제론과 인문학/대학'이라는 토픽은 원래 백영서 교수가 대학의 역사 전공자로 출발한 분이라 특별강사로 모셨으면 하는 생각이고요. 다음 모임에서 할 첫 주제의 발제자 두분은 다 정해진 걸로 압니다. 이종현 교수와 김성경 교수가 맡아주시기로 했는데, 그와 관련된 읽을거리에 대해서는 좀 더 말씀을 드리겠습니다.

전문가가 특강을 한다거나 제가 나오는 날엔 제가 들머리발언을 할 텐데, 이것이 토론을 억압하는 결과가 되지 않기를 바라고, 또 얼마든지 그렇게 되지 않을 수 있다고 봅니다. 오히려 요약을 잘하고 출발하면 토론이 더 효율적으로 진행될 수 있겠지요. 지난 1기 때는 마지막 일곱번째 모임에서 발제를 하나 듣고 토론했는데, 이번에는 마지막이 되는 여덟번째 시간에 각자가 오늘처럼 3분 발언을 해서 질문할 것, 주장할 것을 제기하면서 완전히 자유토론을 했으면 하는 생각입니다.

그러면 토론주제와 관련된 독서과제에 대해서 조금 얘기를 하고, 시간을 좀 남겨서 여러분의 질문이나 의견을 더 듣도록 하겠습니다.

## 분단체제론과 세계체제론, 이중과제론

이번 아카데미의 제1주제는 '이중과제론의 개괄적 이해'인데, 그것을 세분해서 하나는 '분단체제론과 세계체제론', 또 하나는 '분단체제론과 이중과제론'입니다. 세계체제론은 분단체제론이 많이 의존하고 있는 학설이고 이중과제론과도 직결되는 학설입니다만, 이것을 창비담론이라고 할 수는 없죠. 서양에서 이미 개발되어 통용됐고,

대표적 인물은 이매뉴얼 월러스틴(Immanuel Wallerstein)이라는 분인데 창비에서 그의 책도 여러권 번역이 나왔지요. 또 여러분의 독서과제 중에는 1998년에 제가 그분과 대담을 한 것이 있습니다(백낙청-월러스틴 대담 「21세기의 시련과 역사적 선택」, 『백낙청 회화록』 4권). 거기 그분의 개인적인 얘기도 많이 나와요. 자기가 어떻게 공부하다가 세계체제 분석이라는 방법을 채택하게 됐는가 하는 얘기도 있기 때문에 월러스틴에 대한 소개로도 나쁘지 않다고 봅니다. 두 주제 모두에 걸치는 문헌은 '기본독서' 중에 두편입니다. 하나는 「한반도에서의 식민성 문제와 근대 한국의 이중과제」(『창작과비평』 1999년 가을호)라는 것이고, 더 최근의 것으로 2014년의 「근대, 적응과 극복의 이중과제」(강정인 외 『시민사회의 기획과 도전』, 민음사 2016)가 있습니다. 근대라는 낱말에 대한 친절한 해설이랄까 내 나름의 정의로부터 출발해서 상세히 정리한 것은 후자, 곧 2014년 네이버문화재단에서 강연하고 2016년에 단행본에 실은 그 글이 기본적인 문건이 될 것 같아요. 그리고 그 발표를 한 다음 패널 및 청중과 토론한 것이 『백낙청 회화록』 7권에 실려 있습니다. '권장독서' 1번에 나와 있는, 백낙청-류준필-유재건-최장집 토론 「근대, 적응과 극복의 이중과제」(2014)입니다.

1999년 처음 발표한 「한반도에서의 식민성 문제와 근대 한국의 이중과제」(『창작과비평』 1999년 가을호)는 최초로 '이중과제론'을 제기했다는 의미가 있습니다. 그리고 제기할 때부터 분단체제론과 연관시켜서 했다는 것이 주목할 만한데, 이게 좀 경력이 복잡한 글입니다. 원래 내가 1998년에 당시 월러스틴이 재직하던 빙엄턴 뉴욕주립대에서 영어로 발표했고, 그것을 영어로 정리해서 『인터벤션즈』(Interventions)라는 잡지에 보냈는데, 아시는 분들은 아시겠지만 서양의 학술지 하는 사람들은 글을 빨리 내겠다는 생각이 도무지 없어요. 그러니까 그게 일을 꼼꼼히 한다는 좋은 면도 있고, 또는 어차피 글이 나와봤자 현실에 아무런 영향이 없으니까(웃음) 세월아 네월아 하는 거예요. 그래서 1998년에 처음 발표를 하고, 아마 1998년 말이나 1999년 초에 원고를 써서 넘겼는데 2000년에 가서야 잡지에 나왔습니다.• 그 원고를 누가 번역해줘서『창작과비평』에 실었어요. 그런데 나는 내 글이 한국어로 좋은 문장이라는 생각을 한 적이 없지만, 번역된 글하고 내가 쓰는 글을 비교해보니까 내가 쓰는 글이 훨씬 낫더라고요.(웃음) 물론 번역도 그만하면 잘했고 또 내가 그때 손을 보기도 했지만, 역시 번역문만 읽어서는 잘 안 들어오는 면이 있어요. 그러다가 이남주 교수가 엮은『이중과제론』(2009)에 그 글을 싣는다고 할 때, 글이 너무 길다고 해서 좀 줄이면서 번역을 새로 손봤습니다. 문장은 좀 나아졌는데 여전히 번역문 티가 나고요. 그래서 좀 복잡하지만, 여러분이 원전을 읽고 싶으시면 영어논문을 찾아봐야 됩니다. 그게 아니고 좀 서툰 번역이더라도 원문을 전부 번역한 것을 읽으실 거면『창작과비평』1999년 가을호를 찾아보셔야 하고, 조금 짧기도 하고 읽기에도 나은 글을 보려면『이중과제론』에 실린 글을 보시면 되는데, 그렇게 세가지 버전이 있다는 말씀을 드립니다.

아까 얘기했듯이 이중과제론에 대한 거의 유일한 논쟁이 김종철 선생과 나 사이에 있었는데『이중과제론』에 그 내용이 실려 있습니다. 읽어보시면 알겠지만, 지난번 '변혁적 중도주의' 이야기할 때에 변혁적 중도주의가 아닌 것을 1, 2, 3, 4, 5, 6번으로 분류했잖아요.•• 내 분류에 따르면 김종철 선생은 6번에 해당합니다. 세계적인 담론

---

• Paik Nak-chung, "Coloniality in Korea and a South Korean Project for Overcoming Modernity," *Interventions* 4, Vol. 2, No. 1, 2000.
•• 백낙청 외『변화의 시대를 공부하다: 분단체제론과 변혁적 중도주의』, 창비 2018, 114~16면.

이고 의미있는 담론이고 현실성이 전혀 없는 담론은 아니지만 분단체제에 대한 인식이 빠졌기 때문에, 다시 말해서 변혁적 중도주의 노선이 아니기 때문에 상당히 영향력이 제한되고… 나는 그렇게 보지만 김종철 선생은 물론 그렇게 안 보시겠죠. 그가 볼 때는 나는 타협주의이고 말로만 근대극복이지, 사실은 근대에 순응하는 논리다 그렇게 비판을 했고, 나는 그것이 아니라고 반론했던 겁니다. 읽는 재미도 있고, 이중과제론이 어떤 것인가 이해하는 데 도움이 되리라 봅니다.

두번째 발제에서는 '분단체제론과 이중과제론'을 얘기하면서 페미니즘 얘기를 해주시면 어떨까 하는 생각이 들어요. 『이중과제론』을 보면 김영희(金英姬) 교수가 이 책을 위해 새로 쓴 글이 「페미니즘과 근대성」입니다. 김영희 선생의 주장은 페미니즘은 어떤 면에서 다른 어떤 흐름보다 생래적으로 이중과제론에 친화적인 면이 있다는 거예요. 근대화에 더 열심히 나설 수밖에 없는 측면이 있는가 하면, 근대에 함몰될 수도 없는 그런 문제를 처음부터 안고 있는 것이 페미니즘이다 하는 이야기여서 이중과제론을 이해하는 데도 도움이 되고, 오늘의 현실문제를 가져와서 얘기하면 재미있을 것 같습니다. 페미니즘을 다루기로 한다면 영어로 되어 있고 무지하게 긴 글이라서 여러분한테 다 읽으라고 할 수 없지만, 영국에서 나오는 『뉴레프트리뷰』(New Left Review) 2018년 1-2월호, 격월간지인데 통권으로는 109호에 실려 있고요, 제목은 "Which Feminisms?"예요. 복수의 페미니즘이 있는데 어떤 것들 말이냐 하면서 그야말로 다양한 페미니즘 운동을 개관하고 분석하고 진단했습니다. 일관된 관점도 좋고, 이 글이 나왔을 때 한국에서는 미투운동이 막 시작될 무렵이었지만 미국이나 영국에서는 미국의 영화제작자 와인스틴(Harvey Weinstein)에 대한 고발을 계기로 그 전해 연말부터 시작했잖아요. 미투운동에 대한 언급도 있어서 참고하실 분은 한번 참고해도 좋겠습니다.

## 이중과제론과 문학, 인문학

그다음에는 '이중과제론과 문학, 인문학'이란 주제를 가지고 두개의 발제를 할 텐데, 인문학에 관해서는 백영서 선생이 특강을 해주시기로 했습니다. 운영위원들이 준비한 읽기자료에 제 글이 하나 나와 있기는 합니다. 2008년에 쓴 「근대 세계체제, 인문정신, 그리고 한국의 대학」(『어디가 중도며 어째서 변혁인가』, 창비 2009)인데, 실은 인문학과 관련해서 제가 글을 쓴 게 더 있어요. 그것도 가급적 참고해주시면 좋겠는데, 『창작과비평』 2014년 여름호에 기고한 「인문학의 새로움은 어디서 오나」라는 글입니다. 백영서 선생 자신은 '사회인문학'이라는 개념을 들고 나와서 거기에 관해 쓴 글이 여러개 있어요. 발제 전에 아마 백영서 선생이 몇가지 읽을거리를 주실 겁니다.

문학에 관해서는 황정아 선생이 발제를 해주시기로 했어요. 황선생이 비슷한 주제로 글을 계획하고 있다는 첩보가 있어서(웃음) 운영위원들이 옳다구나 하고 맡긴 모양입니다. 사실 이중과제론이나 분단체제론만 해도 복잡한데, 백낙청의 문학평론까지 살펴보고 발제하는 게 간단한 일은 아니거든요. 그래서 황교수가 해주시기로 했는데, 이 주제와 관련해서는 1993년에 나온 「근대성과 근대문학에 관한 문제제기와 토론」(『통일시대 한국문학의 보람』, 창비 2006), 또 1997년에 쓴 「지구화시대의 민족과 문학」(같은 책)이 있고, 1990년에 쓴 「지혜의 시대를 위하여」(『민족문학의 새 단계』, 창작과비평사 1990)라는 글이 있고, 그밖에도 많습니다.(웃음) 2006년에 제가 『통일시대 한국문학의 보람』이라는 책을 내면서 「서장: 민족문학, 세계문학, 한국문학」을 새로 썼어요. 그건 그때까지의 민족문학 등에 대한 개념을 그 시점에서 책을 위해 새로 정리한 글인데, 잡지에 발표하지 않고 책에만 실었는데 책이 워낙 안 팔려서 읽은 사람이 많지 않을 겁니다.(웃음) 그것도 참고해주시면 좋겠고요. 「문학이 무엇인지 다시 묻는 일」(『문학이 무엇인지 다시 묻는 일』, 창비 2011)은 2008년 촛불시위가 있은 후에 쓴 글이라서 아직까지도 약간의 시의성이 있지 않나 생각하고요. 2010년에 「세계화와 문학: 세계문학, 국민/민족 문학, 지역문학」(같은 책)이라는 글이 나왔고, 최근에 오면 '기본독서'에 들어 있는 「근대의 이중과제, 그리고 문학의 '도'와 '덕'」(『창작과비평』 2015년 겨울호)이 있습니다. 특히 참고가 될 수 있는 글 같습니다. 그리고 서준섭(徐俊燮) 교수와 2006년에 대담한 「나의 문학비평과 불교, 로런스, 원불교」(『백낙청 회화록』 5권)가 있고, 2005년의 「황석영의 장편소설 『손님』」(『통일시대 한국문학의 보람』)은 분단체제론과 문학비평을 직접 연결시켜보려는 시도니까 참고가 되지 싶습니다.

## 이중과제론과 문명전환론

제3주제인 '이중과제론과 문명전환론'에 관해서는, 첫번째 발제자가 미정인 듯한데 아까도 말씀드렸듯이 동아시아론을 중심으로 얘기하면 좋지 않을까 합니다. 동아시아론에 관해서는 우선 백영서 교수가 『이중과제론』에 주제를 딱 못박아서 쓰신 글이 있어요. 「동아시아론과 근대적응·근대극복의 이중과제」라고. 실은 이걸로 특강을 하셔야 하는 거 아닌가 모르겠네요. 하지만 다른 사람이 읽고 발제하는 것도 좋을 것 같아요. 생산적일 것 같습니다. 사실은 내 글 중에도『이중과제론』에 안 실리고 내 평론집에도 안 실린 게 더러 있습니다. 추가로 소개할 텐데, 먼저『역사비평』2010년 가을호에「동아시아 공동체와 한반도」라는 글이 있습니다. 그건 꽤 괜찮은 글로 자부합니다.(웃음) 그다음에『창작과비평』2011년 봄호에「국가주의 극복과 한반도에서의 국가개조 작업」이라는 글이 있습니다. 이중과제론이라는 말은 안 썼지만 국가주의의 온전한 극복은 사실 근대 세계체제 속에서는 불가능한 것이라고 봐요. 흔히는 국민국가를 부정하는 원론적 얘기만 하는 것으로 만족하는 이도 많은데, 그런다고 해서 국민국가가 없어지는 것도 아니고, 특히 한반도의 경우는 남북이 각각 세워놓은 국가가 완전한 국민국가라고 할 수도 없고 국민국가가 아니라고 할 수도 없는 아주 묘한 상황입니다. 그래서 그 둘이 점진적으로 통합해가면서 일단은 전혀 새로운 형태의 국가를 만들어가는 국가개조가 필요하죠. 국가형태를 개조하는 작업이 진행되면서 그것이 더 길게는 국가주의 자체의 극복으로 이어지도록 한다는 구상이니까, 이게 이중과제론적인 발상입니다. 그다음에는『창작과비평』2013년 가을호의 소략한 글입니다만「'핵심현장'에서 현대아시아사상의 탐구로」라는 글이 있습니다. '핵심현장'은 백영서 교수가 애용하는 표현인데, 제가 오끼나와에서 '동아시아 비판적 잡지 회의'를 할 때 기조강연 비슷한 걸 하면서 핵심현장 자체의 문제에 머물지 말고 더 나아가서 현대아시아사상을 새로 탐구해보자는 얘기를 한 바 있습니다.

두번째 발제는 박맹수 교수께서 해주기로 하셨는데요, 두 발제에 공통된 문헌이지만 2001년에 쓴「다시 지혜의 시대를 위하여」(『한반도식 통일, 현재진행형』, 창비 2006)가 있고, 2007년에 쓴「통일시대·마음공부·삼동윤리」(『어디가 중도며 어째서 변혁인가』와『문명의 대전환과 후천개벽』에

수록)라는 글이 있습니다. 이것은 분단체제론, 문명전환론, 원불교 공부에 다 해당되는 글입니다. 그리고 박맹수 교수의 법명이 윤철(允哲)인데, 박윤철 교무님과의 2016년 대담 「물질개벽에 상응하는 정신개벽이 일어나야」(『백낙청 회화록』 7권)가 있고, 그해 제가 「문명의 대전환과 종교의 역할」(『원불교사상과 종교문화』 69, 2016)이라는 글을 발표한 바도 있습니다.

그리고 아까 제가 영어 논문을 얘기했는데, 목록 앞머리에 있는 『인터벤션즈』의 논문은 원문에 해당하니까 영어를 하시는 분들은 그걸 보시면 좋을 것 같다고 했지요. 근년의 이중과제 논의로 제가 네이버 문화재단 강연을 한 뒤에 따로 정리해서 『뉴레프트리뷰』에 실은 글이 있습니다.● 서양 독자들을 위해서 정리했기 때문에 영어를 하시는 분들이 보시면 더 잘 들어오는 면도 있어요. 그리고 조금 아까 얘기한 「문명의 대전환과 종교의 역할」이라는 글을 그후 영어로 정리해서 『크로스커런츠』(Cross-Currents)라는 미국의 전자잡지(e-journal)에 원불교를 아예 제목에 내세워서 정리한 게 있습니다.●● 우리말 논문은 2016년 원불교 100주년 때 강연하고 그후에 논문으로 썼는데, 그러고 나서 이것을 영어로 정리하는 사이에 한국에 촛불혁명이 일어났습니다. 촛불시위가 한창 진행될 때에는 별로 작업을 하지 못하다가 어느정도 지나간 다음에 다시 정리했기 때문에 새로운 내용을 좀 넣었습니다. 그리고 외국인 독자를 염두에 두었기 때문에 어떤 것은 더 잘 설명한 것도 있습니다. 영어를 하시는 분은 한번 읽어보셨으면

---

● Paik Nak-chung, "Double Project of Modernity," *New Left Review* 95, September-October 2015.

●● Paik Nak-chung, "Won-Buddhism and a Great Turning in Civilization," *Cross-Currents: East Asian History and Culture*, No. 22, March 2017, https://cross-currents.berkeley.edu/e-journal/issue-22/paik.

합니다.

그리고 그밖에 참조할 글로는 지난 기에 우리가 읽었던 건데,「한반도 분단체제의 독특성과 6·15시대」(정현곤 엮음『변혁적 중도론』, 창비 2016)라는 유재건(柳在建) 교수의 글이 있습니다. 유교수가 서양사학자이고 세계체제론을 연구한 사람이기 때문에 분단체제론이나 우리 현실문제하고 세계체제론과 이중과제론을 연결시킬 때 참고가 되는 글이라고 생각합니다. 그리고『창작과비평』2018년 봄호가 '분단체제를 다시 생각할 때'라는 특집을 꾸렸는데, 이남주 교수, 김성경 교수가 그때 기고했지요. 그밖에 김준형(金峻亨) 교수는 주로 한미관계를 얘기해서 꼭 분단체제론하고 관련지은 것은 아니고, 김동엽(金東葉) 교수도 분단체제론이라는 용어는 안 썼지만 한반도 정세를 잘 분석했는데, 본인이 최근에 어느 글에서 고백했듯이 이렇게 빨리 사태가 진행될 줄은 자기도 몰랐다는군요.(웃음) 그이는 우리 한반도 문제의 해결, 북의 비핵화 해결이 어려운 문제지만 가능은 하다면서 자기의 의견을 밝혔던 것인데, 가능한 정도가 아니라 지금 봐서는 후딱 될 것 같으니까 자기가 몰랐다고 반성하는 글을 최근 어디에 쓴 겁니다. 이 글들은 모두 2018년 봄, 최근호니까 한번 읽어보시면 재미있을 겁니다. 그러면 독서과제에 대한 해제는 일단 이 정도로 하고 질문하실 것이 있다거나 의견, 주문사항이 있으면 말씀해주시기 바랍니다.

**발언자1** 중요한 얘기는 아닌데, 아까 말씀하신 첩보와 관련해서(웃음) 사실은 제가「황석영의 장편소설『손님』」론을 가지고, 이 글에 대한 약간의 해제로서 '분단체제론과 문학' '백낙청의 문학평론'을 주제로 짧은 글을 이미 썼습니다. 이것은 나중에 공유하도록 하고, 발제도 이 글을 토대로 할 예정입니다.

**발언자2** 이미 읽을거리가 넘치는데 저도 더 읽자고 하는 것 같아 걱정인데요.(웃음) 문학작품은 『손님』 하나를 가지고 얘기하게 될 것 같은데, 외국 문학작품 하나를 더 골라 이중과제론을 생각해보면 어떨까 하는 생각이 있습니다. 모든 분이 다 읽을 수 없을 것 같고, 문학 하는 분들만이라도 공유하면 어떨까 싶은데요. 마크 트웨인의 『얼간이 윌슨』(*Pudd'nhead Wilson*)이라는 흑인 노예문제를 다루는 작품이 있습니다. 길지 않은 중편이고 '창비세계문학'으로도 나와 있는데, 괜찮은 후보일 것 같아요. 좀 엉뚱한 얘기지만 스페인 내전의 체험을 그린 조지 오웰의 『카탈루냐 찬가』(*Homage to Catalonia*)도 있죠. 이 기록문학에서 많은 도움을 받은, 켄 로치(Ken Loach)라는 영국 좌파 감독의 「땅과 자유」(Land and Freedom. 1995)라는 영화를 보신 분들도 계시겠지만, 스페인 내전이라는 게 참 묘하죠. 스페인이 근대세계를 연 대제국을 건설한 나라이면서도 반(反)종교개혁을 통해서 낡은 체제를 지켜왔기 때문에, 내전이 터질 당시의 스페인이 명백히 자본주의 사회이긴 하지만 근대에 적응하지 못한 부분이 많았던 것 같아요. 프랑꼬가 쿠데타를 일으켰을 때, 쿠데타에 맞서는 공화정부의 싸움, 즉 내전만 터진 게 아니라 까딸루냐 지방을 중심으로 사회주의 혁명이 동시에 터진 것을 인민전선정책을 내세워 스딸린 코민테른하고 공화정부가 혁명을 억누른 역사적 사실이 있습니다. 내전과 혁명이 터진 것을 외국인으로서 참전한 조지 오웰이 『카탈루냐 찬가』에서 많이 얘기하는데 그것도 괜찮지 않을까 하는 생각을 해봤습니다.

**사회자** 저도 하나 보태면, 동아시아에도 일본·한국·중국 이런 나라들이 있는데, 중국 같은 경우에 아편전쟁 이후 근대화 욕구가 굉장히 강하게 표출되었는데 항상 거기서 영향력이 있는 사상가들은 근대에 멈추지 않고 그것을 극복하려고 하는 사상을 항상 끼고 들어왔어요. 캉 유웨이(康有爲)의 대동사상이나 쑨 원(孫文)의 민생주의 같은 걸 보면 알 수 있지요. 뒤에 마오 쩌둥(毛澤東)이나 상황이 좀 다르지만 일본에서도 그런 요소들을 더 찾아볼 수 있습니다. 혹시 관심이 있으면 그런 쪽으로 같이 읽으시면 내용을 풍부하게 만들 수 있지 않을까 하는 생각이 들었습니다.

**백영서** 저는 읽을 글을 추가하는 게 아니라 정리를 해주자는 뜻에서 제안하는데, 아카데미 준비하는 운영위원과 실무진이 좀 정리를 해야 될 것 같아요. 다시 한번 주제별로 읽을거리를 뽑아보고, 기본적으로 읽을 것과 추가로 읽을 것을 추려내서, 그밖에 또 여러분이 각자 자기 관심에 따라서 이것도 한번 같이 읽으면 어떨까 하는 것들은 추가해서 공유해야겠죠.

**백낙청** 아까 대학원 코스라는 얘기가 나왔는데, 창비에서는 보통 창비학당이 학부 코스이고 세교연구소는 대학원 코스라고 그럽니다. 그런데 내가 여러분 겁주려는 얘기는 아니지만, 지난 1기는 대학원 코스 중에서도 석사과정이었고 이번 2기는 박사과정입니다. 그리고 다른 데 가서는 이런 수업 못 해요. 왜냐하면 이중과제 개념 자체를 별로 인정 안 하니까요.(웃음)

**사회자** 그럼 약속된 시간이 이미 지났고 오늘이 첫날이니 이만 정리하고, 함께 뒤풀이 시간을 갖겠습니다. 오랜 시간 감사합니다.

제2부

분단체제론과
세계체제분석,
이중과제론

**참가자**  강경석 김명환 김성경 김학재 박맹수 박종호 백낙청 백영서 백지연
손종도 양경언 염승준 염종선 오연경 윤동희 이기정 이남주 이일영
이종현 이지영 이하림 전철희 정지영 최시현 한기욱 한영인

**사회자(백영서)** 지난주에 이어서 두번째 공부모임입니다. 주어진 과제물을 어느정도는 읽고 오셨을 거라고 짐작하고, 오늘 두분의 발제를 들으면서 토론하다보면 읽어오신 것들을 더 깊이 이해할 수 있는 시간이 되지 않을까 합니다.

지난번에 백선생님이 자세하게 해제를 해주셨지만, 이번 2기 아카데미의 주제인 이중과제론이라는 게 굉장히 추상수준이 높아요. 오늘 얘기할 세계체제론과의 관계라든가 페미니즘과의 연관성을 논할 때, 즉 이중과제론을 구체적으로 어떤 사안에 적용할 때에 각자 나름대로의 접근통로를 가지고 있어야 합니다. 중간 매개고리를 가지고 접근해야지, 그러지 않고 잘못하면 비슷한 얘기가 되풀이될 위험도 있습니다. 저도 이 논의를 쭉 따라왔고 중간중간 이중과제론을 활용해서 제 나름대로 동아시아에 적용도 해보고, 국민국가의 이중과제라는 식으로 논의를 펼쳐보기도 했어요. 그러면서 제가 느낀 것이기도 합니다. 예를 들어 페미니즘에 관해서 얘기할 때도 해방과 억압의 양면성이 이 근대 안에 다 있다고 하잖아요. 이중과제론은 그것을 어떻게 넘어설 것이냐 하는, 결코 단순논리가 아니고 굉장한 지적 긴장을 요구해요. 그러지 않으면 그냥 타협론이 된다든가 어느 한쪽으로 치우치게 돼요. 그러니까 일종의 고도의 줄타기를 하는 느낌도 줄 수 있어요. 지적인 재미는 더 있을 수도 있지요.

　달리 보면 이중과제라는 게 일상생활에서 다 겪는 거예요. 일상에서 살아갈 때 어느 한 극단으로 안 치우치고 자기 나름대로의 길을 찾아가는 것이지 어느 한쪽으로 확 치우쳐서 근본주의랄까 이런 식으로 가지 않는 것이 우리 생활의 지혜, 상식으로 되어 있지요. 그런 점도 염두에 두시면서 학문과 대학 또는 문명과 관련해서 동아시아라든가 하는 구체적인 주제들에 적용하면서 사고훈련을 계속 하다 보면, 이중과제를 현실적인 혹은 단기적인 과제에 적용한다는 것이 어떤 것인지 감이 잡힐 거라고 생각합니다. 그렇게 된다면 이번 두번째 아카데미도 성공할 거라고 전망합니다. 그럼 바로 시작하도록 하죠. 첫번째 발제 '분단체제론과 세계체제론'을 이종현 교수님이 해주시겠습니다.

**발제자1(이종현)** '분단체제론과 세계체제론'에 대해 발제해달라는 의뢰를 한달 전에 받고 약간 부담이 됐지만 하겠다고 해놓고 미뤄두고 있다가, 발제문을 정리하면서 '이거 잘못 맡았구나' 하고 생각했습니다.(웃음) 발제를 위한 기본자료들을 충분히 보내주시긴 했지만 사상체계라고 할 수도 있고 이론적 틀이라고 할 수도 있는 이 큰 두 체계를 간단하게 정리해낸다는 게 보통일이 아니겠다는 생각이 들었습니다. 그래서 계속 발제 맡은 것을 후회하면서 정리를 못하고 있다가 일단 아는 만큼 하자 이렇게 마음을 고쳐먹었습니다. 다음주에 백선생님이 오셔서 틀린 것과 부족한 것은 보완해주시리라 믿고 그걸

뒷배 삼아서 일단 정리할 수 있는 선에서 정리했습니다. 전체를 제대로 정리했다기보다는 제 나름대로 정리할 수 있는 선에서 각각의 내용과 다른 측면을 엮어서 우리가 이해할 수 있는 정도를 모아놓은 수준이라고 생각하시면 될 것 같습니다. 순서는 분단체제론을 먼저 다루고 분단체제론이 기대고 있는 세계체제론을 보려고 합니다.

## 분단체제의 연원과 미래 전망

먼저 '분단체제의 연원'이라는 제목으로 생각해봤습니다. 분단체제에 대한 문제의식은 1970년대부터 백낙청 선생이 가지고 있던 민족문학론·세계문학론 논의 속에 있었던 것이긴 합니다. 하지만 시스템으로서 정리하게 된 계기는 그분의 자술에서 찾을 수 있습니다. 즉 1980년대 중반 사회구성체 논쟁이 벌어지면서 한국사회에 대한 여러 논의들이 형성됐는데 그 과정에서 분단모순에 대한 인식을 강조하게 된 것이 하나의 계기였습니다. 그런데 그런 것들이 한반도의 현실을 종합적으로 인식하는 체계로 정립이 안 되었다는 문제의식에서 본격적으로 분단체제라는 개념틀을 놓고 고민을 진행하게 됐다고 스스로 이야기하고 있습니다.

그럼 분단체제라는 것이 어떤 내용을 가지고 있는지, 그다음에 어떤 전망을 하고 있는지를 살펴보겠습니다. 일단 큰 틀에서 분단체제는 자본주의 세계체제, 뒤에 월러스틴의 세계체제에 대해 얘기할 때 반복되겠지만, 그 틀을 전제로 하고, 세계체제를 주도하는 중심국의 이해관계가 한반도에서 분단을 통해 관철되는 하나의 하위체제라고 할 수 있습니다. 그러니까 미국과 소련이 공모해서 세계체제의 중심부를 이루고 이들 중심부 국가가 주변부를 수탈하거나 억압하는 구조인 것처럼, 하위체제에서도 양쪽 모순구조의 기득권층이 양쪽 민중을 억압 또는 수탈하는, 상당히 같은 모양의 상위체제와 하위체제가 층위를 달리해서 존재하는 것이죠. 이러한 세계체제의 하위체제가 분단체제라는 것이고요. 이렇게 되다보니까 분단체제하의 국가라는 것은 대체로 근대의 성취와 함께 연결되어 있는 민주성·자주성 등이 크게 훼손되어 있다는 겁니다. 그러니까 반민주적이고 비자주적 구조를 대체로 남북한이 다 온존시키고 있는데, 민주적인 측면에서는 민중 혹은 시민에 대한 인권·평등권·사회보장 등이 억압되고, 국민국가로서 자주성, 외부세력에 대해서 자주적 결정권을 보유하지 못하는 특징을 가진 체제가 바로 분단체제라고 정리되는 것 같습니다. 이런 특징이 정치·경제·사회·문화 모든 영역에서 나타날 수밖에 없는데, 예컨대 남한의 경제개발 정책이 대외의존적인 수출주도적 성장전략에 따라 진행된 것도 이 세계체제와 그 하위체제로서 분단체제의 성격이 그대로 반영된 것이라고 할 수 있습니다.

체제에 대해서는 여러가지 논의들이 한국사회에 존재했습니다. 사회구성체 논쟁과도 관련이 있습니다만, 주되게는 민족해방이나 민중민주를 중심적으로 내세우는 NL과 PD 같은 운동그룹의 큰 논의구조가 있었지요. 이런 측면에서 봤을 때, 분단체제론이 간혹 통일지상주의라든가 민족모순을 과도하게 강조하는 것 아니냐는 오해를 받기는 하지만, 적어도 백낙청 선생이 쭉 정리하고 있는 내용을 본다면 이 두가지 노선은 오히려 이론적 논의에 불과하고 현실적 관점은 상실하고 있다고 할 수 있습니다. 백낙청의 관점은 분단체제라고 전제했을 때 민족모순과 계급모순이 분리돼서 존재할 수 없다는 것입니다. 그래서 이 논의를 현실적 관점에서 하나로 통합하고, 또 어떤 입장이 됐든 이것이 선후의 문제가 아니라, 즉 선민주 후통일 또는 선

통일 후 민주 이런 문제가 아니라, 한국사회는 이 과제들이 동시적으로 추진되어야만 하는 그런 사회다 하는 문제의식, 그게 바로 분단체제론의 문제의식이라는 생각이 듭니다.

　그럼 이것이 미래에 어떻게 진행될 것인가에 대한 전망은, 우리가 1기 아카데미에서도 논의를 많이 했습니다만, 분단체제 극복의 주체는 양측의 민중 혹은 시민이고, 이들이 양측의 기득권층이 분단을 통해서 유지하는 이해관계를 타파하고 극복할 때 분단체제가 해소될 수 있다는 것입니다. 이것은 또 분단체제라는 세계체제 하위의 체제를 무너뜨림으로써 세계체제의 중심부, 즉 지금은 미국일 수도 있고 이전에는 미소 간의 공모관계라고도 할 수 있을 텐데, 그 지배구조를 밑동에서 파괴함으로써 세계체제의 상당한 변화 동인을 생성할 수 있는 그런 세계사적 의미까지 가질 수 있습니다. 이런 것이 분단체제론이 가진 상당히 혁신적인 관점이라는 생각이 듭니다. 이어서 살필 월러스틴의 세계체제론을 보면 알 수 있지만, 제가 보기에는 이런 관점은 세계체제론이 가지고 있지 않은, 오히려 분단체제가 하위체제이면서도 세계체제가 가둬놓고 있는 어떤 한계를 뛰어넘는 관점이라는 생각입니다. 왜냐하면 월러스틴의 세계체제는 사실 하나의 이론이고 설명틀이지 운동론이거나 혁명론은 결코 아닙니다. 세계체제론이 새로운 관점에서 세계자본주의를 잘 설명하는 틀이었다면, 분단체제론은 세계체제론을 받아들이면서도 운동론으로, 어떤 행동의 밑받침이 되는 이론으로 나아가는 측면을 가지고 있다는 생각입니다. 그런 면에서는 분단체제론이 세계체제론을 일정부분 극복하고 뛰어넘는 그런 요소를 가진다고 할 수 있겠습니다.

여기서 세계체제와 분단체제를 설정할 때 두 체제가 범위 측면에서 떨어진 것 같아 동아시아체제라는 것을 중간항으로 설정하는데, 이것은 어떻게 보면 정교하지 않고 어떻게 보면 동력을 정확하게 설정하지 않은, 그러니까 비약을 막기 위한 중간항 정도로 들어가 있다는 느낌이 듭니다.

통일지상주의라든가 하는 문제와 관련해서 분단체제론은 꼭 1민족 1국가를 고집할 필요는 없다는 전망을 가지고 있습니다. 그러니까 남북한이 완벽하게 통합해서 단일국가 혹은 국민국가를 이뤄야 한다고 이야기하지 않습니다. 단일국가 혹은 국민국가를 이뤄야 한다는 것 자체가 가져온 근대사회의 비극이 워낙 컸기 때문에 그럴 필요는 없다는 것입니다. 그 전망은 국가연합이 될 수도 있고 연방이 될 수도 있는데, 이는 앞으로의 진행과정에서 결정할 수 있는 것으로 열어놓자는 것입니다. 어쨌든 이 세계 중심부의 이해가 관철되는 분단시스템 자체는 극복되어야 하며, 그렇지 않으면 온전한 국가로 나아갈 수 없다는 문제의식은 분명한 것 같습니다. 그것과 관련해서 최근 여러 신문에 글들이 나왔고, 분단체제론과 대비되는 개념으로 양국체제론이 제기되기도 했습니다. 이미 있었던 논의지만 최근에 다시 대두됐습니다. 양국체제론은 전체 시스템의 관점보다는 남북의 화해라든가 합의를 훨씬 더 강조하는데, 분단체제론 입장에서 봤을 때 세계적인 시야를 가리는 측면의 문제가 있는 게 아닌가 생각합니다.

## 세계체제론이 보는 자본주의 세계경제

세계체제론에 대해서도 간략하게 설명해보겠습니다. 다 아시겠지만 세계체제론은 월러스틴의 기발한 아이디어와 학문적 관점이라고 말할 수 있을 것 같습니다. 그는 자본주의 역사에서 세계를 중심부-반주변부-주변부 이렇게 3개로 나누고, 때로는 반주변부가 빠지기도 하지만, 각 부분이 중심부의 이해관계를 관철시키는 방식으로 작동하는 하나의 광범위한 분업체계를 세계체제로 명명했습니다. 이것이 이전에 자본주의 세계사를 바라보는 시각과 상당히 달랐던 건데요, 그전에는 분석단위가 대체로 국민국가, 일국적 단위가 일반적이었습니다. 사회과학의 분석이 그랬다는 겁니다. 그런데 월러스틴은 세계 전체를 하나의 분석단위로 봐야 한다는 입장을 피력했고, 세계체제론은 일관되게 그 입장에서 자본주의 세계 역사를 분석한 이론틀이라고 할 수 있습니다. 여기에서 체제라는 것은 대체로 자기완결성을 보유하고 재생산이 가능한 단위라고 정리합니다. 자기완결성의 의미는 내부적으로 적어도 한 사이클 정도는 다 돌아갈 수 있는 구성요소를 갖추고 있다는 것입니다. 그것이 일회성으로 끝나는 게 아니라 약간의 진화와 변형 과정을 거치면서 계속 재생산되는 성격을 가진 어떤 분석단위, 그것을 체제라고 하겠다는 것이 월러스틴의 시각이라고 볼 수 있습니다.

월러스틴이 전개한 세계사 과정을 간단하게 살펴보겠습니다. 월러스틴은 처음에 이런 개념을 씁니다. 세계 하이픈 체제. 즉 world-systems라고 했습니다. 이게 정통 맑스주의자들과는 조금 다른 관점입니다. 월러스틴이 브로델(Fernand Braudel)의 입장을 받아들였다고 하는데, 16세기 이른바 상업자본주의 시대부터 유럽 근대의 시작이고 자본주의의 시작이라고 생각합니다. 경제사에서는 중상주의시대라고 얘기하죠. 그런데 이것이 하이픈이 빠진 세계체제로 발전하는 것이 산업혁명 이후, 그러니까 홉스봄(Eric Hobsbawm)식으로 말하면 '제국의 시대' 정도라는 겁니다. 산업혁명과 노동자계급의 형성, 자본의 축적, 계급분화 등이 바로 정통 맑스주의에서 바라본 자본주의의 발달사였다면, 이 측면에서 월러스틴의 시각이 조금 다르지요. 생산양식이나 소유양식 같은 것을 강조하는 맑스주의자들로부터 월러스틴은 유통주의자라는 비난을 듣기도 합니다. 또다른 측면에서는 계급분화와 자본가의 출현 과정을 설명할 때 많이 들어보신 적이 있겠지만, 이른바 자본주의 이행 논쟁에서 모리스 돕(Maurice Dobb)과 폴 스위지(Paul Sweezy) 간의 논쟁이 아주 대표적이라고 할 수 있는데, 이런 측면에서는 월러스틴도 스위지의 입장을 어느정도 공유하고 있다고 볼 수 있습니다. 그런 측면에서 정통 맑스주의, 그러니까 유물변증법을 기반으로 사회분화를 고민하는 것과는 약간 다른 계열에 있다는 생각이 들고요.

월러스틴이 중심부–반주변부–주변부로 나눠서 부등가교환을 통해 중심부의 반주변부–주변부에 대한 지속적인 수탈이 일어난다고 하는 것은 종속이론에서 받아들인 개념이라고 할 수 있습니다. 그러니까 세계자본주의 역사라는 것은 전체적으로 진화한다기보다는 늘 중심부와 주변부의 분할 속에서 중심부가 주변부를 수탈하고 억압하는 구조이며, 단지 중심이 조금 옮겨다니고 주변이 조금씩 바뀌는 그런 구조에서 계속 관철되어온 것이 세계체제라는 말입니다. 이런 시각에서 월러스틴은 냉전시기에 대해서도 다르게 해석합니다. 그러니까 16세기 이후 진행된 긴 자본주의 세계체제에서 소련이라는 국가사회주의가 한 단위로서 자본주의체제 안에 잠시 들어와 있었을 뿐이지 이것이 냉전이라는 또다른 체제를 만들었던 것은 아니라는 입장입니다. 백선생님도 그것을 공유하고 있는 것 같아요. 잠시 냉전시기에 소련과 미국이 중심부 국가가 돼서 주변부를 수탈했는데, 사회주의와 자본주의의 대립 문제보다는 중심부의 주변부 수탈이라는 측면에서 이전 시기와 비슷하다는 거죠.

여하튼 월러스틴은 1968년, 이른바 '68'이라고 얘기하는 그 시기에 미국 중심의 자본주의 세계체제가 전환기를 맞게 된다고 말합니다. 1970년대 들어서 자본주의 세계경제 시스템이 바뀌는데, 이때를 다른 경제사에서는 브레턴우즈(Bretton Woods) 시스템이 붕괴되고 신자유주의적 자본축적 구조로 바뀌는 시기라고 합니다. 자본주의 황금기라고 하는 전후 1945년부터 1970년까지의 케인즈주의적 복지시스템, 그러니까 소득을 높여주고 즉 임금이 높아지고, 소비가 늘어나고, 그러면 생산이 늘어나고, 또 임금이 높아지고 이런 선순환구조가 만들어지는, 자본주의 역사에서 거의 없었던 노동과 자본이 가장 평화스러웠고 서로 행복했던 그 시기가 25년 정도 됩니다. 그 시기 경제시스템 논의가 벌어졌던 곳의 이름을 따서 브레턴우즈 시스템이라고도 합니다. IMF나 GATT체제를 통해 그 둘이 통화안정과 자유무역을 보장하는 시스템을 유지했던 건데, 그것이 1960년대 말부터 하향기로 접어들면서 붕괴됐다는 거죠. 그러면서 통화시스템이 바뀌게 되는데, 그 시기가 월러스틴이 보기엔 자본주의 세계체제의 일대 전환기라는 겁니다. 1970년대부터 성격이 바뀌는 것이죠. 경제위기가 그런 걸 만들어냈는데, 월러스틴은 1989년에 동구권이 몰락하는 것도 그것과 유사한 경제위기에서 촉발됐다고 봅니다. 후쿠야마(Francis Fukuyama)는 1989년 이후에 '역사의 종언'이라고 하면서 자본주의가 영원히 승리한 것으로 얘기했지만, 월러스틴은 그의 저서 『자유주의 이후』(*After Liberalism*)에서 이제 자본주의 세계체제가 진짜 위기에 도달했다고 합니다. 그전에 공유되었던 기본적인 자유주의적 틀이 완전히 붕괴되는 것인데, 그 붕괴를 막아주던 체제가 사라지면서 위기에 도달했다는 겁니다. 이 문제는 나중에 토론과정에서 이야기가 나오면 더 해보기로 하고요.

　세계체제론의 문제의식을 분단체제와 연결시켜보면 일국 수준의 사고를 지양하고 세계 수준으로 조망해야만 전체 자본주의체제를 이해할 수 있다는 겁니다. 조금 전에 중심부의 수탈이라고 얘기했는데, 국제무역에서의 그 수탈은 정교한 교역체계와 부등가교환을 통해 이루어집니다. 그로 인해서 주변부 국가들은 development of underdevelopment라는 형용모순 같은 상황을 겪게 됩니다. 즉 저발전이 계속 더 발전하는 상황을 겪는 것이죠. 월러스틴이 이런 문제의식을 가질 수 있었던 것은 아프리카 국가와 사회를 연구하는 사회학자로서 가졌던, 아프리카 사회에서 발전궤도로 진입할 가능성을 발견하기 어렵다는 문제의식이 다른 사고로 확장해나갔기 때문입니다. 아프리카 사회에 대한 문제의식에서 시작해 68혁명의 세례를 받으면서 세계체제론으로 사고가 확장되어나가는 과정을 겪은 것이죠.

또한 월러스틴은 일국 수준의 발전론도 지양할 필요가 있다고 합니다. 일국 수준의 발전론은 브레턴우즈 시기에 주로 만연했던 지적 사고체계의 특징이라고 할 수 있습니다. 월러스틴은 세계경제의 격차 확대라든가 자본주의 역사는 세계체제 차원의 축적과정이라고 봅니다. 그러니까 일국 차원에서 뭐가 이뤄진 게 아니라 중심부가 얼마큼 축적해나가고 주변부를 얼마나 수탈하느냐 하는 것의 연속이었다는 얘기죠. 월러스틴은 일국 단위가 아니라 세계체제 안에서의 불균등 같은 것들에 관심을 두고 분석했다는 것입니다.

## 자본주의 세계체제와 이중과제

다음 발제에서 말씀하실 수도 있겠지만, 제가 맡은 '분단체제론과 세계체제론'이라는 주제가 워낙 커서, 이제부터는 분단체제와 이중과제가 어떻게 연결되고 세계체제와 어떤 얼개로 연결되는지를 잠깐 살펴보겠습니다. 분단체제는 세계체제하의 왜곡되고 결손된, 백낙청 선생은 결손국가라는 개념을 썼는데, 그런 근대 형태로 존재하게 되고, 식민성이 이러한 문제를 더 악화시킵니다. 즉 인종/종족 차별주의, 강권주의, 성차별, 서구중심적 지식구조 등의 식민성, 식민지적 경험이 이런 형태를 더 악화시키는 또다른 요소로 작동한다는 것입니다. 근대의 내용에 대해서는 여러가지 다른 이론들이 있을 수 있지만 대체로 국민국가, 세계경제에의 능동적 참여, 정치적 민주주의, 근대과학, 개인주의, 국민문화 등을 일반적으로 말할 수 있는데, 이런 것을 실현하거나 이에 적응하기 위해서 왜곡되고 결손된 분단체제를 극복할 필요가 있습니다. 분단체제의 극복은 미국 중심의 자본주의 세계체제에 타격을 가함으로써 근대극복의 이중과제론과 연결되는 측면이 있다고 생각됩니다.

여기서 생각해봐야 할 개념이 '기술의 근대화 대 해방의 근대화' '문명의 전환' '아시아의 가치' '도(道)' 같은 것들입니다. 월러스틴도 한 얘기지만, 백낙청 선생은 근대에는 억압의 성격과 해방의 성격이 같이 있다고 말씀했습니다. 즉 근대의 성격을 기술의 근대화라는 측면과 해방의 근대화라는 두가지 측면으로 나눠 볼 수 있는데, 그중 해방의 근대화가 강조될 필요가 있다고 하셨지요. 나아가 동양과의 어떤 조화를 말씀하는 듯한데, 그러니까 문명의 전환, 아시아의 가치로서의 도 같은 것들이 세계체제의 갈등구조를 극복해나가는 미래의 어떤 지층 같은 게 되지 않을까 하는 전망을 밝힌 것 같습니다.

도를 강조하는 이유는 좀더 살펴보겠습니다. 월러스틴과의 대화에서 백낙청은 서구에서는 양립하기 어려운 '진(眞)'과 '선(善)'의 개념이 '도'라는 것에 통합되어 있다고 했습니다. 거기서 진과 선이 실행되는 방법을 마냥 평등이 아니라 지혜의 위계질서(hierarchy of wisdom)라는 개념으로 설명하고 있습니다. 그러니까 뭔가 서열이 있으면서도 억압적이지 않은 것, 동양적이라고 할까요, 그런 것을 문명전환의 하나의 전망으로 보는 것 같습니다.

끝으로 몇가지 질문과 논점을 제기해보려 합니다. 세계체제론에 대해서 워낙 논의가 많기 때문에 이렇게 말씀드리는 것이 다소 무모하다는 생각은 듭니다만, 발제를 준비하면서 보니 월러스틴이 얘기한 것만으로 봐서는, 그가 동아시아에 대해서는 충분한 지식을 가지고 있지 않다는 생각이 들었습니다. 적어도 시기적으로 안 맞는 게 많은 것 같아요. 한국의 1970년대 개발에 대해서는 브레턴우즈 체제의 몰락과 동아시아의 예외성이 적용될 수가 있는데, 이러한 설명틀에 일본과 대만까지 넣더라고요. 그런데 일본은 이미 전후 1948년에서 1950년대 초반부터는 확실히 다른 경제상황을 맞게 되고, 대만도 중국에서 혁명이 일어난 다음에 바로 내려와서 1950년대부터 시작을 했기 때문에 훨씬 빨랐습니다. 즉 일본과 대만의 경제발전을 월러스틴이 설명하는 것처럼 꼰드라띠에프 하강기에 산업 간에 이뤄진 조정 때문에 일어났다고 얘기하기는 좀 어렵다는 것이죠. 그때는 호황기였으니까요. 더 나아가 세계체제에 동아시아까지 넣는 게 맞나 하는 생각도 들었습니다.

그다음에 분단체제론과 관련해서도 의문이 있습니다. 분단체제론에서 기본적으로 설정하고 있는 것은 기득권층의 연합, 말하자면 기득권층의 야합이 양측의 민중을 억압하고 수탈하고 있다는 것인데, 즉 세계체제 모형을 그대로 닮은 하위체제가 되는 것인데, 지금 급진전되는 남북관계의 상황에는 좀 맞지 않는 게 아닌가 하는 생각이 들었습니다. 현재 상황은 남쪽이야 민주정부니까 그럴 수 있겠지만 남북의 시민이나 민중적 연대로 평화 상황이 급진전된다기보다는 지배구조 단위에서, 위로부터의 혁명인지(웃음) 하여튼 지배층 단위에서 내리꽂는 방식으로 진행되고 있습니다. 물론 평화 상황이 된다는 게 기쁘지만, 우리가 이해하는 구조와 달리 진행될 때 미래에 대해 어떤 전망을 할 수 있을지 논의가 필요하지 않을까 하는 생각이 듭니다. 제 발제는 여기까지입니다.

**사회자** 네, 수고하셨습니다. 발제 중간에 말씀해주신 것과 마지막에 질문 혹은 쟁점으로 제시해주신 것에서 재미있는 대목이 많았습니다. 월러스틴-백낙청 대담을 잘 보면 이런저런 얘깃거리가 더 많습니다. 나중에 얘기하도록 하고, 바로 두번째 발제에 들어가겠습니다.

**발제자2(김성경)** 감사합니다. '분단체제론과 이중과제론'이라는 주제의 발제를 맡았는데, 지난 시간에 백낙청 선생님이 영문으로 된 논문도 말씀하셨어요. "Which Feminisms?"라는 논문인데, 다수로 존재하는 페미니즘에 대해 얘기하는 논문입니다. 이것에 대해서도 제가 좀 보다가 분량이 너무 많아서 이번 발제에서는 포기를 했어요.(웃음) 그것까지는 다 담아내지 못했지만, 기존에 제가 페미니즘에 대해 조금씩 알고 있었던 것, 고민했던 것을 엮어서 설명을 드리겠습니다. 발제를 하며 주로 참조한 문건은 이렇습니다. 백낙청 「한반도에서의 식민성 문제와 근대 한국의 이중과제」(이하 백낙청1), 「근대, 적응과 극복의 이중과제」(백낙청2), 백낙청-류준필-유재건-최장집 토론 「근대, 적응과 극복의 이중과제」, 김영희 「페미니즘과 근대성」(김영희).

## 근대의 이중과제란 무엇인가

먼저 '이중과제(a double project)란 무엇인가'입니다. 저는 이중과제론에서는 바로 이중과제가 무엇인가라는 질문이 가장 중요한 게 아닌가 하는 생각이 듭니다. 지난 1기 아카데미에서부터 우리는 분단체제에 대한 논의를 진행해왔는데, 분단체제론은 한반도의 분단을 세계체제의 하위단위로 재생산되는 하나의 독특한 '체제'로 정의하고 있습니다. 분단체제의 남북한은 분단으로 분리된 서로 다른 정치·경제 체제가 아니라 '독특한 상호적대/상호결합의 군건한 결합구조'를 공유하고 있다고 설명합니다(「분단체제의 인식을 위하여」, 『분단체제 변혁의 공부길』, 창작과비평사 1994). 이런 맥락에서 남한사회 '만'의 문제는 존재하지 않는 것이죠. 세계체제와 분단체제, 그리고 남과 북이라는 중층적 구조가 복잡하게 얽혀 발현되는 것이 바로 우리가 '지금-

여기'에서 문제시하는 대부분의 사회현상이자, 사회문제의 이면이 된다고 해석할 수 있겠습니다.

이런 맥락에서 분단체제론은 한국사회 혹은 북한사회에서 분단체제의 극복이 단순히 분단효과에서 벗어나는 수동적 형태를 의미하는 것이 아니라 세계체제의 하위단위로부터의 변화를 만들어내는 것이라고 주장합니다. 그래서 먼저 발제자께서도 말씀하셨지만 월러스틴의 세계체제론에서는 얘기하고 있지 않은, 어떻게 하면 여기서 벗어날 수 있느냐는 논의까지 하고 있다는 측면에서 변혁적 부분이 분명히 발견되는 것 같습니다. 분단이 한반도 혹은 일국적 수준에서 구축된 것이 아니라 세계체제와 긴밀하게 연결된 이상, 이 모든 모순이 압축되어 있는 분단체제를 극복하는 것이 바로 세계체제에 균열을 내는 변혁적 과정이라고 설명하고 있습니다.

이런 측면에서 백낙청이 이중과제론으로 이동한 것은 충분히 이해가 가는 부분입니다. 왜냐하면 식민주의, 전쟁, 냉전, 그리고 근대국가 등장이라는 동아시아와 한반도의 경로가 어떤 방식으로든 서구중심주의(Eurocentrism)적인 '근대'의 이식과 전파의 과정과 아주 긴밀하게 연관되어 있기 때문입니다. 특히 한반도의 맥락에 집중해서 보면, 이런 표현을 쓰지는 않으셨지만, 저는 일본이 일종의 유사(pseudo) 혹은 의사(擬似) 서구라고도 말할 수 있을 것 같은데, 제국의 하나의 모습으로, 동아시아 버전의 모습으로 식민을 했고요. 뒤이어서 남북한이 주체적으로 국민국가로 나아가지 못하고 냉전에 의한 분단과 전쟁을 경험하면서 서구중심주의와 식민주의가 청산되지 못한 채 공존하고 있는 것이 결국 우리 한반도의 문제라고 하겠습니다.

이러한 상황에서 남북은 모두 결코 완결된 국민국가에 미치지 못하는 것이죠. 그러니까 모두 "민주주의나 외세로부터 진정한 독립을 성취하는 데 원천적인 한계"(백낙청1, 14면)를 안고 있을 수밖에 없습니다. 그만큼 분단체제로서 남북한이라는 국가는 "국민국가 상태에 미달하는 것이다"라고 얘기하고 있고, '결손국가'로도 표현하고 있습니다(백낙청2, 260면). 이는 "남북한이 각기 주적으로 삼는 상대방과의 사이에 국제적으로 공인된 국경을 갖지 못했다"(백낙청1, 15면)는 것으로도 증명됩니다. 그래서 근대국가의 기준에 못 미치는 남북한에서는 그만큼 식민성이 재생산될 수밖에 없고, "국가주의·민족주의·개발지상주의·인종차별주의 그리고 성차별주의 등 근대 세계체제의 제반 이데올로기"(같은 면) 즉 불평등한 세계체제 이데올로기가 강화됨으로써 오히려 한반도의 분단은 세계체제의 한 부분에 머무르게 된다 혹은 복속하게 된다, 이런 식의 설명이 가능할 것 같습니다.

그런 맥락에서 저는 이중과제론이라는 문제를 제기하는 게 이해가 됐는데, 분단체제의 식민성과 서구중심주의 문제를 극복하고자 하는 시도들은 결국 근대국가와 나아가서는 근대성에 대한 문제로 확장될 수밖에 없습니다. 이것을 백낙청은 '민족문학운동'의 예를 들어 설명합니다. '근대적응·근대극복의 이중과제'를 설명하는데, 여기서 이중과제란 "'세계체제'의 중심의 문화에 속한 수많은 값진 경험과 성취를 적극적으로 본받는 일을 포함"하는 것이고, 동시에 자신의 역사와 문화를 대면하여 특수한 현실을 충실하게 다루어냄으로써 "이제까지 세계문학에서 다루어지지 않았던 근대성의 어떤 측면과 대면"하려는 시도를 아우르고 있다는 것입니다(백낙청1, 19~20면).

공부모임을 시작하면서 백영서 선생님도 말씀하셨지만 이게 줄타기의 맥락이 있는 것 같습니다. 어떤 측면에서는 근대의 긍정적 측면도 봐야 하지만 부정적인 측면도 고려해야 하며 그것을 뛰어넘으려는 것도 고민해야 한다는, 굉장히 어려운 과제이고요. 저는 『변혁적 중도론』을 읽으면서도 계속 그런 고민이 들었어요. 양극단을 경계함으로써 중심을 잡으려고 하는 시도지만, 이론의 적용이라든가 논의를 만들어내는 데에서 그 중심을 잡는 것이 굉장히 어려운 작업이다, 지적으로 어려운 작업이다 하는 생각이 들었습니다.

그래서 이중과제론은 '근대'라는 것이 서구중심적이며 식민성을 배태한 것이 엄연한 현실임을 직시하면서도, 또 한편으로는 긍정적인 면이 있다는 것도 인정해야 한다고 주장하고 있습니다. 이론화 작업에서는 근대적 지식체계의 보편주의와 서구중심성을 그대로 추종하는 것의 한계 또한 반드시 고려해야 한다고 말하고 있습니다. 이중과제론의 입장에서 근대적응은 세계체제 내의 하위체제로서 분단체제의 위치성과 가능성을 인식하게 하며, 근대극복이라는 프레임으로 분단체제의 극복을 논의할 때는 단순히 미달된 근대국가의 완성을 의미하는 것이 아니라 근대를 넘어서는 창의적인 형태와 형식을 추구하는 것을 의미하는 것입니다. 이런 맥락에서 근대적응·근대극복의 이중과제라는 것은 결국 동전의 양면과 같은 근대사회의 이중성의 문제를 제기하고 있는 것으로 보입니다.

사실 근대의 양가적 위치와 이중적 의식은 근대의 후발주자들에게 보편적으로 나타나는 현상이 아닐까 하는 생각도 해보게 됐습니다. 근대의 중심이 되지 못하는 대부분의 식민지를 경험했던 국가, 특히 가장 늦게 세계체제에 합류한 동아시아는 근대에 다다르고 더 나아가 앞지르고자 하는 욕망과 동시에 근대를 거부하고 해체하고자 하는 의식 또한 팽배했습니다(백낙청2, 254~56면). 하지만 동아시아의 현실을 직시하면서도 더 나은 미래를 지향하기 위해서는 두 논리 사이에서 양자택일을 고민하기보다 오히려 이 둘 사이를 줄타기하

려는 자세를 견지하는 것이 중요합니다. 결국 백낙청은 한국사회의 문제가, 즉 분단체제의 극복이 근대의 완성이나 해체 중 하나를 선택하는 것이 아니라 이 둘 사이의 변증법적인 관계를 지향함으로써 세계체제의 균열을 만들어낼 수 있는 다양한 체제들로 이행이 가능할 것이라고 주장합니다. 여기서 변증법이라는 말은 백낙청이 어떤 때는 쓰다가 나중에 대담할 때는 그것이 내 의미가 아닌 것은 아니지만 굳이 그 용어를 쓰진 않았다는 표현을 하긴 합니다.

저는 이중과제론의 문제의식을 대부분 공유하고 있고 그것에 동의하는 부분이 매우 많습니다. 제가 계속 고민하는 여러 양가성의 문제라든가, 이중성의 문제를 아주 적실하게 지적해주고 이론화해준 작업이라는 생각도 드는데요. 그런 측면에서 제가 이론적 자원으로 활용했던 여러 논의들과 이중과제론의 어떤 긴장이랄까, 차이라는 지점을 볼 필요도 있지 않을까 생각해보게 됐습니다.

제가 자주 인용하고 가끔씩 다시 보는 글이 "The Multicultural Question"이라는 스튜어트 홀(Stuart Hall)의 짧은 글입니다. 여기에서 스튜어트 홀이 그런 얘기를 합니다. 근대국가의 반대로서의 다문화주의, 혹은 동질성의 반대로서의 차이를 강조하는 게 다문화주의라면 그것은 실패한 것이다, 하지만 다문화주의의 가장 중요한 지점은 이 근대적 사고에 질문을 던질 수 있는 점이다라고 주장하고 있거든요. 즉 근대적 사고, 특히 민족국가·국민·민족주의라는 공고한 이데올로기의 전환을 위해 다문화주의는 일종의 '질문' 역할을 수행하고 있다고 평가합니다. 그래서 스튜어트 홀의 문제의식과 이 줄타기의 방식에 어떻게 보면 동일한 지점들도 있는 것 같다는 생각을 해보게 됐습니다.

포스트모더니즘에 대해서 백낙청은 일견 가능성은 인정하면서도 그것과는 이론적으로 차이를 두려고 하는데, 포스트모더니즘의 문제의식과 이중과제론의 입장 간에 어떠한 맥락적 차이와 이론적 긴장이 존재하는지에 대해 좀더 논의가 진행되었으면 합니다. 그때 얘기하는 논의들, 특히 포스트모더니즘이 모더니즘의 해체 혹은 대안으로서 담론의 장에서 작동했다기보다는, 즉 이 포스트(post)라는 것이 '~뒤에/후에'일 수도 있지만 모더니즘의 연장일 수도 있다는 측면에서 성찰적 근대를 논의하는 일련의 학자들, 이를테면 기든스(Anthony Giddens), 벡(Ulrich Beck, 위험사회), 바우만(Zygmunt Bauman, 액체근대) 등이 있는데, 이 학자들의 논의와는 또 어떤 식의 긴장이 존재하는지에 대해 공부하면 좋겠다는 생각이 들었습니다.

그리고 제가 요즘 고민하고 있는 것이 있습니다. 북미 정상이 싱가포르에서 만나고 진전을 이루면 뭔가 변화가 있을 텐데, 변화가 있고

난 다음에 과연 평화체제가 됐건 무엇이 됐건, 종전선언 이후에 한반도의 모습은 어떤 것일까 하는 고민을 많이 하게 됩니다. 이 지점에서 이중과제론이 반갑게 다가왔습니다. 종전선언 이후 민족의 복원이나 분단된 영토의 복원 등의 맥락이 아니라 근대극복이라는 논의, 적응과 극복의 이야기를 할 때는 그것을 넘어서는 이야기를 할 수 있어서 저한테는 해방적인 느낌이 있었습니다. 한반도의 분단국가 극복은 동아시아의 주변국가를 포함하는 평화공동체의 형태를 띨 수 있고, 그 공동체의 바탕이 반드시 '국가'들의 연합이 아닐 수도 있겠다, 이처럼 아닌 형태로 그것을 만들어가야 한다는 생각도 들었고요. 이는 근대 너머의 세상을 의미하는 것이고, 또한 우리가 지금 만들려는 것은 착취적이고 불평등한 글로벌 세계경제체제 밖을 지향하는 것이 아닐까 하는 생각도 해봤습니다.

## 이중과제론과 페미니즘

이어서 '이중과제론과 페미니즘'에 대해서 김영희 교수의 「페미니즘과 근대성」을 중심으로 말씀드리려고 합니다. 생각해보면 페미니즘만큼 어려운 것이 없는 것 같습니다. 특히 사회과학을 하는 사회학자이고 여성이면서, 정확하게 정치적 노선을 밝히지 않는 여성 사회학자에게는 무척 힘든 문제거든요.(웃음) 이게 저에게는 굉장히 어려운 질문입니다. 요즘 저도 많이 고민하고 있는데, 아마 저의 존재적 질문과 맞닿아 있기 때문인 것 같습니다. 제가 여성으로서 남성과 동등하다는 의미가 뭘까, 평등하다는 의미가 뭘까? 그것이 '같아지기'를 원하는 것일까? 남자와 비슷한 식의 것을 원하는 것일까? 아니면 다른 존재로서 그 여성적 차이에 대해 남성적 차이와 동등하게 가치를 부여받기를 원하는 것일까? 김영희 교수의 글에서는 이 두가지 사이에 항상 긴장관계가 있다고 주장하고 있습니다. 그런데 페미니즘이 가부장제를 중심으로 한 뿌리 깊은 불평등을 문제화하고 있는데 그런 불평등한 측면들이 보편적인 진리가 아닌 사회적으로 권력에 의해 '구성'되고 있음을 밝혔다는 측면에서 해방적이지만, 페미니즘이 지향하는 세상과 그 전략을 구체적으로 논하기 시작하면 상당한 혼란에 봉착하기도 하는 것 같습니다. 같아지기를 원한다는 것은 결국 통일적이며, 이게 근대적 주체죠, 기준화된 (아마도 남성적) 주체를 인정하는 것이 될 확률이 높고, 그렇다고 차이를 강조하고자 한다면 여성성(feminity)에 내장된 남녀 이분법을 받아들이는 꼴이 될 수도 있기 때문입니다.

가장 먼저 무엇이 생물학적 성(sex)을 사회적 성(gender)으로 만드는가에 대한 질문을 던져볼 필요가 있습니다. 만약 젠더가 사회문화적으로 구성되는 성을 의미하는 것이라면 근대라는 맥락에서 만들어진 것이다, 그리고 '구성된' 특정한 여성으로서의 특성 혹은 조건은 결국 근대성과 직결된 문제일 수밖에 없다는 얘기를 할 수 있겠죠. 사실 페미니즘은 근대의 사상적 발전과 함께 발전해왔으면서도 동시에 근대의 이분법, 남성 대 여성, 보편 대 특수, 진실 대 이야기, 평등 대 차이에 반기를 들어왔습니다. 어쩌면 근대라는 것이 근본적으로 여성의 해방과 억압의 이중성을 담지하고 있는지도 모르겠습니다.

사실 페미니즘 논의에서는 근대적 가치를 증진시킴으로써 남녀 불평등을 해체하려는 시도와 여성으로서의 차이를 강조하면서 여성적 가치를 주창하는 방식이 교묘하게 긴장을 이루고 있습니다. 흔히 말하는 '여성이 그렇게 평등하기를 원한다면 여성도 똑같이 군대에

가라'는 식의 논리가 바로 이 평등과 차이의 가치가 어떤 식으로 직조되는지 확인되는 지점이고요. 하지만 많은 페미니스트들은 평등과 차이가 서로 "배타적 선택지라기보다, 서로 갈등하면서도 의존하는 개념"(김영희, 128면)이라고 정의하고 있습니다. 여기서 완전한 평등이라는 것에 대해 생각해볼 필요가 있습니다. 저는 공정이나 정의도 마찬가지라고 보는데, 정의나 공정에 대해 얘기할 때 굉장히 우려되는 부분이기도 합니다. 실험실이 아니기 때문에 현실사회에서는 완전한 평등이라는 게 가능할 수 없고, 또한 평등이 모든 사람을 똑같이 만드는 것이 아니라 각자의 차이를 존중하는 것을 의미함을 얘기해볼 필요가 있습니다.

이런 맥락에서 근대의 틀을 넘어서고자 한 포스트모던 페미니즘은 남성성과 여성성의 이분법을 해체하고 근대적 주체의 허구성을 마주하며, 여성이라는 카테고리 내의 차이와 간극 등에 주목할 것을 요청하고 있습니다. 하지만 포스트모던 페미니즘이 모던 페미니즘, 그냥 제가 일군의 것들을 모던 페미니즘이라고 얘기하는데, 모던 페미니즘을 극복할 수 있는 틀이 되는지에 대해서 필자는 회의적으로 이야기하고 있습니다. 근대적 틀을 부정하고 '해체'하는 것만으로는 페미니즘이 직면한 이중적 위치를 극복하기 어렵기 때문입니다. 그래서 필자는 프레이저(Nancy Fraser)의 논의, '시정'과 '변혁'의 개념을 가져오면서 이 둘 중 하나를 선택하는 것이 아니라 이 둘을 함께 해야 하는 것이라고 주장합니다. 즉 시정의 과정은 반드시 변혁의 지향이 있을 때만 현실화될 수 있고, 이는 '근대극복'이라는 전망 아래 '근대적응'의 과제 또한 가능할 수 있다는 이중과제론의 문제의식과 상당부분 교집합을 이룬다고 얘기하고 있고요. 다시 말해 '여성성'으로 규정된 여러 가치·성향·정향에 의미를 부여할 때는 거기서 '여성'이라는 꼬리표를 떼어내려는 노력도 필요하고, 이것이 바로 시정일 것이고요, 나아가 위계적 이분법 그리고 이것들을 해체하려는 변혁적 작업도 동시에 이루어져야 한다고 주장합니다(김영희, 134~35면).

제가 궁금한 것은 이처럼 근대성을 이야기할 때, 특히 페미니즘을 얘기할 때, 여기서의 근대성은 무엇일까? 물론 백낙청 선생은 근대사회의 혼재성, 이중성, 근대성 자체 내의 복잡성들을 많이 이야기하는데, 포스트모던 페미니즘의 비판도 그리고 모던 페미니즘의 주장도 역사성이나 공간의 특수성에 대한 고려는 다소 부족한 것 같습니다. 실은 그것에 탈식민주의 페미니즘이나 블랙 페미니즘 등이 물론 중요한 역할을 했지만, 우리의 읽을거리에서는 그것에 대한 논의 없이 근대 대 탈근대라는 이분법적 논의를 하고 있거든요. 그것이 좀 부족해 보이는 것이 아닐까라는 생각이 들었습니다.

한반도의 여성은 반쪽짜리 권리만 갖게 되었습니다. 여기서 제가 주목하는 것은 병역 의무 같은 겁니다. 예컨대 국민의 의무에 명시되어 있는 병역 의무는 여성을 국민이 되기 위한 조건에 미달하는 존재로 위치시키는 경향이 있다. 그리고 이른바 군대에 다녀오면 사람 된다는 말이 의미하는 것이 바로 군대와 징집제가 사실상 또다른 구분의 잣대가 된다는 것을 얘기할 수 있겠습니다. 그리고 1기 아카데미 때에도 성 격차에 대해서 많이 얘기했는데 한국사회에서 굉장히 비틀어진 성 격차의 문제, 북한도 제도적인 면에서는 매우 평등을 지향하는 것 같지만 사실은 여성들에게 여성성을 강조하고, 한쪽으로는 혁명의 전사라고 얘기하면서 모든 것을 다 잘해야 한다며 24시간 일하게 만드는 그런 식의 잘못된 모습들이 보이는데, 이런 것들을 어떻게 전체적인 근대 적응과 극복, 그리고 페미니즘의 문제와 맥락을 닿도록 얘기해볼 수 있을까 하는 생각도 해보게 됐고요.

그다음에 제가 관심을 갖는 것은 불법이주를 하는 북한 여성, 특히 중국에 있는 북한 여성들입니다. 이들이 중국에서 살아남을 수 있고 나름대로 임파워먼트(empowerment)가 가능했던 이유는 어떤 자기의 공간을 만들어낸다는 거예요. 비가시적 영역이라든가 사적 영역이라든가 돌봄 영역에서 북한 여성들이 자신의 몸을 숨길 수 있었기 때문에 중국에서 실제로 살아남을 수 있었고, 그렇기 때문에 북에 남겨둔 가족들을 보살필 수 있었고, 북한경제가 지금 정도로 유지될 수 있었고요. 어떻게 보면 극복해야 하는 것들이 가장 밑바닥에 있는 여성들에게는 해방의 가능성을 주는 부분들도 있다는 것을 한번 고민해보면 좋겠습니다.

## 진과 선의 융합으로서의 진리

끝으로 발제문의 '근대적응과 근대극복의 이중과제: 진과 선의 융합 가능성'에 대해서 말씀드리고 발언을 마치겠습니다. 백낙청 선생은 항상 지향해야 하는 해결책으로 어떻게 보면 더 복잡하고 추상성 높은 얘기를 해주시는데, 그게 바로 진과 선의 융합, 혹은 지혜라고 얘기되는 부분인 것 같습니다.

적응과 극복의 이중과제를 얘기하면서 급진적인 질문을 던져보자면, 이게 절충주의적인 접근이라는 의심을 해볼 수도 있겠다는 겁니다. 그리고 우리가 동아시아나 분단, 식민성의 문제에서 오히려 극복을 좀더 강조할 때 근대에 대한 열등감을 이겨낼 수 있는 다양한 상상력을 담보할 수 있는 것은 아닐까 하는 질문도 해보게 되고요. 그리고 이 지혜라는 것을 어떻게 정의하느냐 하면 '어떤 본질적인 삶의 능력 정도'라고 설명하고, 이것이 진과 선이 융합된 어떤 능력이라고 얘기하고 있습니다. 그런데 이 지혜를 설명하면서 뭐라고 말씀하냐면 "모든 인간이 기본적인 존엄성을 공유하는 평등한 존재임을 확실히 아는 지혜와 더불어, 자신보다 더 나은 지혜를 그것을 어디서 만나든 알아보고 따를 줄 아는"것이라고 합니다. 사실은 백낙청 선생이 의도적으로 말씀하셨는데, 즉 자신은 이 말이 그렇게 탐탁지는 않지만 그래도 논쟁적으로 '지혜의 위계질서'라는 개념을 제시한다고 합니다(백낙청1, 26~27면). 그런데 실은 이 얘기가 한편으로 마음에 와닿으면서도 동시에 이것이 해방적인 사유나 새로운 능동적 주체의 등장을 이야기하는 것은 아니지 않을까라는 생각도 하게 됐습니다. 혹시 기존의 권력들이 동의의 기제를 적극 활용해서 자신의 기득권을 유지해나가는 과정들, 이를테면 너는 굉장히 주체적이야, 너는 굉장히 다른 사람이야 하고 얘기하지만 실은 그것이 큰 차원에서는 통치의 기술이었다는 것과 어떤 차이가 있을까라는 질문도 해보게 됩니다.

마지막으로 분단체제론, 변혁적 중도주의, 그리고 이중과제론에서 주목하는 주체들은 무엇일까라는 문제의식을 계속 제 머릿속에 담고 있습니다. 여기서 볼 때는 현실에 발을 딛고 있으면서도 눈은 그 너머를 지향하는 이들을 통칭하는 듯하기도 하고, 근대 적응과 극복이라는 이중과제를 얘기할 때는 적응을 해야만 하는 주체들을 굉장히 주목하는 것 같은데, 그렇게 본다면 피식민자, 여성, 분단체제의 민중/인민, 소수자, 유색인종이 될 것 같습니다. 그렇다면 식민·분단·냉전 이 모든 것들이 중첩되어 있는 한국사회의 맥락에서 구체적으로 어떤 변혁의 주체를 얘기할 수 있을지도 논의해보면 좋겠습니다. 제 발제는 여기서 마치겠습니다.

# 분단체제론과 연결되는 이중과제론의 질문 및 토론●
**토론 정리: 양경언**

**발언자1** 분단체제론은 제기된 이래 여전히 진화하고 있는 이론이다. 53년 정전체제, 87년체제, 2013년체제 등 어떻게 질적·양적으로 달라졌는지 그 특징을 드러내면서 분단체제론에 대한 얘기를 해야 한다. 백낙청 선생이 왜 '문명전환'을 말하면서 '개벽'이란 말을 많이 쓰는지 궁금하다. '도' '지혜의 위계질서' 역시 그와 관련되어 있을 것이다. 원불교에서도 별로 주목하지 않았던 개념에 일찍부터 주목한 동기가 무엇일까.

**발제자1** 분단체제론의 진화과정에 대해서는 이해가 부족해서 발제 시에는 현재 정리된 수준으로만 특징을 전했다. 우리는 '근대'를 인류사회가 진보의 과정에서 꼭 거쳐야 할 하나의 단계라고 얘기하지만, 근대 자체가 서구에서 나타난 특수한 형태다. 우리는 서구의 역사과정에 우리를 투영해 바라보지만 우리 사회는 서구적인 언어로 해석할 수 없는 다른 경로를 가지고 있다. 사회구성의 원리가 다른 한국사회의 근대화 과정에서 성취를 이루고 문제가 발생했을 때, 이것을 동양적 가치로 깔끔하게 재해석하기 위한 방편으로 '도' '문명전환' '이중과제'를 마련한 것이 아닐까.

---

● 이하의 내용은 앞의 발제에 대한 참가자들의 발언을 정리자가 요약한 것이다. 자유롭고 기탄없는 토론을 위해서 발언자의 실명을 드러내는 대신 본서의 각 부(部) 안에서 발언순서에 따라 일련번호를 붙였으며 같은 번호의 발언자는 동일인을 의미한다. 다만 부마다 새로 부여한 번호이므로 같은 번호가 줄곧 동일인을 뜻하지는 않는다 — 편집자.

**사회자** '근대'라는 시대와 '근대성'이라는 특성을 구분해야 한다. 월러스틴의 세계체제론과 연결해서 이야기할 때 근대는 전지구적으로 확장되어 있는 '단일한 자본주의 세계체제'임이 전제되어 있다. 이를 전제로 얘기를 풀어가야 혼란이 덜하다. '단일한 자본주의 세계체제라는 것을 어떻게 볼 것인가' '그것을 어떻게 넘어설 것인가'로 과제를 설정할 때 동양의 전통적인 문명자산으로 '도'를 가져올 수 있는 것이다. 중요한 것은 근대 자본주의체제를 넘어서기 위해 필요한 자원인지 그 여부에 있다.

**발제자1** 서구에서 '자본주의화'라는 것은 자율적 인간이 모여 자기 소유를 확대하고 자기 소유에 대한 욕구를 발산하는 과정이었다. 자본주의에서 이윤을 추구하고 확대 및 축적해나가는 결정의 주체가 서구에서는 이른바 '근대인'이라는 개개인들이었다면, 일본이나 한국에서는 하나의 국가나 조직 같은 집단이지 않았나. 이는 물론 식민지 특성과 관련 있다고 생각하는데, 그런 측면에서 우리 사회가 자본주의를 소화하는 방식도 상당히 다르다는 생각이 들었다.

**발언자2** 백낙청 사상의 이해를 위해서 반드시 넘어야 할 산이 '변증법적 사유'인 것 같다. '도' 개념이 헤겔 식으로 말하자면 '무제약적 보편자'라고 할 수 있는데, 결국 자유의 영역이다. 도의 영역은 도에서 발생한 음과 양, 오행이 각각 경계를 형성하고 있으면서도 그 경계의 개체들을 넘나들 수 있게 해주는 것, 이원화되기 전의 절대경지이다. 그 절대경지는 우리 앞의 대상이 아니기 때문에 그것을 아예 없는 영역으로 생각하게 되면서 점점 중요하지 않은 것으로 여기게 되었지만, 백낙청 선생이 말하는 바는 결국 인문학자로서의 자유나 해방의 원리, 또는 어떤 대립적이고 적대적인 관계나 주관-객관의 이원론을 극복할 수 있는 원천이 도 같은 절대나 초월의 영역에서 나온다는 것이 아닐까. 'A'와 'A 아닌 것'의 관계가 굉장히 투쟁적인 듯하지만 그걸 극복하고 넘어서면 합의 경지에 이른다는 것, 그게 동양에서 말하는 도의 경지이고 헤겔이 말하는 '절대이성'인 것 같다.

**사회자** '도' 문제는 다음에 더 다룰 예정이다. 오늘은 세계체제와 분단체제의 관계라든가 페미니즘과의 관계로 범위를 좁혀서 논의를 이어가자.

**발언자3** 박사논문에서 '냉전적 근대성'이라는 개념을 썼는데 그에 대해 제바스티안 콘라트(Sebastian Conrad, 독일의 글로벌 히스토리 연구자)는 근대성에 대한 학술 논쟁을 잘 정리한 아프리카 식민지 연구자 프레더릭 쿠퍼(Frederick Cooper)의 저서 *Colonialism in Question*(2005)을 소개해주며 '근대성'은 너무 큰 개념이라고 한 적이 있다. 인문·사회과학 연구에서 근대성 이야기를 하던 시기가 있고, 그다음에 구체적인 쟁점으로 넘어오는 시기가 있다는 것이다. 또한 정신과 문화 그리고 과학과 기술을 대비시키는 사고방식에 대해 논의하던 중에 대다수의 후발국들은 대부분 동도서기론을 이야기한다고 했던 적이 있다. 그와 관련해서 근대에 대해 적응과 극복으로서의 이중과제를 이야기하는 것이 참 절묘한 부분이 있다고 생각했다.

읽기자료를 보면 근대성에서 과학이나 기술은 인정하고 받아들이면서 적응해야 하지만, 세계자본주의체제에서 발생하는 수많은 위계와 배제와 불평등·차별 등은 극복해야 한다고 설정하는 것 같다. 개인적으로는 인공지능이 등장하고, 모든 것이 자본화되어 세계적인 불평등이 만들어지는 상황에서 이중과제론의 현재성을 어떻게 최대한 발굴할 수 있을지가 주요한 과제가 아닐까 생각한다.

한가지 더 이야기하면, 우리가 그동안 받아들인 사상과 이론이 주로 미국이나 일본, 중국같이 큰 규모의 현상을 다루는 개념들로 이루어졌기 때문에 '자본주의 세계체제로서의 근대'라고 설정할 경우에, 우리 현실에 정확하게 부합하는 부분이 많지 않을 수도 있다는 생각이다. 가령 독일에서는 자본주의를 얘기할 때 '영국식 자본주의'와 '독일식 자본주의'가 역사적으로 다르다면서, 근대 자체를 부정하지는 않지만 다른 경로가 있을 수 있다는 다양한 근대론(multiple modernity)을 이야기한다. 또한 어떤 모델이 제시되더라도 모든 국가들이 한 방향으로만 발전하고 수렴되는 게 아니기 때문에 다양한 분기와 분화를 이해해야 할 필요가 있다는 학술적 논쟁도 있다. 이런 논의의 의미를 일정부분 수용한다면, 과연 우리의 근대성은 무엇인가 하는 부분을 더 정교하게 생각할 필요가 있지 않을까.

마지막으로 이중과제론에서 극복해야 할 대상으로 분단체제가 등장한다. 다양한 근대의 문제와 분단체제, 그리고 동아시아의 맥락을 연결하여 생각한다면, 이중과제론은 한국·중국·일본·북한이 어떻게 서로에게 적응하고 서로를 변화시키려 했는가를 이해하려 하는 문제설정이 될 수도 있을 것 같다. 분단체제론의 문제의식이 현재적이고 미래를 향한다면 이런 네가지 유형의 근대성들이 서로 어떻게 적응하고 공존해나가는지 네 사회의 관계를 살피는 작업이 필요해 보인다.

**발언자4** 세계체제론이나 분단체제론의 핵심은 분석단위라고 생각한다. 일반적으로 분석단위를 국민국가로 해왔던 데서 벗어나 좀더 넓은 세계체제, 동아시아 단위, 한반도 단위로 사고해야 분단체제론이나 이중과제론 논의를 제대로 끌고 나갈 수 있을 것이다.

두번째 발제에서 스튜어트 홀이나 바우만, 울리히 벡 같은 학자들과의 관계에 대해서도 토론해보자고 하셨다. '포스트모더니즘'이 말뜻 그대로 모던한 것을 극복하는 것이라고 전제한다면, 근대가 자본주의시대라고 했을 때는 자본주의를 극복하는 사유여야 한다. 그래서 포스트모던한 사유·철학을 내세울 때는 그것이 정말 자본주의를 극복하는 전망과 의지를 가지고 있는 것인지, 이중과제론의 용어로 생각해보면 근대적응뿐 아니라 근대극복을 향한 탄탄한 비전이 있는지가 내실의 판별 기준이 되어야 한다.

백낙청 선생이 문학 논문에도 쓰셨지만, 윌리엄 블레이크(William Blake)의 영국 낭만주의 시에는 근대적응뿐 아니라 근대극복의 전망이 담기면서 동양의 도에 해당하는 것이 들어 있다. 사람의 이성적 논리와 정서가 분리되어 있지 않고, 진과 선과 미가 분리되지 않고 하나인 사상적 차원으로 지혜의 위계질서나 도 같은 개념을 이해해야 하지 않을까.

**발언자5** 자본주의의 문제점을 극복하는 것이 개선과 개량이라면 굳이 이중과제라는 말을 안 썼을 것 같다. 자본주의에 대한 적응과 더불어 자본주의 자체에 대한 극복이라는 게 중요한 개념인 것 같다. 하지만 이는 다소 공허하다. 자본주의 극복이라고 할 때 사회주의 국가의 모델이나 김종철『녹색평론』발행인이 얘기하는 소농공동체주의를 바라보는 것 같지는 않다. 자본주의 적응이라고 하면 어느정도 알겠지만, 그 자체를 적응하면서 극복한다는 말은 형용모순이지 않은가. 문학적 발상에서는 이 형용모순이 매우 멋있고 감동적일 순 있지만, 현실세계에서 적응하며 극복한다는 것이 어떻게 가능할지 의문이다.

**사회자** 「근대, 적응과 극복의 이중과제」를 읽으면 개념 정리에 도움을 받을 수 있을 것이다. 근대의 '적응'이란 말을 쓸 것이냐 '성취'라는 말을 쓸 것이냐를 두고 논란이 많았다. 그런데 이 적응에는 성취와 부정 혹은 성취와 배제라는 두가지 의미가 다 있다. 근대성의 특징인 자본주의 양상에는 필요한 만큼 성취해야 할 부분도 있지만 동시에 배제하거나 부정할 것도 있기 때문이다. 적응은 대개 성취로만 생각하지만 양면이 다 있는 개념이 곧 '적응'이다.

　이중과제 논의가 공허하지 않으려면 '단기·중기·장기'라는 시간대에 대해서도 염두에 두어야 한다. 김종철과의 논쟁에서도 백낙청은 이 논의가 특정한 상황, 특정한 시점에서의 논의임을 강조한다. 한반도에서 사회과학자로서 사후의 현상을 설명하는 데 그치는 게 아니고, 현실을 변화시키고 미래를 만들어가자는 의지를 가진 운동 논의, 구체적인 시점과 공간에서의 이론이기 때문이다. 근대의 극복은 장기적인 측면으로 가져가야 한다. 한반도에서 통합이 잘된다고 당장 세계자본주의체제가 바뀔 수는 없다. 단 세계자본주의체제의 틈새를 만든다든가, 동아시아에 변화를 일으킨다든가, 미국 헤게모니에 균열을 일으켜서 변화를 주는 중요한 충격을 줄 수는 있다. 이런 식으로 장기적인 과제와 중기적, 단기적 과제를 나누어 설정하는 것이 중요하다. 그런데 이 세가지는 서로 결합되어 있다. 적절히 배분하면서 일관되게 실천하는 것이 중요하다. 단순히 기능적인 개선만 하는 것과 장기적인 변혁의 전망을 가지면서 그것이 어떤 작용을 할지를 염두에 두고 실천하는 것은 다르다.

그중에서 특별히 강조되는 것이 중기적 과제다. 한반도의 경우에는 분단체제를 극복하는 통합의 과정으로 제일 중요한 게 국가의 개조다. 국가를 해체하는 전략이지만 동시에 새로운 국가를 창안하는 것, 이 또한 이중과제다. 두개의 국가를 통합하는 과정에서 실험이 많이 나올 것이다. 단기적인 게 있고 중·장기적인 것이 있을 때, 그 과정에서 시민역량이 충분히 개입할 여지가 있을 것이다. 한반도 변혁이라는 중기적 과제를 가운데 놓고, 단기와 장기를 결합하는 이 발상에 대해 생각해보셨으면 한다.

**발제자1** 실천적 과제를 설정할 때 단기, 중기, 장기 얘기를 하면서 군이 도를 거론한 이유는 무엇일까. 월러스틴은 진과 선이 나란히 간다고 하는데 백낙청 선생은 도라는 개념에는 그것이 애초에 통합되어 있다고 했다. 분리되어 있는 것을 단계적으로 합해나갈 수 있다는 것이 아니라 적어도 가치체계로 설명할 때 애초부터 다른 체계라는 것인가.

**사회자** 도가 서구인들에게는 낯선 개념이다. 월러스틴뿐 아니라 지금의 중국 사람들도 낡은 단어라고 생각하고 받아들이기 어려워했다. 도와 지혜의 위계질서는 '이미 와 있는 새로운 것'이라고도 표현할 수 있는데, 개인의 수양 문제와도 관련이 있다. 설명하는 방식이 더 개발되어야 할 것이다.

**발언자6** 발제자1께서 구두로 발제를 하면서 발제문에는 쓰지 않았던 '동아시아체제'라는 용어를 사용했다. 백낙청 선생은 동아시아체제라는 단위를 별도로 설정하지 않았다. '세계체제'와 '분단체제' 그리고 남한에서의 '87년체제'와 같이 3단계를 설정할 뿐이다. 동아시아 체제라는 게 가능하다면 아프리카체제, 유럽체제라는 개념도 가능하겠지만, 그것은 논지를 흐릴 위험이 있다. 체제란 짜임새 있고 재생산이 되는 확고한 구조라는 것을 강조하기 위해서 사용하는 개념이기 때문이다.

여성주의 문제를 이야기하자면, '계급'은 철폐할 수 있지만 '남녀'는 철폐할 수 없다. 계급문제에서는 '평등'을 성취하는 것이 궁극적인 목표겠지만, 남녀문제는 궁극적으로는 '조화'로 가야 할 것이다. 백낙청 선생이 '음양조화'라는 개념을 제기한 맥락도 여기에 있지 않을까. 물론 이런 이야기를 지금 꺼내면, 여성들이 수천수백년 동안 짓밟히고 살아왔는데 조화는 무슨 조화냐, 남성들의 지배권을 강화하려는 소리 아니냐고 비판받을 여지가 크지만, 아주 궁극적인 목표를 말하는 것이다. 백낙청 선생이 박맹수 선생과의 대담에서도 남녀의 조화를 궁극적인 목표로 삼았는데, 지금 당장이나 중기적인 과제가 아니라 장기적으로 실현할 목표로 말하는 것이다. 남녀 조화에 대한 궁극적인 상을 가지고 있어야 현재의 성차별 철폐 문제도 제대로 해결할 수 있다는 점에 공감한다.

**발언자7** 2015년 차별적인 여성혐오 문제와 문화예술계의 성폭력 문제를 둘러싸고 벌어진 페미니즘 논의를 돌아보면 상대적으로 현재 페미니즘 비평의 생산적인 쟁점을 만들기가 더 어렵게 느껴진다. 문학비평을 하는 입장에서 정치적 올바름을 전제하는 단선적인 논의며 젠더 이분법의 격화로 치닫는 급진적 입장들 복판에서 출구를 모색하기 쉽지 않다. 발제자2께서 여성이 남성처럼 평등해지기를 원한다는 맥락이 무엇인가에 대해 한참 이야기해주셨는데, 더 보태자면 최근 여성들의 목소리는 단순한 평등의 의미를 넘어 기존 남성들이 누리고 있는 권력이나 위치를 비판하고 거부하는 것으로 모아진다는 느낌이다. 페미니즘 본래의 과제가 그렇지만 바람직한 인간으로 산다는 것, 개인이자 시민으로서 산다는 것은 무엇인가를 고민하는 맥락에서 '여성'이라는 위치가 의미있게 여겨진다. 불합리한 가부장적 현실 속에서 누군가의 딸로서, 엄마로서, 아내로서 살아가는 위치들이 있다. 삶 속에서 버티고 수행해야 하는 과제도 있고 물리치고 거부하고 싶은 순간들도 있다. 그런 삶의 긴장을 끊임없이 체감하게 한다는 점에서 여성의 삶은 근대의 적응과 극복을 현실적인 과제로 다가오게 만든다.

1990년대에 위세를 떨쳤던 페미니즘 문학담론은 차이에 대한 담론이었던 것 같다. 남성과 차별되는 '여성성' '모성성' '관계지향성'에 방점을 뒀는데, 2000년대로 오면서 '복수성' '해체성' 등 경계 허물기로 넘어갔다. 김영희 선생 글에도 나왔지만 이 변화를 단계론적으로 이해하면 곤란하다. 평등, 차이와 해체라는 것이 늘 얽혀 있는 문제이며, 이를 통해 근대가 만들어낸 타자가 무엇인가를 본질적으로 사유할 수밖에 없다. 한동안 페미니즘 비평담론이 학술적으로 세밀해지고 방법론적인 위력을 누려온 대신 현실의 삶과 멀어진 점이 있다. 그런 점에서 최근 리부트된 페미니즘 비평이 호소하는 실천성이 있으며, 이중과제론이 이 지점에서 기여할 수 있을 듯하다. 탈근대를 표방하지만 여전히 근대주의에 붙들려 있는 담론들의 막힌 부분을 뚫어서 새로운 시선으로 페미니즘을 사유할 수 있지 않을까 기대한다.

두번째 발제에서 불법으로 정주하는 북한 여성들이 제한적인 테두리에서 독자적인 생존방식을 도모하고 있다는 설명이 인상적이었다. 돌봄노동이라는 비가시적인 노동을 통해 어떻게든 삶을 영위할 수 있는 여성들의 특수한 위치성이 있다고 했는데 지금 현재의 문학 작품에서도 적극적으로 다루어져야 할 지점인 듯하다. 설명을 더 듣고 싶다.

**발언자8** 첫번째 발제에서 남북의 시민적 연대가 아닌 지배구조 단위에서 남북 간 평화체제 논의가 급격하게 진행되는데 어떤 전망을 할 수 있느냐는 질문을 이중과제에 대한 구상 속에서 들여다볼 필요가 있다. 민중적인 연대와 지배구조 단위의 논의를 분할해서 말할 수 있을까. 현 정권이 촛불의 결과로 만들어졌고, 촛불혁명의 과업을 수행하는 성격을 짊어졌다고 할 때, 이런 정권이 구상하는 방식으로의 남북관계란 그 성격을 토대로 한 것이다. 실천적인 부분에서 시민역량을 어떤 식으로 반영해갈지를 고민하는 게 더 필요해 보인다.

페미니즘 관련해서 고민이 되는 건, '조화'라는 개념 앞에 놓인 '남녀'라는 이분법적인 표현이다. '남'과 '여' 라고 제시했을 때 이미 그려지는 상이 있는 것도 문제이지만 이분법적으로 수렴할 수 없는 트랜스젠더 등 다양한 섹슈얼리티와 관련한 부분을 다 포괄하지 못하는 것 같다. 궁극적인 차원으로 '조화'를 이야기하면 받아들일 수 있지만 그것을 '남녀의 조화'라고 할 때 받아들이기 어려운 부분이 생기는 것이다.

**발언자9** 이중과제론은 좋은 건 받아들이고 안 좋은 건 거부하자는 식의 아전인수의 논리와 구별되는 것 같다. 적응과 극복을 동시에 이루어야 한다는 점이 중요하다. 문학을 예로 들면 이 부분은 더욱 구체적으로 설명될 수 있을 것이다. 루쉰(魯迅)과 나쯔메 소오세끼(夏目漱石)는 문학을 통해 근대 적응과 극복의 과제를 동시에 수행했다. 그래서 이들의 작품은 '근대적'이면서 동시에 '탈근대적'이기도 하다. 프란츠 파농(Franz Fanon)도 근대주의자인지 탈근대주의자인지를 단정적으로 말하기 어려운 사람이다. 이들의 지향과 태도가 이중과제론의 문제의식을 보여주는 사례가 될 수 있을 것 같다.

**사회자** 이 모임에서는 사유방식을 강조한다. 그렇게 함으로써 담론이 구체적인 자기 과제로 활용되기를 원한다. 단기적인 과제가 주어졌을 때 기능적인 개혁만 말하고 그칠 수 있지만 중·장기적인 목표와 어떤 관계가 있는지를 생각하면서 나아가면 다른 실천을 낳을 것이다.

남북한의 최근 변화와 관련해서는, 오히려 남한정부가 이를 설명하는 데 편할 수 있다. 시민사회와의 관계에서 이룩된 촛불정부이고, 앞으로의 진행사안에 대해서도 시민사회가 개입할 여지가 있다. 그런데 북한은 어떤가. 북한정권의 방식은 주민들의 열망이나 바람과 무관한가, 그 나름대로의 대응이 있지 않을까 하는 점 역시 고려해야 남북한을 연동해서 생각할 수 있다. 남북한 얘기를 할 때 국민국가 단위로 설명하는 데 익숙하다면 비교 이상의 연구를 할 수 없다. 분단체제는 그걸 설명하려고 한다. 그런 점에서 북한 정권과 주민의 관계를 위에서 내려다보는 방식으로만 봐서는 안 될 것이다.

**발제자2** 근대 안에 있는 다양한 차이를 대하는 우리의 대응방안을 근대 적응과 극복으로 이야기하고 있는 게 이중과제론이 아닐까. 비슷한 문제의식을 가지고 근대성을 고민하는 서구의 담론이나 학자들도 상당수 있을 것이다. 이 둘 사이의 긴장을 확인하는 방식이 이중과제론이 가지고 있는 독특한 위치성, 강점이다. 홀(S. Hall) 같은 사람들이 계속 '성찰적 근대성'을 이야기하는 것 자체가 근대성 내에서의 문제점과 동시에 긍정성을 논의하는 것이고, 포스트모더니즘은 일종의 근대라는 큰 자장 내에서의 질문 던지기, 혹은 더 나은 근대, 다양한 근대로 나아가기 위한 하나의 지적 시도라고 이야기하는 사람도 있어서 발제에서 이를 제기해봤다. 그러나 불평등한 세계체제에 대해 직접적으로 문제제기하는 것은 이중과제론이 가지고 있는 큰 장점이다. 다른 성찰적 근대성에 비해 이중과제론은 민주적이지 않고 불평등하며 자주적이지 않은 세계체제를 문제시하고 그것을 극복하는 방향으로 얘기한다는 점에서 의미가 있다.

요새 마음 연구를 하고 있는데, 마음은 일종의 총체다. 이성을 중시한 근대에서 탈락된 것들을 다시 복귀시켜 만든 모호한 어떤 것이다. 경험적으로 증명할 수는 없지만 실제로는 마음이라는 것이 행동을 만들고 실천을 만들고 사회를 변화시키는 데 상당히 중요한 역할을 한다. 가령 문재인 대통령이 잘해줘서 김여정 부부장이 좋아했다는 얘기, 나는 그게 역사성을 가지고 사회구조가 배태되어 있는 이야기이지 개인 수준의 것은 아니라고 생각한다. 그렇다면 이런 것들도 근대와 연결시켜서 볼 수 있지 않을까.

한국문학이나 여러 미디어에서 북한 여성, 북한 출신자들을 재현하는 방식이 가지고 있는 분단적 효과들이 있다고 생각한다. 그것은 우리의 '분단적 마음'이 표현해낸 것이다. 실제로 북한 사람과 상호소통을 할 때 우리가 그들을 피해자라고 보면 그들 스스로 피해자가 된다. 어떤 측면에선 그들이 가지고 있는 행위주체성을 우리의 담론체계나 한국사회의 시선에서 충분히 보고 있지 못하다. 북중 접경지역에 가서 아직도 한국에 오는 것을 망설이는 다수의 '불법적인' 북한 여성들을 만나면 그들은 이 세계체제라는 시스템을 십분 활용한다. 거기서 가장 착취받는 대상은 불법 체류하면서 돌봄노동을 하는 여성 이주자다. 그런데 그 자리가 가시화되지 않고 국가가 통제하지도 않아서 오히려 북한 여성들이 거기에서 10년이나 15년 더 살 수 있다. 그렇게 해서 북에 남겨진 가족들한테 정치적인 부담을 주지 않으면서도 부양을 하는 것이다. 이런 다양한 이야기를 이중과제론에서 더 많이 할 수 있고, 페미니즘에서도 이를 다면화해서 볼 수 있지 않을까.

**발제자1** 세상의 어떤 독재정권도 민중의 이해관계를 도외시하고 움직일 수 없다. 그런 측면에서 어떤 식으로든 북한정권도 민중들의 이해관계를 반영할 것이다. 하지만 관대하게 보는 건 조심해야 한다. 남한도 촛불을 통해서 그런 열망을 담은 정권이 들어섰지만 이 과정이 민중적 요구가 구체적인 동력이 되어 이루어진 것인지 엄격히 점검해보면 그것만은 아닌 것 같다. 분단문제도 시민적 공감대가 이루어지고 있지 않은 듯하다. 트럼프 역시 예상 밖의 모습을 보여서 분석하기 어려울 정도인데, 이것은 시민적 요구와는 무관한 것이다. 북쪽도 마찬가지다. 구조적으로 어떤 폭력정권도 국민의 요구를 무시하고 존립할 수는 없기 때문에 반영은 하겠지만, 그보다는 지배구조의 논리가 더 강력하게 개입하고 있지 않을까. 관대함보다는 빗나갈 가능성에 대해 더 염려하면서 검토해야 탄탄한 전략을 구상할 수 있다.

**사회자** 북한정권을 관대하게 보는가 비판적으로 보는가 하는 이분법이 아니라 북한을 있는 그대로 보기 위해서라도 한번 생각해보자는 것이다. 분단체제론도 진화하고 있는데, 남북관계가 변화해서 진화하는 것이다. 그런 면에서 보면 지금은 '흔들리는 분단체제'이지 형성 초기의 분단체제는 아니다. 흔들리니까 이런 현상도 생기는 것이다. 2000년 6·15선언 이후 '통일시대'라는 식으로 분단체제의 한 시대를 얘기했는데, 촛불 이후의 상황을 염두에 두고 이어지는 남북정상회담 등을 보면서 한번 더 시대를 구획해야 하는지, 아니면 그 이전부터 연결된 것인지 진화하는 분단체제의 양상 및 단계에 대해 논의를 이어가야 할 것이다.


## 정리자 종합

1) 세계체제론, 분단체제론, 이중과제론에서 설정하는 '근대'의 개념은 곧 전지구적으로 '단일한 자본주의 세계체제'이다. '단일한 자본주의 세계체제'라는 시각을 어떻게 볼 것인가. 또한 그것을 넘어서고자 할 때, 적응을 통해 극복의 태도를 견인하는 '이중과제론'은 구체적으로 어떤 현재성을 지닐 수 있는가.

2) '도'와 '지혜의 위계질서'의 개념을 어떻게 볼 것인가. 이를 관계 속에서 발현되어야 하는 공동체의 원리로도 설명할 수 있을까.

3) 이중과제적인 접근은 현실에서 일어나는 각종 여성문제들(성폭력 문제, '정체성 정치' 논쟁 등)을 실질적으로 해결하고자 할 때 어떤 사유의 단초를 제공할 수 있는가.

4) 4·27 남북정상회담 이후 변화하는 상황을 전제하고 생각할 때, 한국사회가 당면한 실천적 과제(단기적인 과제)는 무엇일까. 남한 내부에 밀양, 강정, 사드배치 등 여러 문제들이 여전히 산적한 상황에서 중·장기적인 과제들과 분리되지 않으면서도 동시에 무엇부터 해결해야 하는지를 검토하기 위해서 설정할 수 있는 기준은 무엇일까.

## 3회차 공부모임

**백낙청** 반갑습니다. 지난 1기 진행하는 동안에 세상이 많이 바뀌고 있었는데, 이번 2기의 2회차와 오늘 3회차 모임 사이에는 확실히 바뀐 것 같아요. 여러분이 지난번에 모여서 공부한 며칠 뒤에 남북정상회담이 있었죠? 그사이 많이 바뀌었는데, 어쨌든 바뀌거나 말거나 우리 공부를 계속하십시다.(웃음)

지난번에 두분이 발제하시고 토론을 하셨는데, 두 발제문 다 잘 읽었습니다. 토론 정리는 양경언 선생이 수고해주셨고, 또 몇가지 질문을 제기해주셨지요. 우선 발제와 토론에 관해서 내가 몇가지 첨가할 말이 있을 것 같고, 그러고는 저번에 미진했던 토론을 오늘 더 했으면 합니다. 그러려면 내가 말을 많이 안 해야 하는데, 오늘 써온 요지문은 지난 1기 때 내가 하던 것보다는 조금 짧아졌습니다.(웃음)

월러스틴에 대해서는 내가 여기서 따로 강의를 할 처지는 아니에요. 그럴 실력도 없고요. 이종현 교수께서 발제하신 것이 '세계체제론과 분단체제론'인데, 그 세계체제론을 제기한 본인들은 세계체제분석(world-systems analysis)이라고 부릅니다. '이론'이라는 말을 별로 안 좋아해요. World-systems theory라고 할 때 theory가 아니고, 하나의 분석방법이라는 것을 강조하는데, 특히 월러스틴이 그렇지요. 그 학파에서는 월러스틴이 대표적인 인물이라고 볼 수 있고, 또 분단체제론의 경우 그분의 작업에 대한 의존도가 상당히 크죠. 발제자는 월러스틴 이야기뿐 아니라 저의 월러스틴 활용이나 분단체제론도 길게 언급하셨는데, 그중에는 발언자6의 지적처럼 저는 인정하지 않는 '동아시아체제' 개념을 도입하는 등 더러 제 생각과 다른 대목도 있어요. 하지만 그런 걸 제가 일일이 지적하기보다 토론과정에서 자연스럽게 점검되는 게 좋을 것 같습니다. 저는 월러스틴을 중심으로 두어가지 중요한 논점만 언급하겠습니다.

## 세계체제분석의 의미

세계체제분석에서 가장 주목할 점은 분석단위의 문제를 지적한 거라고 봅니다. 가령 자연과학에서 실험을 한다고 할 때 실험대상을 어떻게 잡느냐, 범위를 어떻게 잡고 실험하는 물건의 싸이즈를 어떻게 잡느냐 하는 게 결정적이잖아요. 그걸 잘 정해야 하잖아요. 그런데 이상하게도 사회과학에서는 사회 사회 하면서 그 사회의 단위가 뭔지에 대해서 깊이 생각하는 경우가 많지 않았고, 국민국가 체제 성립 이후 대개 하나의 국민국가를 사회단위로 보고 학문을 해왔지요. 세계체제분석의 가장 중요한 공헌은 사회라는 사회과학 연구대상의 기본단위가 국민국가인 게 맞느냐, 물론 연구의 그때그때 필요에 따라서는 일국을 다룰 수도 있고 한 지방만 따로 떼서 연구할 수도 있지만, 일반적으로 우리가 사회체제라고 할 때 한 나라를 기준으로 하는 것이 맞느냐 하는 문제제기죠. 그게 아니고 세계체제라는 것이 성립돼 있으면 그 세계체제 전체가 기본단위가 되고, 그 기본단위 안에서 일국을 다룬다든가 또는 한 지역을 연구한다든가 이렇게 하는 게 맞지 않느냐 하는, 사회과학에서 기본적인 문제를 제기한 것이 가장 주목할 차원이라고 생각합니다.

그런데 세계체제라고 하면서 세계를 얘기하니까 흔히 오해하기 쉬운데, 세계체제라는 게 무조건 전세계·전지구를 단위로 삼아야 한다는 얘기는 아니에요. 세계제국이라든가 세계체제라고 하면 어떤 한 국가의 범위를 넘어서는 제국(empire) 또는 경제체제 이런 것을 말합니다. 그런 의미에서의 세계라는 점을 분명히 하기 위해 하이픈(-)을 써서 'world-systems'라고 합니다. 세계 전체의 체제를 논하는 게 아니라 '세계-체제'라고 불릴 직한 특수한 사회단위를 논한다는 의미지요. 그런데 제국만 하더라도 아직까지는 세계 전체를 망라한 제국이 없었습니다. 역사상 로마제국도 있고 중국제국도 있고 몽골제국도 있는데, 그 범위가 다 다르죠. 자본주의 세계체제의 경우에는 세계 역사상 거의 유일하게 전지구를 망라하게 된 체제인데, 그러나 이것도 처음부터 그랬던 게 아니고 시기에 따라서 포괄하는 범위가 달라졌고, 19세기에 동아시아가 자본주의 세계체제에 편입되면서 일단은 전세계가, 중요한 나라들이 다 들어왔다고 볼 수 있습니다. 그래서 이 분석단위 문제가 중요하고요.

여담이지만 지난번 발제에서 돕과 스위지의 논쟁을 언급하셨는데, 거기에 대해 여러가지 해석이 가능합니다만, 그 둘의 차이 중 한가지는 분석단위의 문제 아니냐 하는 생각입니다. 모리스 돕은 유럽의 한 국가, 특히 자본주의가 제일 먼저 본격적으로 발달한 영국을 단위로 삼은 데 비해서, 폴 스위지는 그때 영국이나 스페인하고 이미 분업체계가 성립돼 있던 라틴아메리카 등 아메리카 신대륙을 동시에 보다

보니까 의견 차이가 난 것이지요. 전자 쪽에서는 후자를 유통주의라고 비난하는데, 나는 동의하기 어렵습니다. 가령 옛날에 중국하고 로마제국은 생산관계에서의 분업이라는 게 전혀 없는데 서로 간의 상품거래가 있잖아요. 유통이 있었던 거죠. 그런 것을 하나의 체제라 본다면 그게 유통주의적 오류인데, 16세기 영국이나 스페인 같은 데하고 아메리카 대륙의 관계는 그런 관계가 아니었어요. 그야말로 분업체계가 이미 있었기 때문에, 이걸 유통주의라고 볼 수는 없을 것 같습니다. 그건 그 정도로 하고요.

정리자가 사회자께서 하신 말을 따서 질문1의 일부 내용으로 삼았는데, '전지구적으로 확장되어 있는 단일한 자본주의 세계체제라고 하는 게 어떤 의미를 갖는가' 하는 내용입니다. 나는 그렇게 설정하는 것이 우리가 근대를 연구할 때 과학적이랄까, 유물론적인 분석을 하는 데 굉장히 중요한 관건이라고 생각합니다.

그러지 않고 자본주의는 쏙 빼고 근대에 이뤄진 이런저런 성취들이 있잖아요, 그중에서 본인들이 좋다고 생각하는 것을 근대성이라고 이름 짓고 그걸 위주로 근대를 정의하면, 첫째는 상당히 관념적인 논의로 흐를 염려가 있죠. 그러한 근대성을 낳은 경제체제나 물질적 기반이 무엇인가 하는 논의가 빠지니까요. 또한 그럴 때 뭐가 근대성이냐 하는 것은, 진짜 사람마다 천차만별이에요. 그러다보면 중구난방이 될 우려가 있습니다. 그래서 근대성에 관한 논의를 하지 말자는 것이 아니라, 저도 일부는 했습니다만, 어쨌든 '근대라는 것은 자본주의 세계체제다' 하는 것을 분명히 하고 접근하는 게 좋지 않나 하는 게 제 생각입니다.

요즘 특히 대안적 근대라는 이야기들을 많이 하고, 대안적 근대성이라는 얘기는 더 많이 합니다. 조금 전에 말했듯이 근대성은 사람들

이 자기가 정의하기 나름이니까, 이제까지 사람들이 좋아하는 근대성 이외에 다른 근대성의 흐름은 얼마든지 가능한 일입니다. 하지만 대안적 근대라고 하면 사실은 자본주의 세계체제와는 다른, 서구에서 발생한 그 자본주의 세계체제를 완전히 극복한 것이 아니고 그것에 대한 대안적인 걸로 병존하기도 하는 근대를 얘기하는 경우가 있는데, 나는 이것은 자본주의라는 것이 얼마나 잡식성인지, 즉 자본주의 아닌 것처럼 보이는 것도 다 잡아먹고 자본주의의 이름으로 만드는 그 능력이 얼마나 뛰어난지를 과소평가하는 탓이 아닌가 싶습니다.

## 근대와 근대성의 구별로 분명해지는 것들

근대라는 말을 쓰고 근대성이라는 말을 썼는데, 이렇게 두가지 별개의 단어가 있는 것이 동아시아 언어의 아주 특이한 점이에요. 서양에서는, 영어를 기준으로 한다면, 불어도 마찬가지인데, '모더니티'(modernity)가 근대라는 시대를 가리키기도 하고 근대의 특징인 근대성을 가리키기도 해서, 그때그때 그걸 사용하는 사람이 어떤 뜻으로 썼는지를 정확하게 헤아려서 우리말로 옮겨야 하죠. 만일 필자는 근대성을 얘기했는데 우리는 그걸 근대라고 번역한다든가 하면, 그러잖아도 골치 아픈 논의가 훨씬 혼란스러워집니다.

아직까지는 서구의 담론과 언어가 세계적으로 헤게모니를 행사하고 있으니까 그들의 용법을 우리가 알기는 알아야 하는데, 한편으로 그들이 중국어라든가 일본어, 한국어를 배워서 '아, 동아시아에 가니까 근대라는 말이 따로 있고, 근대성이라는 말이 따로 있더라' 하고 깨달아야 옳죠. 더욱이 우리에겐 근대라는 말이 있고 현대라는 말도 따로 있습니다. 그런데 영어의 'modernity'는 최소한 그 네가지 의미가 범벅이 되어 있어요. 그런 저개발된(웃음) 언어구사를 우리가 답습할 필요는 없다고 봅니다. 이 점은 제 논문, 네이버 강연에서 발표한 글에도 나와 있고, 영어로도 『뉴레프트리뷰』에 제가 설명해놓은 글이 있습니다.●

---

● 백낙청 「근대, 적응과 극복의 이중과제: 근대와 근대성」, 『시민사회의 기획과 도전』(민음사 2016), 252~53면; Paik Nak-chung, "The Double Project of Modernity," *New Left Review* 95, September–October 2015, 65면.

## 백낙청 「근대, 적응과 극복의 이중과제: 근대와 근대성」(2016)

강정인 외 『시민사회의 기획과 도전』 252~53면

영어 모더니티(modernity)에는 근대, 근대성, 현대, 현대성 등 우리말로 각기 달리 표현되는 여러 의미가 있다. 이를 두고 한국어가 영어를 도저히 제대로 번역하지 못하는 한계를 지적할 수도 있으나, 달리 보면 한국어(그리고 한자문화를 공유하는 중국어와 일본어)가 용어를 달리하면서 정밀하게 변별하는 능력을 영어나 기타 서구어들이 결여하고 있다는 진단이 가능하다. 곧 우리말로 '근대'는 중세 (또는 전근대) 다음에 오는 **시대**이고 '근대성'은 그러한 시대의 **특성**을 일컫는 추상명사이며, '현대'는 어느 특정한 시대의 명칭이라기보다 '지금의 시기' '최근의 시대'를 가리키는 말이고 '현대성'은 그것과 연관된 추상명사가 된다. 물론 지금도 자본주의 근대가 지속되고 있다는 관점에서는 '현대'가 '근대'와 내용상 같은 것일 수 있고, 아니면 '근대' 중에서 현재에 더 가까운 일부를 가리킬 수 있다. 그러므로 '근대성'과 '현대성'이 전혀 별개의 개념일 수는 없지만, 다른 한편 근대의 여러 성격 중 어떤 것을 더 새롭고 때로는 더 바람직한 것으로 간주하느냐에 따라 '현대성'의 의미가 달라진다.

월러스틴에게 운동론이 있느냐 하는 논의가 나왔는데, 그분도 운동 논의가 있고, 뽀르뚜 알레그리(Pôrto Alegre)에서 '세계사회포럼' 같은 거 하면서 열심히 다니고 그래요. 그리고 『반체제운동』이라는, 단독저서는 아니고 몇 사람과 공저한 것이 창비에서도 번역되어 나온 바가 있죠.• 영어로는 *Antisystemic Movements*라고 되어 있습니다.

그래서 운동론이 없다고 할 수는 없는데, 내가 보기에는 이중과제론적인 인식이 좀 약해요. 반체제운동을 통해서 극복한다는 얘기는 있지만, 극복이라는 게 그냥 쉽게 되는 게 아니고 적응과 극복의 노력을 잘 조율하면서 그때그때 그 지역의 사정에 맞게 운동을 전개해도 될까 말까 한 판인데, 그런 인식이 부족한 것 같아요. 이른바 선진국 지식인들, 진보적 지식인이라는 사람들의 공통적인 약점 중 하나라고도 할 수 있습니다, 다 그런 것은 아니지만. 자기 국가나 국민국가의 질서 또는 기존 정치질서가 워낙 튼튼하게 자리잡고 있기 때문에 지식인들이 뭐라고 몇마디 한다고 해서 이게 바뀌지 않아요. 그러니까 자기 나라 문제는 아예 덮어놓는 거죠. 일본 지식인들이 그게 심하고, 미국 사람들도 그런 경향이 있습니다. 그러고는 세계적인 반체제운동 같은 것을 이야기하는데, 그것도 의미없는 건 아니지만 우리 식으로 말한다면 근대 국가주의를 극복하는 새로운 세계체제를 만들자는 그런 반체제운동을 할 때에는, 동시에 자기 사는 나라의 국가를 어떻게 바꿀 건가 하는 국가개조에 대한 비전을 동시에 가지고 중기·장기 구별하면서 추진하는 전략이 있어야 합니다. 그런 게 없으니까 사람들이 월러스틴 저 사람은 맨날 성층권에서 놀면서(웃음) 큰 이야기나 한다는 인상을 받는 것 같습니다. 월러스틴에 대해서는 나중에 여러분이 또 말씀을 하시면 더 해보기로 하고요.

　이중과제론도 지난번 두 발제의 공통 주제였는데, 적응하면서 극복한다는 게 근사하게 들리지만 사실 논리적으로 안 맞지 않느냐, 형용모순이 아니냐 이런 지적도 나왔더군요. 나는 그건 순전히 오해라고 생각합니다. 만약에 우리가 '순응과 극복' 이렇게 말하면, 순응도 하

---

• 이매뉴얼 월러스틴 외 『반체제운동』, 천지현·송철순 옮김, 창작과비평사 1994.

면서 극복도 한다는 것이니 모순이 틀림없습니다. 또 성취와 극복 그러면 이것도 모순일 수 있고요. 모순까지는 아니더라도 성취를 해놓고 그다음에 극복을 하는 거니까 이건 순차적인 과제지 동시적으로 추진하는 과제는 아니다, 이렇게 비판할 수 있습니다. 그런데 성취라는 말을 일부러 피해 적응이라는 말을 썼다는 얘기를 제가 글로 발표한 적이 있고 사회자도 지적하셨습니다. 성취라 하면, 근대라는 게 좋은 거니까 우리가 그것을 일단 성취해놓고 그다음에 극복하자는 논의가 되지요. 반면 적응이라 하면, 근대가 꼭 좋은 것만은 아니라 좋은 점은 물론 성취해야 하지만, 나쁜 점은 피할 수 있으면 피하되 불가피하면 그야말로 꾹 참아내야 한다는 뜻이죠. 적응을 해야 해요. 감당해내야 할 일입니다. 적응을 그렇게 해석하면, 감당하면서 동시에 극복하는 노력을 한다는 게 논리적으로 전혀 모순될 게 없는 거죠.

참고로 이남주 교수는『이중과제론』을 엮으면서 본인은 그게 너무 번거로운 표현이라고 생각했는지, "전지구적 자본주의와 신자유주의의 공세에 대한 대응은 추수·탈출·적응이라는 세가지 유형으로 나눌 수 있다"면서 '적응'을 적극적 의미로 해석해 적응 속에 극복이 다 들어간다고 설정했어요.• 그것도 얼마든지 가능한 설정이고 그 자체로는 설득력이 있는데, 현실적으로 보면 '적응과 극복'이라고 해도 그게 '순응'이 아니냐는 소리를 끊임없이 듣게 되어 있는데, 극복이라는 말을 빼고 적응만 가지고 그 속에 극복도 들어간다고 하면 잘 알아들어줄 것 같지 않아요. 그래서 현재 이남주 교수 입장이 어떤지 모르지만,『이중과제론』에 실려 있는 글에서 말하는 것은 적절한 표현방식은 아니지 않나 하는 생각입니다.

---

• 이남주「전지구적 자본주의와 한반도 변혁」,『이중과제론: 근대적응과 근대극복의 이중과제』, 창비 2009, 57면.

## 이중과제는 상식적이며 유연한 개념

　적응과 극복, 더군다나 근대라는 것을 끌어들여서 '근대의 이중과제'라고 하면 근사하게 여겨지기도 하지만 막연하고 어렵게 들릴 수 있는데, 사실 일상생활의 경험에 비춰보면 그렇게 어려운 이야기가 아니에요. 가령 우리가 돈 없으면 사람이 완전히 짓밟히는 세상에 살고 있고, 돈벌이에 얽매여 사는 꼴은 나는 참 싫다 하더라도, 그래도 이보다 좀 나은 세상을 만들기 위해서라도 최소한의 필요한 돈은 벌고 먹고살아야 하지 않느냐, 이렇게 생각할 수 있잖아요? 그게 이중과제론이거든요. 반면 그런 태도를 안 취하고 무조건 이 세상의 논리에 따라서 돈벌이 경쟁에 뛰어든다거나, 물론 그렇게 살다 가는 사람도 많지만 그건 좀 불쌍한 중생들이고,(웃음) 다른 한편으로 이런 세상은 틀려먹은 세상이니까 나는 극복하겠다 그러면서 자기 앞가림도 못하고 큰소리만 치고 있으면, 그게 극복에 별로 도움이 안 되잖아요. 그렇기 때문에 당장에 적응하거나 감당할 건 감당하면서 극복의 노력을 한다는 것, 우리 일상생활에서는 그런 사람들 많습니다.

　또 실제로 그렇게 극복하겠다는 큰뜻이랄까, 이런 게 있는 사람들이 적응을 더 잘해요. 더러운 것도 더 잘 참고. 어떤 의미에서는 방법도 훨씬 유연해집니다. 괜히 별것도 아닌 것 가지고서 원칙만 내세울 필요가 없어지는 거예요. 왜냐하면 나는 할 일이 있으니까, 그 일을 해야 하니까. 그런데 그런 목표를 세웠다 하더라도 사람이 살다보면 어느덧 그 꿈은 사라지고 그냥 먹고살기에 바빠서 순응하며 살다가 가는 경우가 많이 있죠. 그래서 김종철『녹색평론』발행인이 나를 비판할 때 하는 얘기가 이거죠. 적응과 극복, 이게 말은 근사하지만 결국에는 순응의 논리 아니냐는 건데, 그게 순응의 논리는 아니에요.

순응으로 끝날 위험은 우리 모두가 안고 있고 어찌 보면 그것은 근대인의 실존적인 위험부담, 리스크라고 할 수 있지만, 처음부터 말이 안 되는 논리를 내세워서 실패가 약속돼 있다고 보는 것은 온당치 않다고 생각합니다.

그다음에 지난 시간 이미 남북정상회담을 앞두고 한반도 상황이 크게 변하고 있음을 확인했고, 분단체제 극복과 시민참여 문제가 논의된 걸로 알고 있어요. 오늘도 그 얘기가 더 논의되기를 바랍니다. 최근 한반도 상황의 전환은 최고권력자들이 만나 합의해서 결정한 건데 시민참여가 거기에 어디 있냐, 이런 질문이 나오는 것은 당연합니다. 판문점에 시민이 없었잖아요. 더군다나 북한은 독재체제고 자기들 말로도 수령이 결정하면 인민은 따라하는 그런 나라라고 하니… 그런데 발언자8이 지적했듯이 평화체제 논의가 촛불 시민의 분투 없이는 불가능했을 거예요. 지난 1기 때도 제가 그 얘기를 했는데, 시민참여형 통일운동이라고 해서 시민이 꼭 남북교류에 많이 참여한다거나 판문점에 시민대표가 나가야 한다는 뜻이 아니에요.

가령 우리 정부가 마땅히 해야 할 일을 안 하고 있으면 그 정부를 갈아치우는 일이야말로 최대한의 시민참여죠. 또 그런 시민참여의 책무를 우리 남측 국민들은 촛불혁명을 통해서 참 멋들어지게 완수했죠. 그런 것이 있었기 때문에 문재인정부가 들어섰고, 오늘 같은 남북관계의 변화가 일어난 것은 분명한 사실이고요. 그런데 이게 남측의 정권교체나 정부 태도의 변화만이 아니라 북측의 태도 변화에도 영향을 미쳤으리라는 주장이 나온 바 있습니다. 예로 서재정 교수가 쓴 「촛불의 따뜻함, 평화의 봄바람」(『창비주간논평』 2018.3.21)이 있고, 최근에 이남주 교수가 「분단 없는 삶을 준비하자」(『창비주간논평』 2018.5.2)라는 글을 쓰면서 서교수 주장을 참조하고 동조하는 뜻을 폈어요. 그러니까 서교수 주장의 요지는 문재인 대통령이 남북관계 개선에 대한 진정성을 보이니까 북이 그에 호응한 것은 사실이지만 남쪽의 시민혁명으로 남쪽 사회 전체가 달라졌고, 이렇게 달라진 한국이 반대하는 전쟁을 미국도 함부로 일으키지 못할 것이라고 하는 신뢰가 없었다면 김정은 위원장이 저렇게 나올 수 있었겠느냐는 것이죠. 저는 상당히 설득력 있는 주장이라고 봅니다.

북측 내부의 사정과 관련해서는 발제자1께서 "구조적으로 어떤 폭력정권도 국민의 요구를 무시하고 존립할 수는 없기 때문에 반영은 하겠지만"이라고 하면서, 원론적으로 최소한의 수준에서는, 시민참여라는 말이 북에는 안 어울리는 말이지만 하여간 북의 인민들이 정권에 미치는 영향을 인정했는데요. 이제는 그런 원론적 인식을 넘어 남녘과는 전혀 다른 양상으로 전개되는 북녘 인민생활의 변화, 또 거기서 북한정권이 느끼는 압력, 이런 것을 실사구시의 자세로 연구할 필요가 있다고 봅니다.

분단체제가 전체적으로 반민주적·비자주적 체제라는 말을 쭉 해왔지만, 그 양상은 남과 북이 전혀 다르고 또 시기마다 달라집니다. 대체적으로 보면 남쪽이 민주주의에서는 앞섰고 북쪽은 적어도 국가적인 자주성에서는 앞섰는데, 저는 북이 자기들이 자랑하는 만큼 자주적이지는 않다고 말했어요. 왜냐하면 진정한 자주성이라는 게 자기가 하고 싶은 것을 할 수 있는 능력을 말하는데, 제재를 당해서 하고 싶은 무역도 못하고 뭣도 못하니 책임이 어느 쪽에 있든지 자주성의 제약인 것은 틀림없죠. 그러나 이번에 북한이 어쨌든 미국과 저렇게 맞장을 떠서 여기까지 끌고 온 것을 보면 자주성이라는 면에서는 그쪽이 앞서 있고 민주주의는 우리가 확실히 앞서 있는 것 같아요. 이렇게 앞서거니 뒤서거니 하면서 전체적으로 더 민주적이고 자주적인 사회를 만들어나가는 과정이 중요하다고 봅니다. 그래서 그 양상도 한층 주밀하게 검증해야 할 것 같고요.

정리자 질문에는 '판문점선언 이후 한국사회가 당면한 실천과제는 무엇인가'라고 했는데, 현재 우리의 당면과제는 '어떤 남북연합을 만들까'라고 할 수 있습니다.[•] 남북연합이라고 하면 꼭 남북관계의 조절만 생각하기 쉬운데, 이건 남북관계의 변화에 국한된 문제가 아니라 남과 북이 각기 어떻게 변화해야 하는가의 문제이고, 특히 남녘의 우리에게는 당연히 한국사회를 어떻게 바꾸고 당면과제에 어떻게 대처할지에 대한 탐구가 요구됩니다. 정리자가 밀양·강정·성주 문제를 당면과제로 열거했는데 꼭 그것만이 아니에요. 이들 현장이 중요하지 않다는 뜻이 아니라, 우리가 너무 운동권의 이슈 위주로 문제를 좁혀서 생각해서는 안 될 것 같아요. 가령 개헌, 선거제도 개혁 등 정치개혁의 문제도 엄연히 우리가 어떤 남북연합을 만드느냐 하는 데서 굉장히 중요한 문제들입니다.

## 페미니즘에 대한 이중과제론의 기여

그다음에 페미니즘 문제인데, 이건 앞으로 토론할 게 많을 것 같습니다. 두번째 발제는 페미니즘과 이중과제론의 친화성이라는 김영희 교수의 논지에 기본적으로 동의하는 것으로 보입니다. 그런데 정리자가 질문했듯이 그것이 현실에서 일어나는 각종 여성문제들에 어떤 도움이 될지는 별개의 문제이니까 따로 논의해볼 일이죠.

근대의 이중과제론은 추상수준이 굉장히 높은 담론입니다. 이중과

---

• 2기 창비담론 아카데미를 마친 이후 『창작과비평』 2018년 가을호에 백낙청 「어떤 남북연합을 만들 것인가」라는 글이 발표되었다.

제론이 근대에 관한 담론이라고 할 수 있는데 이 근대라는 게 얼마나 큰 주제입니까. 이렇듯 추상수준이 높은 담론이므로 특정 현실문제에 적용할 때 거대담론에서 연역하는 방식을 우선 경계해야 하고, 동시에 논의 차원의 혼동을 경계해야 할 겁니다. 어떤 특정 문제가 있으면, 이게 어떤 추상수준의 논의인지를 정확하게 짚어서 거기에 맞는 정도로 이중과제론을 적용해야지, 그 이상을 하면 그야말로 연역하는 방식이 될 거고, 그 이하를 하면 논의가 미흡해지겠죠. 그래서 예컨대 성폭력 사태들에 대한 규탄과 시정 노력에 굳이 이중과제론을 끌어들여 이야기를 어렵게 만들 필요는 없습니다. 당장 미투운동하는 데 가서 이중과제론 어쩌고 하면 '저 사람이 김 빼러 왔나' 그러지 않겠어요? 다만 기존의 사회체제 안에서 할 수 있는 단기적 투쟁을 더 열심히 하는 것만으로 과연 세상이 달라질지, 성차별이 만연해 있는 이 세상을 정말 바꿀 수 있는지는 고민해봐야 할 문제입니다.

그런데 발제에서 언급한 '북중 접경지역에 불법으로 정주하고 있는 북한 여성' 문제도 이중과제나 분단체제 논의와 대조해봄직한데, 이것도 어떤 차원에서 적용할지가 굉장히 중요한 것 같아요. 가령 이 문제가 어떤 면에서는 분단체제론보다 더 추상수준이 높은 이중과제론에, 또는 신자유주의론에 더 쉽게 연결되는 면이 있지요. 왜냐하면 이게 '돌봄노동의 국제분업화'라는 세계체제적 현실과 더 쉽게 연결되는데, 분단체제론과의 연관은 오히려 좀더 복잡하고 난해한 면이 있는 것 같습니다. 탈북사태가 분단체제의 산물임은 명백하지만, 이게 주로 중국 영토 내에서의 문제, 북중 접경지역이라고는 하나 중국 측의 접경지역 이야기 아니겠습니까? 국가단위로 보면 중국 이야기란 말이죠. 중국에 정주하고 있는 여성의 문제는 한반도 내부 상황과는 다른 면이 있는 겁니다. 그래서 이런 부분은 간을 잘 맞춰서 적용할 필요가 있는 것 같고요. 다른 한편으로 이중과제론이 개개인의 생활현장에서의 자세와도 직결된다는 앞서의 지적을 따른다면 구체적인 사례연구를 할 때 그 연구대상인 여성이 어떤 자세를 갖고 있는가, 단순히 적응하겠다는 생각뿐인가 아니면 적응하면서도 뭔가 극복해나가겠다는 자세를 갖추었는가에 따라서 그의 생활양상이 꽤 달라질 것 같아요. 그로 인한 생활상의 차이를 검토하는 것은 실증사례 연구를 위해서도 재미있을 수 있고, 이중과제론을 한번 점검하는 의미도 있지 않을까 생각합니다.

전지구적 페미니즘에 해당되는 사안으로 평등과 차이의 대립이라는 난제가 있는데, 이걸 근대의 틀 안에서 해결할 수 있는지, 없다면 어떤 식으로 근대를 극복해야 바람직한 평등과 바람직한 차이를 동시에 향유할 수 있는지도 우리가 연구해볼 문제인 것 같습니다. 나 자신은 당면한 차별 철폐, 성폭력 규탄운동을 적극 추진하되 궁극적 목표는 평등 자체보다 '음양조화'로 하자고 제언했는데, 그러다 많이 비판을 받았죠.(웃음) '지금 차별문제, 성폭력 문제가 이렇게 심각한데, 당신은 그런 딴소리만 하느냐' 하는 얘기도 들었는데, 그래서 최근에는 제가 그런 얘기를 삼가고 있습니다. 지금은 문제가 더 심각해져서 괜히 음양조화 어쩌고 얘기를 했다가는 실제로 본인에게 이로울 게 없을 뿐 아니라, 사실은 지금 전술적으로 그럴 마당도 아니에요. 너무 사태가 심각해서요. 그래서 많은 오해와 반박을 자초하는 말이었지만, 음양조화라는 것은 '남녀이분법'에 얽매이는 것하고는 다릅니다. 동양의 음양론에 의하면 한 사람의 몸 안에도 음적인 요소가 있고 양적인 요소가 있고, 또 이것은 꼭 남녀라는 개체를 통해서가 아니라 천지의 기운으로도 나타나는 등 다양한 현상으로 구현됩니다. 음양조화라는 말을 어떤 투쟁의 현장에 끌어넣을 건 아니지만 연구하는 자리에서는 너무 괄시는 안 하셨으면 좋겠다는 생각입니다.(웃음) 그래서 이것을 성차별 철폐운동에 반대하거나 너무 미적지근한 것 아니냐 이렇게 몰아칠 필요도 없고, 음양 어쩌고 하는 게 남녀이분법에 얽매인 것 아니냐 이렇게 쉽게 예단할 일은 아닌 것 같아요.

원불교에 대해서는 나중에 살펴보기로 되어 있는데, 원불교라는 종교는 초창기부터 '남녀권리동일'을 주장했습니다. 원불교에서 인생의 요도(要道) 네가지를 사요(四要)라고 해요. 사요 중에서 원래 첫 항목이 남녀권리동일이었습니다. 그러다 나중에 '자력양성(自力養成)'으로 바뀌고, 그 자력양성 중의 첫번째 항목으로 남녀권리동일이 들어가요. 그러니까 남녀권리동일을 뺀 건 아니고 자력양성이라는 더 큰 범주 안에 집어넣었는데, 이게 잘됐냐 잘못됐냐 하는 건 논의의 여지가 있죠.

사요의 두번째 조항이 '지자본위(智者本位)'라고 되어 있어요. 지자본위는 지자와 우자(愚者)를 차별하자는 얘기입니다. 동시에 지우의 차별 말고 다른 모든 차별을 없애자는 입장이에요. 나아가, '지우의 차별마저 없애버리면 기존의 온갖 부당한 차별이 없어지지 않는다'라는 주장으로까지 될 수 있습니다. 원불교 교단에서 그렇게 말씀하는지 어떤지는 모르지만 저는 그렇게 해석해요. 지우차별을 없애면 결국 다른 차별이 더 기승하게 돼 있고, 또 역으로 다른 차별이 유지되면 지자본위가 성립하기 어렵습니다. 가령 남녀차별이 심한 세상이라면 여자가 아니고 남자가 되는 게 중요하지 여자가 지자가 되는 게 중요하지 않잖아요. 또 빈부의 차가 심하면 돈 많은 게 제일이지 지자가 되는 게 중요하지 않습니다. 그래서 다른 차별의 철폐와 지우차별이 맞물려 있다고 생각하는데 이건 나중에 더 논의해보기로 했죠.

## 평등과 위계에 대한 문제제기

'지혜의 위계질서' 이 문제는 지난번 사회자 진행발언대로 추후에 본격적으로 논의하는 게 바람직한데, 방금 말한 것처럼 페미니즘 논의와 그대로 이어지는 문제이기도 합니다. 이와 관련해서 한가지 제안을 한다면 현대인에 대한 설득력을 확대하기 위해서는, 우리가 동양의 전통사상이나 한국의 토착종교인 원불교 사상에서 출발해서 우리 동양에서는 도와 지혜에 대해 이러저러하게 생각하고 있다고 풀어먹이는 방법보다도, 서양인들 스스로 자기들 담론을 통해서 문제를 인지했는데 그것이 제대로 해결이 안 될 때 '당신들이 생각하는 해결책보다는 차라리 이게 낫지 않느냐' 이렇게 접근하는 방식이 더 설득력이 있지 않은가 하는 겁니다. 가령 진과 선이 분리돼 있다는 것이 서양철학에서는 큰 문제입니다. 이론과 실천의 분리라는 식으로 제기되기도 하죠. 월러스틴이 진과 선의 분리를 극복해야 한다고 했는데, 내가 보기에 이분은 '극복'은 아니고, 진과 선을 동시에 추구해야 한다는 입장입니다. 라틴어에서 나온 말이지만 'in tandem'(동시에)이라는 표현을 씁니다. 제가 월러스틴과의 대담에서도 말했지만 'in tandem' 가지고는 안 되지 않느냐, 동양의 도 개념에서 보면 'in tandem'이 아니고 진과 선이 본디 융합돼 있는데, 그런 게 있어야지 이 문제가 제대로 해결되는 게 아니냐 이렇게 말한 적이 있습니다. 그러니까 서양 사람이 먼저 제기한 문제를 받아서, 그것이 도나 지혜 같은 개념 없이는 해결이 어렵다는 걸 지적하는 방식으로 접근하는 게 훨씬 나은 전략이라 생각됩니다.

이번 독서목록에는 아마 빠졌지 싶은데, 제가 데이비드 하비(David Harvey)와 대담한 내용이 『백낙청 회화록』 7권에 나와 있습니다. 그

「자본은 어떻게 작동하며 세계와 중국은 어디로 가는가」를 보면 하비 교수가 먼저 그 얘기를 해요. 수평주의 수평주의 그러는데, 자기는 물론 수평주의, 수평적 네트워크에 찬성하는 사람이다, 그렇지만 어떤 경우에는 수평 가지고는 안 되는 게 있고, 심지어는 그게 악영향을 미치는 경우도 있다 하는 이야기를 합니다. 나는 그것을 여기저기서 부분적·기계적으로 해결해서 될 일은 아니고, 평등의 개념 자체를 새로 점검해야 되지 않느냐 이런 얘기를 했는데, 그분한테는 잘 안 먹히더군요. 월러스틴 교수도 마찬가지지만 옛날식 위계질서를 다시 끌어들이는 게 아닐까 하는 걱정을 하는데, 나는 적어도 지금 서양에서 진보적이라는 사람들의 사고에 발본적인 전환이 이뤄져야 한다는 느낌을 갖고 있습니다. 월러스틴이 뭐라고 문제를 제기해놓고 답을 잘 못한다, 하비가 이러저러한 문제제기를 하는데 본인이 원만한 해답을 못 내놓는 것 같다는 걸 지적하면서, 그럴 때 동아시아 전통에 있는 개념을 한번 활용해보면 어떨까 이렇게 접근하는 게 더 설득력 있는 방식일 것 같습니다. 이 문제는 나중에 또 논의할 여지가 있으니까 그때 하기로 하고, 오늘 제 얘기는 이 정도로 마치겠습니다.

**발언자10** 이남주입니다. 백낙청 선생님께서 진행도 하시는데 진행의 부담을 덜어드리기 위해 자발적으로 참여하는 게 필요할 것 같고,(웃음) 또 제가 언급됐기 때문에 관련해서 질문도 있어 말씀드립니다.

『이중과제론』에 들어간 제 글은 『창작과비평』 2008년 봄호에 처음 실린 글이고, 당시에 이미 수정 의견을 받았습니다. 『이중과제론』에 다시 실을 때는 원문을 유지하는 게 좋겠다는 판단을 했고 그래서 그대로 들어갔습니다. 제가 2008년에 부득불 그렇게 강조한 이유 중 하

나는 적응과 극복이라는 단일과제는 이해하기가 굉장히 어려운 거라서 조금은 더 명료하게 설명해보고 싶어서였습니다. 또 하나는 당시 정세와 관련되어 있는데 2007년 대선에 지고 나서 탈출, 전반적으로는 추수인데 진보진영은 탈출하고 싶은 욕망이 굉장히 강했어요. 정당제도 재편과 관련해서 그 시기에 많이 나왔던 얘기는 보수야당 즉 민주당은 가능성이 없는 집단이니 우리가 진정한 진보로서 '신진보주의'로 가기 위해 '창조적 분열'을 해야 한다는 거였어요. 그런 경향이 강해서 아마 이런 방향을 좀더 강조해야겠다고 의식해서 썼던 것 같아요. 당시에 코멘트를 이미 받았는데 그런 정서 때문에 수정을 안 하고 그냥 냈거든요.(웃음)

그다음부터는 글을 쓸 때 적응과 극복을 모두 아우르는 관점으로 쓰고 있는데, 그걸 가지고 한국사회나 한반도에 대한 이야기를 적극적으로 하지는 않았고 중국에 적용해보자고 생각을 좀 하고 있습니다. 중국의 중요한 정치사상가들, 캉 유웨이에서부터 쑨 원 같은 사람들이 다 이런 요소가 있고, 다만 이걸 처리하는 방식이 다들 달랐어요. 캉 유웨이는 『대동서(大同書)』까지 썼지만 실천적으로는 적응·순응 쪽으로 많이 갔고, 쑨 원 같은 경우가 이 두가지를 결합시키려고 사회적 측면에서 굉장히 분투했는데 실천적인 공간을 그다지 확보하지 못했습니다. 사회주의 역사에서 보면 이것을 잘했을 때는 중국공산당이 잘됐고, 둘 사이의 긴장관계가 무너졌을 때 이런저런 문제가 나타났다는 생각을 가지고 있습니다.

결국 적응과 극복이라는 것은 일견 모순적인 것을 결합시킨다는 인상을 받아요. 이중과제론의 문제의식을 적극적으로 수용하려고 했을 때 쉽게 이 문제를 해결하는 방법 중 하나가 '변증법적 사고'입니다. 그런데 백낙청 선생님은 변증법적 사고에 대해서 '그렇게 생각할 수도 있지만 전적으로 동의하지는 않는다' 하는 느낌으로 이 문제를 대하시는데, 적응과 극복을 한다고 할 때 이것을 잘할 수 있게 만드는 방법론에 대해 좀더 구체적으로 얘기가 필요하지 않을까 하는 생각이 듭니다. 사실 그 실마리를 중국에서 계속 찾아보려고 하는데 아직은 잘된 것 같지 않아요. 그래서 제가 질문하고 싶은 것은 이중과제론을 쉽게 변증법적이라고 하는 데 대한 선생님의 생각, 적응과 극복 이 두가지를 잘 결합하기 위한 어떤 방법이랄까, 이런 고민들을 어떻게 해결하면 좋을까 하는 것입니다.

**백낙청** 그때 탈출이라는 용어를 쓴 심경을 얘기하셨는데, 탈출 지향은 지금도 계속 있는 거라고 보기 때문에 그게 들어간 건 나쁘지 않다고 생각합니다. 추수, 탈출, 적응. 그런데 '적응'이라는 단어에 너무 많은 의미를 집어넣기보다는 비록 자체모순, 자가당착의 혐의를 받더라도 적응과 극복 이 둘을 다 쓰는 게 좋지 않느냐는 얘기였지요. 탈출의 문제점은, 자본주의 사회에서는 탈출이 불가능하다는 거죠. 개인적인 탈출이야 가능하지만. 영어에 그런 표현이 있는데 '거기 들어가도 죽고 안 들어가도 죽는다',(웃음) 자본주의가 꼭 그런 거죠. 나와지지 않는 게 자본주의 세계체제의 특징이고 위력인 겁니다. 그럼에도 불구하고 적응은 안 하면서 극복만 하겠다는 논리들이 계속 나오고 있잖아요. 그런 것은 크게 보면 탈출의 범주에 들어가고 탈출 시도로 볼 수 있죠.

변증법에 대해서는 내가 그런 말을 했죠. 실은 이중과제론이 그렇게 새로운 얘기가 아니고, 맑스의 변증법적인 역사인식도 이에 해당하는 거였다고요. 내가 변증법 대신 이중과제라는 표현을 쓰는 이유는 굳이 새로운 용어를 내세우려는 것보다 변증법이라는 말이 나오면 또 늪에 빠지고 말 것 같아서예요. 온갖 사람들이 자기 나름의 변증법관이 있고, 또 변증법이라는 게 굉장히 비변증법적으로 적용된 사례가 너무 많아요, 일종의 기계적인 법칙처럼. 그래서 그것을 피한 거지요. 이중과제도 그렇고 유물론적인 역사인식이라는 것도 그렇고, 그게 어떻게 보면 일종의 상식이다, 저는 그렇게 생각해요.

**발언자11** 저도 이게 변증법하고 연결되어 있는 건데 마오의 모순론을 가지고 설명하면 혹시 더 잘될 수 있는가를 고민하다가 잘 안될 것 같아서 포기했는데, 선생님 생각은 어떤지 여쭤보고 싶고요. 또 하나는 중도 개념을 가지고, 이쪽에 치우치는 것도 아니고 저쪽에 치우치는 것도 아닌 것을 가지고 이중과제를 수행해나가는 방법도 생각해봄직한데 그에 대해서도 말씀해주시면 더 이해가 잘될 것 같습니다.

**백낙청** 마오의 모순론은 역사관이라기보다는 일종의 운동론이죠. 그래서 이중과제론하고는 조금 차원이 다른 것 같아요. 사실 용수(龍樹, 나가르주나Nagarjuna)의 중도론 같은 그런 중도 개념하고 이중과제론은 통하는데, 그건 차원이 좀더 높다고 할까요. 그래서 근대에 접근하는 여러가지 방법을 우리가 쭉 열거해놓고 그것을 용수가 하듯이, 아닌 걸 이것저것 쳐내면 내가 말하는 일종의 상식밖에 안 남는다, 이렇게 접근할 때 중도를 활용할 수는 있겠지요. 하지만 중도론은 또 차원이 달라서 아무데나 끌어들였다가는 괜히 분란만 자초하고 오해만 더 사지 않을까 싶습니다.

제가 지난번 발제에 대해서 많은 얘기를 한 편이니까 우선 발제하신 분들이 한마디씩 하시는 게 어떨까 싶네요.

**발제자1(이종현)** 예, 그렇잖아도 순서를 기다리고 있었습니다.(웃음) 지난번 발제를 통해서 또 좀 물의를 일으켰는데요. 일단 시민참여 관련해서 문제제기한 취지를 이야기하고, 약간 질문을 드려볼까 합니다.

제 생각에 분단체제론이 말하는 분단체제의 구조는 세계체제의 하위체제로서 남북의 기득권층이 남북의 민중을 수탈하는 구조라는 건데, 이런 상당히 정교한 틀을 가지고 있습니다. 물론 상황에 따라 바뀔 수 있겠지만요. 그다음 행동과제로서, 결국 미래는 양쪽 시민들이 어떤 식으로 이 체제를 극복해가느냐, 어떻게 과제를 정하고 운동해가느냐에 따라 결정될 것이라고 이해했습니다. 이런 맥락에서 지난 1기에서도 '북한에도 시민이 있느냐'에 대해 우리가 의문도 많이 제기하고 논란이 있었던 것 같습니다.

그렇다면 그 시민들의 역할과 의사, 물론 오늘 말씀에서 앞으로 어떤 모양이 될지에 대해 실사구시적인 연구가 필요하다고 하셨지만, 어쨌든 현재까지도 그들의 동력이 중요하고 그들의 의사가 무엇인지가 중요하다고 봐야 한다는 것이죠. 그런 측면에서 남북협상이랄지 평화체제까지 가기에는 아직 난관이 많은데, 어쨌든 큰 구조의 변화과정에서 촛불시민의 역할이 구체적으로 얼마나 있을지 하는 생각이 듭니다. 사실 이런 것은 그들의 의지와 구체적인 바탕이 뭔가에 대해서 고민해야 할 것이기 때문에 후하지 않게, 좀더 박하게 꼼꼼하게 살펴볼 필요가 있지 않겠나 싶은 것이죠.

## 촛불의 한반도 평화 기여는 과잉해석?

기본적인 문제의식은 이렇습니다. 그러니까 전체적으로 촛불시민들이 통일을 원하고 평화를 원했을 것이고, 통일이 아니더라도 남북 간의 평화관계가 진전되기를 원했을 것이라는 점은 상식적으로 추정할 수 있기는 한데, '실제로 그들의 의지가 촛불에서 발현됐고 그것이 현 정권이 실제로 이걸 진행하는 데 반영된 거야'라고 하는 건 과도한 해석이라는 거죠. 그러니까 전체적인 의지 측면에서는 자연스러운 방향이라고 할 수 있지만, 그들의 의지가 구체적으로 반영되는 과정에 있다고 하는 것은 너무 편리한 해석 같다는 것이고요. 예컨대 노태우정권 때 7·7선언이 있었고, 당시 얘기를 들어보면 북방정책이나 남북관계에서, 물론 그후 많이 퇴보했지만, 의외로 우리가 상상하지 못할 진전이 이루어졌다고 합니다. 그럼 그때 노태우정권의 그 움직임은 시민적 의지가 담긴 것이냐, 이런 측면에서 우리는 좀 꼼꼼하게 문제를 볼 필요가 있지 않을까 하는 거죠. 그래야만 북쪽에 시민이 있는지 잘 모르겠지만, 꼭 부정하는 건 아닙니다만, 그들이 이후에 어떤 모양을 하고 어떻게 갈 수 있을지에 대해서 구체적으로 논의할 수 있을 거라는 생각이 듭니다.

첨언하자면 이번 평화 정세의 진행에 대해 제가 전문가들한테 귀동냥한 수준에서는 크게 세가지 요인이 있다고 합니다. '하나는 미국 요인, 그러니까 미국의 압박이 먹혔다. 다음에 또 하나는 김정은 프로그램론. 이미 핵개발이 계획대로 쫙 진행되었고 북한이 기획한 프로그램에 의해서 움직이는 거다. 세번째가 남한정부의 역할론', 이렇게 세가지를 꼽는다고 합니다. 지금의 이 현상은 이 세가지가 같이 어떤 식으로든 작동해서 나타난 현상이겠지만, 어디에 더 무게를 두느냐에 따라서 이후의 상황이 바뀌었을 때 대응하는 방식이 전혀 달라질 거라고 봅니다.

미국의 압박이 먹힌 거라고 받아들인다면 이 상황이 어긋났을 때 압박을 더 세게 해야 한다는 식의 해법이 나올 것이고요. 다음에 북한 프로그램이라고 한다면 우리는 그저 쳐다보고 달래고 어르고 할 수밖에 없는 거고요. 그나마 우리가 어떻게 해볼 수 있는 것이 남한정부 역할인데, 미국이 필요성이 있어서 그 의지가 강력하게 작동할 때 설령 남한정권이 보수정권이라 하더라도 미국의 의사에 반해서 행위를 할 수 있을까 의문스럽습니다. 지금 남한정부는 북미관계가 뒤틀릴 가능성에 대해 계속 조정하려고 노력하는 역할을 하고 있지만, 극단적인 예를 들면 미국이 강하게 밀고 나갈 필요가 있다고 밀어붙였을 때, 보수정권이라 하더라도, 과연 박근혜정부였다면 단호하게 '우리 보수의 본령은 그게 아니다' 하고 거부할 수 있을까요. 그렇지 않을 거라고 상상하는 게 합리적이지 않을까요.

결국 지금 이 구조는 시민의 의사가 어느정도 반영되는 과정이라고 볼 수 있기는 하지만, 시민적 의사가 결집된 어떤 형태라고 해석하는 건 좀 과도한 것 같다는 생각이고요. 그렇다면 그다음 단계에서 상황이 또 진행되고 발전되어나갈 때 남북 간의 시민연대라든가 시민의 역할이라든가, 기본적으로 이 분단체제가 지닌 구조 안에서 그 이해관계를 어떻게 관철시키고 기득권층의 문제를 어떻게 극복할 것인지 같은 문제들은 두루뭉술하게 얘기하면 안 될 것 같다는 생각에서 이런 얘기를 했습니다.

**백낙청** 지금 여러가지 말씀을 해주셨고 그에 앞서 내가 한 얘기도 있고 하니까 이걸 가지고 한동안 자유롭게 토론하다가 페미니즘 문제로 넘어가죠.

**발언자4** 다른 건 잘 모르겠지만 발제자의 말씀 중에 노태우정권의 북방정책에 대해서 말씀드리고 싶습니다. 지난 촛불시민들의 힘이 남북 화해국면에 반영된 것보다는 덜할지 모르지만 노태우정권의 북방정책에 1987년 6월항쟁의 힘이 상당정도 반영된 면이 있지 않을까 하는 얘기는 해볼 수 있을 것 같습니다. 왜냐하면 노태우정권이 군사정권의 연장인 측면이 있어서 대국민 정당성이 많이 떨어지고, 실제로 대통령선거 자체가 부정선거였던 것은 분명한 사실이었죠. 그래서 뭔가 선도적으로 나가지 않으면 안 되는 정권 내부의 필요성이 있었고요. 그때 사회주의권이 붕괴하면서 소련·중국과의 수교라든가 북방정책에서 상당히 성공적인 면이 있었습니다. 그런 것에 87년 6월 항쟁부터 이어져오는 시민의 압력이 노태우정권을 적극적으로 나서게 강요한 측면이 있다고 해석할 수 있을 것 같습니다.

**발언자12** 시민참여 문제가 계속 제기되는 것 같습니다. 그러니까 '시민운동이라든지 민주적 시민이라는 부분들이 북에 영향을 안 미쳤는데 왜 시민참여라고 하느냐' 이런 식으로 질문이 나옵니다. 이번 평화 국면에도 '톱다운 방식으로 남·북·미 사이에 진전이 있었던 게 아니냐, 이게 시민참여냐' 이런 얘기 같아요. 개인적으로 톱다운 방식의 일들이 있을 수 있다고 생각하는데, 조금 추상수준을 높여서 생각해보면 시민참여라는 건 기존 시스템 이외의 요소들, 그러니까 기존의 국가주의가 만들어놓은 시스템 이외의 행위자들의 요소가 작동한 것이라고 볼 수도 있어요. 그래서 그 시민이라는 것을 계급적 시민, 시민운동 할 때의 시민이라기보다는 우리가 분단체제·세계체제라고 얘기했을 때 그것들을 작동시키는 체제적 요소 이외의 힘들이 작용한 것, 기존의 체제적·구조적 동력 이외의 힘들이 작용한 것이라고 해석할 수 있습니다. 그러니까 꼭 시민을 '참여연대' 같은 세력이라고 볼 필요는 없다고 봅니다. 그건 수구보수의 프레임이에요. 시민을 자꾸 '참여연대'로 몰고 가는 식의 논의는 안 했으면 합니다. 시민참여의 범위와 수준을 좀더 다양하게 해석할 수 있지 않을까 생각합니다.

**백낙청** 중요한 지적을 하셨는데, 그 얘기에 앞서 발제자1께서 굉장히 구체적인 사안을 제기하셨습니다. 시민참여라는 것을 너무 과대 해석하지 말고 박하게 보는 것이 낫지 않느냐는 것은 일반론이고, 구체적으로는 두가지 사례를 제기하셨습니다. 하나가 노태우의 북방정책이 과연 얼마나, 시민이라고 해도 좋고 지금 발언자12가 말씀하신 시스템 이외의 행위자들에 영향을 받았을까 하는 질문이 있었습니다. 또 하나는 촛불혁명의 과정에서 남북관계가 실제로 그렇게 중요한 이슈는 아니었는데, 그럴 때 이게 남북관계에 영향을 미친 것은 분명하지만 그걸 너무 아전인수식으로 끌어들이지는 말자는 말씀을 하셨거든요.

첫번째에 대해 발언자4는 '그렇지는 않은 것 같다, 상당한 영향을 미쳤다고 본다'는 의견이었고, 두번째로 촛불의 영향에 대해서는 아직 답변이 없는데요. 그런 구체적인 사안들을 얘기하고, 시민의 개념에 대해서 더 필요하다면 얘기하도록 하죠. '그럼 북에서 시민에 해당하는 건 무엇이겠는가' 이런 얘기도 할 여지가 있죠.

**발언자13** 시민 혹은 시민의 참여와 관련해 노태우정부 때의 일들을 복기해볼 필요가 있을 것 같습니다. 1988년의 7·7선언 또한 이전과는 다른 북방정책을 표방했다는 점에서 그 의미를 찾을 수 있지만 1991년 말과 1992년 초의 남북기본합의서는 남과 북의 관계를 포괄적으로 규정하고 우리의 과제를 제시했다는 점에서 지금도 여전히 의미가 크다고 생각합니다. 2000년 6·15나 2007년 10·4 정상회담 이후 나온 공동성명도 기본합의서의 내용이나 틀을 뛰어넘지 못했다는 생각을 할 때가 많습니다. 아쉬운 것은 이 기본합의서가 만들어지는 과정에 양 정권 상층의 역할에 비해서 시민참여가 어느 정도 이루어졌는가 하는 점입니다. 지금 보더라도 기본합의서의 내용이 대단히 좋은데, 그게 '우리 사회에 얼마나 많이 알려지고 우리 사회의 동력이 되었을까'라는 점에 의문이 생긴다는 말입니다. 그게 위쪽에서만 이야기됐지, 실제로 남쪽 사회 특히 시민영역에 얼마나 영향을 끼쳐서 기본합의서가 실질적인 우리 사회의 동력이 되었는가 하는 점에 아쉬움이 있습니다.

이후에 6·15와 10·4도 이런 측면이 있는 것 같습니다. 시민의 힘이 조직되거나 아니면 그 의사결정 과정에 시민의 참여가 직접적으로 이뤄진 부분이 사실 많지 않다는 생각이 들 때가 있습니다. 최근 촛불의 영향으로 정권이 바뀐 후 다시 남북대화를 하고 있는 국면인데, 백선생님 말씀을 들으면 시민의 참여에 대해 단기적인 과제인가 아니면 중·장기적인 과제인가로 나누어 생각해야 한다는 것으로 해석됩니다. 물론 길게 보면 시민의 힘이 정부의 의사결정 과정에 영향을 끼치겠지만, 제 문제의식은 단기적으로 과연 시민이 어떻게 직접적으로 그 과정에 참여할 수 있을까라는 점입니다. 최근 민간과 정부가 어떤 거버넌스 구조를 만들 것인가에 대한 논의도 활발하게 일어나고 있는 것으로 아는데요, 그것이 실제로 어떻게 현실화될 것인가에 대해서는 아직 갈 길이 먼 것 같습니다.

**백낙청** 그러니까 지금 말씀은 발제자1의 발언을 반박하는 내용은 아닌 것 같아요. 오히려 7·7선언이나 특히 남북기본합의서 같은 것을 작성하는 과정에서 시민참여보다는 정권 상층의 역할이 컸다는 거니까 오히려 발제자의 주장을 뒷받침하는 얘기 같은데, 너무 일방적으로 한쪽만 지지하면 재미없으니까 제가 좀 다른 얘기를 해보죠.

아까 한분이 노태우정부의 북방정책이 6월항쟁의 민의(民意)의 영향을 받지 않았을까 하는 말씀을 하셨는데, 노태우의 경우 민의의 영향을 받은 것은 틀림없습니다. 직선으로 선출되었고, 또 되기 위해서 전두환 같은 사람은 절대로 안 했을, 또는 5공화국 헌법하에서 선거를 했으면 본인도 안 했을 온갖 노력을 다 했거든요. 민의를 반영한 건 사실인데, 그 민의가 남북관계 개선을 요구하는 민의였느냐 이런 걸 따져볼 필요가 있죠. 그런데 6월항쟁을 돌이켜보면 박종철사건 터지고 시위가 확 퍼지면서 운동권에서 요구 수위를 확 낮췄죠. 그래서 '호헌철폐' '대통령 직선' 이렇게만 갔지만 그전에 운동권의 3대 구호는 자주·민주·통일이었어요. 그러니까 통일과 자주, 그때는 미국에 대한 자주의 의미입니다, 그것들이 6월항쟁 막바지에 큰 이슈로 안 떠올랐을 뿐이지, 6월항쟁을 이끈 세력 속에는 굉장히 큰 작용을 했어요. 그리고 노태우정권 출범하자 다시 표면에 떠올라서 탄압을 받고 그러잖아요. 그래서 그 영향을 안 받았을 리가 없다고 봐요. 그것은 상식적으로 정치하는 사람이라면, 전두환이나 박정희처럼 당선이 보장돼 있는 사람이 아니고 국민의 눈치를 보면서 해야 하는 정치인이라면 당연히 영향을 받게 되어 있죠.

또 한가지 요인은 당시에 여소야대 국회였어요. 김대중 총재의 평민당이 야권을 주도했습니다. 제1야당이었고요. 그때 얘기를 들어보면 이홍구씨가 통일원 장관을 했는데, 국회에 나가면 자기를 제일 도와주는 게 야당이라는 거죠, 특히 김대중 총재. 그게 뭘 말하느냐면 노태우정부에서 남북관계 개선을 하려는 이니셔티브를 취하려고 해도 국회에 가면 민정당 의원들이 대개 반대하고 발목을 잡는데 그때 그걸 풀어주는 사람이 외려 야당이었다는 거죠. 그러면 야당이 남북관계 개선을 주장하면 국민의 뜻이 야당을 통해서 정부의 정책에 영향을 미쳤다는 얘기가 되니까, 그걸 우리가 과대평가해서는 안 되겠지만 너무 박하게, 사실과 어긋날 정도로 박하게 봐서도 안 되겠죠. 사실관계를 더 꼼꼼히 알아볼 필요가 있을 것 같아요.

## 촛불혁명의 저변에 흐르던 것들

촛불에 관해서도 그렇습니다. 촛불에서 결국 제일 크게 떠오른 것은 박근혜 퇴진이었잖아요. 파면, 투옥 이런 얘기도 나왔지만 주로

'박근혜 퇴진'으로 구호가 모아졌죠. 그러다가 나중에 '이재용 구속' 이런 것도 끼었습니다만. 구체적인 정책을 어떻게 하라는 촛불시민들의 컨센서스가 정리돼서 표현된 건 없죠. 그렇다고 해서 '촛불은 박근혜 퇴진을 요구하는 촛불이었지 그게 무슨 남북관계 개선을 위한 거였냐' '87년 헌법을 제대로 지키라는 데모였지 그게 개헌을 하라는 촛불혁명이었냐' 이렇게 말하는 것도 너무 박하게 평가하는 결과일 수 있고요. 그런 아주 좋은 선례는 2008년 촛불에 대해서 보수언론들이 하는 얘기입니다. 광우병 괴담에 국민들이 놀아나서 그랬다고 하는데, 그게 광우병에 관한 데모만은 아니었잖아요. 그리고 광우병 문제도 미국 소를 30개월 넘은 것도 막 들여온다고 하는 과정에서 검역주권을 포기하는 문제, 주권 문제하고 걸려 있고요. 또 처음 시작할 때는 여고생들이 나와서 '밥 좀 먹자, 잠 좀 자자' 그랬어요. 그러니까 그 아이들이 건강한 먹거리를 먹고 싶다 하는 것도 중요한 이슈였지만, '좀 사람답게 살아보자' 하는 목소리였던 거죠. 그후에 나온 표현으로 하면 '헬조선'이겠죠. '헬조선의 학교에서 탈출하자' 하는 요구가 있었는데 그런 것 다 빼고 '그건 광우병 데모였다'고 하면 너무 박하게 보는 것 아니겠어요? 2016~17년 촛불혁명에 대해서도 기본적으로 정의롭고 평화로운 나라를 염원하는 건 확실했다고 보는데 그럼 그게 남북관계라든가 새로운 헌법에 대한 문제가 다 내포되어 있는 게 아닌가, 이런 해석도 가능할 것 같은데 여러분은 어떻게 생각하세요?

**발언자10** 다른 차원에서 보면 87년은 선거는 졌지만 운동의 흐름이 굉장히 강했던 시기입니다. 아까도 얘기가 나왔지만, 자주·통일 이런 요구들이 계속 높아지던 시기예요. 노태우가 정권을 잡았지만 그런 분위기를 한번에 뒤집을 수는 없었고, 초기에는 오히려 그걸 어느 정도는 자기 지지기반에 활용하려고 했던 게 아니었나 싶어요. 그러니까 7·7선언이 남북 민간교류에 대한 거고, 1990년 민간교류를 한다고 해서 범민족대회가 거의 다 성사되었는데 마지막에 북쪽이 안 내려오면서 깨졌어요. 그때 이슈가 뭐였느냐면, 정부에서는 '삼성동에 있는 인터콘티넨탈 호텔에서 해라. 거기가 모든 써비스도 잘될 거다'라고 했어요. 범민족대회를 하는 민간 쪽에서는 '정부에서 제공하는 시설에서는 안 한다. 크리스찬아카데미 같은 데서 할 거다' 이럴 정도로, 사실은 시민 차원에서 자주·통일에 관한 분위기가 막 올라오던 시기였어요.

그런데 촛불은 생각이 좀 필요한 것 같아요. 촛불 이전의 한 10년 동안 남북관계가 꽉 막혀 있었기 때문에, 시민들이 남북관계에 대해서 어떤 식으로 자기 의사를 표출해야 할지, 어떤 방식으로 자기 구호를 만들어야 할지 잘 몰랐던 거죠. 오히려 꽉 막힌 남북관계의 상황에서 그 이슈를 잘못 제기했다가는 불리해질 수 있겠다는 우려도 있었을 테고요. 그래서 이런 복잡한 흐름들이 앞으로 남북관계 변화에 어떤 영향을 미칠지는 좀더 신중하게 살펴볼 부분이 있어요. 다만 말씀하신 것처럼 촛불의 저류에 평화와 남북관계의 발전을 바라는 마음, 그리고 이 문제가 한국사회의 변화와 밀접한 관련이 있다는 인식 등이 존재했다는 점은 충분히 말할 수 있다고 봅니다.

**백낙청** 시간이 많이 안 남았는데, 발제자2께서 지금 우리가 논의하는 데 대해서도 공부하시는 분이잖아요. 그 얘기도 하시고, 지난번 발제와 관련된 얘기를 해주시면 되겠어요.

**발제자2(김성경)** 네, 지금 토론하시는 것에 연결해서, 제가 가지고 있는 고민들을 한두가지 말씀드리고 싶은데요. 일단 촛불과 관련해서는 최근 남북관계가 굉장히 평화적인 모드로 바뀌고 있는데, 저는 이것을 보면서 역사적 우연성을 어떻게 봐야 할 것인가에 대해 고민하고 있습니다. 시민의 힘이 있었느냐, 미국이 주도한 대북제재의 효과냐, 북한의 프로그램이냐 이런 말씀이 나왔는데, 저는 그 어떤 하나로도 설명될 수 없는 우연성들이 연쇄적으로 일어나면서 속도가 굉장히 붙은 게 아닐까 생각하거든요.

다들 아시다시피 작년(2017)까지만 해도 평창올림픽 자체가 무산위기라고까지 얘기될 정도로 어려운 상황이었습니다. 정부 쪽에 가서 회의를 하다가 이런 얘기를 들었어요. '한국정부에서 한미군사훈련 축소를 말하는 게 유일한 방법이었다. 이미 평창올림픽에 수조원대의 돈을 썼는데 나라경제가 점점 더 안 좋아지는 상황에서 어떤 방식으로라도 북한이 참여하게 만들어야 했다.' 그래서 한국정부에서 손을 내민 것이고, 북한은 기다리고 있다가 그 제안을 받은 것이죠. 트럼프는 기존의 문법을 다 깨는 경우인데, 믿을 사람은 자기 말고는 아무도 없어서 그런 것일 수도 있고요. 그런 우연성들이 만들어내는 지점들이 크게 있는 것 같고요.

사실 국회가 바뀌지 않는 범위에서 이 행정부가 할 수 있는 것은 남북관계 개선밖에 없지 않았을까 하는 생각을 하거든요. 다른 경제적 법안이나 제도개혁의 경우 국회를 움직일 수 없는 상황인데, 정부가 인기가 있을 때 시민의 힘으로 뭔가를 해결할 수 있는 것은 남북관계 개선이 아닐까 하는 생각도 듭니다. 그런 맥락에서는 인기가 있다는, 시민의 합의가 있다는 것은 분명 어느정도 역할을 하고 있지만 또 그것만 가지고 설명하기는 어렵다는 생각도 들고요.

그리고 백낙청 선생님이 항상 말씀하시는 시민참여라는 것 자체가, 시민참여로 분단체제가 흔들린다는 그 결과를 설명하는 것이 아니라 지향점이 되어야 하는 것이 아닌가라는 생각을 갖고 있습니다. 지금까지는 시민참여가 30퍼센트밖에 영향을 못 미쳤을지 모르지만 이후의 평화체제나 평화체제가 만들어가는 미래상을 얘기할 때는 앞으로 그렇게 나아가야 한다는 측면에서 시민참여 논의를 연결했으면 좋겠다는 생각도 들고요.

이중과제론이나 변혁적 중도론, 분단체제론을 공부하면서, 이 분단된 한국사회에서 우리가 굉장히 이중적인 위치에 있는 게 아닌가 하는 생각이 들어요. 아주 진보적으로 '다 깨부수자'고 얘기하는 이론들을 보면 마음이 후련할 수는 있지만, 사실 현실적인 측면에서 그렇게 할 수 없다는 답답함이 있습니다. 한편 백낙청 선생님 글은 줄타기를 해서 충분한 설명력을 가지고 있고 이해가 잘되는데, 다음은 어떻게 해야 될 것인가에 대한 질문이 계속 제 머릿속에 남아 있는 것 같습니다. 그런 측면에서 이 이중적 줄타기, 그리고 저희의 이중적 위치라는 것에 대해 좀더 설명해주시면 좋지 않을까요.

또 이러한 맥락에 여성이 맞닿아 있다는 생각이 들어요. 우리가 시민참여라든지 분단체제 내에서의 민중을 이야기할 때 페미니즘이 얘기하고 있는, 페미니즘이 만들어내는 다양한 위치성의 고민들을 가지고 온다면 논의를 좀더 현실에 맞닿게 할 수 있지 않을까 싶습니다. 제가 이해한 범위 내에서 이중과제론을 제 연구분야와 연결시켜서 고민해보려고 좀 거칠게 북중 접경지역에 불법적으로 정주하고 있는 북한 여성에 대한 논의를 꺼내봤는데요. 선생님께서 말씀해주신 논의도 맞고 중국이라는 국가성도 분명히 있지만, 제 고민은 이런 겁니다. 한반도와 연결되어 있는, 분단으로 인해서 만들어지는 코리

안 디아스포라 커뮤니티라는 존재가 사실은 북중 접경지역의 불법적 북한 여성들이 살아남을 수 있는 어떤 위치일 수도 있다, 그런 맥락에서 좀더 복잡하게 볼 수 있지 않을까 하는 생각을 해봤습니다.

**백낙청** 다른 분들도 자유롭게 말씀하시죠.

**발언자6** 저도 현 국면이 남북관계 개선의 시발점일 뿐, 어느정도의 중간단계까지 온 것이 아니기 때문에 앞으로 시민참여가 계속 강화될 것으로 봐야지 현재의 참여수준이 낮다고 회의적으로 볼 것은 아니라는 생각이 듭니다. 이 과정에서는 일단 남한 민중이 만든 촛불정부가 상당한 역할을 했고, 북한 주민의 생활상 변화라는 것도 어떠한 역할을 했을 것이고요. 김정은 위원장이 과거 같은 체제로는 더이상 정권의 활로도 있을 수 없다는 판단을 정확히 했기 때문에 지금까지 체제를 지탱해온 메커니즘을 바꾸지 않으면 안 되겠다는 것을 느꼈고, 그것이 세계적인 변화라든지 민중의 요구 등과 복합적으로 작용해서 나오는 시발점이 아닐까 하는 생각이 듭니다. 앞으로 북한 민중이나 북한 시민의 책임과 역할이 계속 강화되어야 이후의 과정이 순조롭게 진행될 수 있다는 생각이 하나 있고요. 한편 남한 민중의 역할과 촛불의 영향을 강조하더라도, 이 자리의 누구도 이게 남북관계 변화에서 가장 중요한 역할을 했다고 말하지는 않았습니다. 촛불이 아주 중요한 역할을 했다는 것이지, 다른 요인은 20~30퍼센트밖에 안 되고 70~80퍼센트는 촛불의 힘이었다고 말하는 것은 아니기 때문에, 그렇게 이해하시면 되지 않을까 생각합니다.

 그다음에 아까 말씀이 나온 미국 압박론과 북한 프로그램론과 남한정부 역할론 중에서 저는 개인적으로는 북한 프로그램론을…(웃음) 사실 지금까지의 핵 국면은 미국이 압박을 해서 북한이 핵무기를 개발했다기보다도 북한이 핵무기를 개발했기 때문에 미국이 압박을 한 걸로 봐야 한다는 생각이 듭니다. 그런데 뭐가 먼저냐, 뭐가 몇 퍼센트냐는 지금 단계에서 별로 중요하다는 생각은 안 들고요.

저는 촛불을 겪으면서 우리가 촛불시위로 박근혜를 몰아냈으니까, 나중에 또다른 촛불을 들어서 남북평화와 전쟁반대를 외치는 상황, 이를테면 미국 항공모함이 들어와서 북한을 폭격하겠다고 하는 일촉즉발의 사태가 생겼을 때 사람들이 전부 촛불을 들고 나와 광화문에서 반전과 평화를 외쳐야 뭔가 새로운 국면이 만들어질 거라는 생각을 했었습니다. 그런데 다행히 그런 위태로운 상황으로 안 가고 촛불로 일으킨 민주주의의 기운이 이렇게 평화국면을 이끌고 왔구나 하면서 상당히 다행이라는 생각이 들었습니다. 촛불로 봇물을 딱 터뜨리니까, 미투운동도 일어나고 갑질에 대한 폭로도 일어나고 삼성의 추한 이면도 벗겨지고… 모든 게 다 터져나오는 단계로 지금의 평화국면을 바라보면 더 정확하지 않을까 합니다.

**백낙청**  질문 하나 할게요. 지금 미국이 압박해서 북이 핵을 개발한 게 아니라, 북이 핵을 개발해서 미국이 압박했다 그렇게 얘기했잖아요.

**발언자6**  이 국면에서는요.

**백낙청**  이 국면이 그럼 언제부터 얘기예요?(웃음)

**발언자6**  북한이 핵을 개발한 국면 때부터라는 생각입니다. 물론 평소에 말씀하시는 대로 1953년 분단체제가 생기면서 미국이 계속 대북적대시 정책을 썼기 때문에 이렇게 왔지만, 적어도 지금 이 단기국면에서는 북한이 주도권을 쥐고 끌고 오지 않았나 이런 생각을 했습니다. 제 개인적인 생각입니다.(웃음)

**백낙청** 현 국면에 북의 주도권이 상당히 작용했다는 점에는 동의합니다. 굳이 몇십 퍼센트냐를 따질 필요는 없지만요. 조금 다른 차원에서 나도 개인적인 생각을 얘기하면, 미국의 대북적대시 정책은 한국전쟁 이후로 한번도 바뀐 적이 없다고 봐요. 미국이 서부개척을 하면서 쭉 서진을 하잖아요. 태평양 건너서 필리핀까지 오고 나중에 일본하고 싸워서 무조건항복을 받아내고, 그러면서 전쟁을 못 이긴 적이 한번도 없었어요. 미국 역사상 최초로 비긴 전쟁이 한국전쟁이었습니다. 비록 지지는 않았지만 미국으로서는 어마어마한 치욕이었고, 그때 미국의 유엔군 사령관이 클라크(Mark W. Clark) 대장이었는데 휴전협정에 서명하면서 논평이 뭐였느냐면, "나는 기뻐하지 않는다"(I do not exult)였어요. 그후 적대시 정책이 이제까지 계속되었거든요. 물론 오랜 세월 거치면서 국면에 따라 어떤 때는 북이 너무 강경하고 어떤 때는 미국이 너무 강경하고, 이런 차이는 있지만 기본적으로는 미국의 대북적대시 정책 때문에 북이 핵개발을 했다고 저는 봅니다.

　미국 조야(朝野)가 대북적대시 정책을 유지하고 있다는 증거가 어떤 데서 드러나느냐 하면 김정은이 비핵화하겠다고 하니까 대뜸 나오는 얘기가 다른 대량살상무기도 다 폐기하라는 거거든요. 이것은 핵무기 없애면 그다음에는 화학무기 얘기를 할 것이고, 화학무기 없애면 그다음에는 인권 얘기를 할 거고, 계속 압박하겠다는 이야기지요. 물론 뜻대로 다 되지는 않을 테지만. 그렇기 때문에 큰 틀에서는 미국이 북에 대해서는, 그게 꼭 틀렸다고 얘기하는 것이 아니라 사상·이념에 따라서는 미국이 잘한다고 볼 수도 있지만, 어쨌든 적대시하고 압박을 계속해온 것만은 분명한 사실이 아닌가 하는 생각이 듭니다.

**발언자4** 남북관계가 이렇게 획기적으로 진전되니까 벌써 주변에서 들리는 얘기 중에 하나가, 특히 문재인정부의 취약함이나 계급적 한계에 주목하는 분들에게서 나오는 건데, 북한의 자본주의적 난개발과 환경파괴 등에 대한 걱정입니다. 그런 과정에서도 느껴지는 게, 백선생님 지론처럼 남쪽 사회도 스스로를 바꾸지 않고서야 진정한 남북연합, 제대로 된 통일을 이룰 수 없다, 남도 바뀌고 북도 바뀌는 과정에서 더 새로운 단계로 나아가야 한다는 대전제를 진보적인 사람들일수록 더 쉽게 포기하는 게 아닌가 하는 염려가 듭니다.

일화를 하나 말씀 드리면, 얼마 전에 고성 통일전망대를 처음 가봤습니다. 사람이 무척 많아서 큰 버스는 주차할 데가 없었어요. 원래 이렇게 붐비나 하고 가게에 들어가 물어봤더니 남북정상회담 직후라 이렇게 사람들이 많이 온 거라면서, 문재인정부 들어서 작년 2017년은 정말 한산했대요. 그렇지 않았겠습니까. 완전히 긴장관계였으니까요. 그래서 장사 죽 쑤다가 지금 정말 사람이 많이 온 거라고 하더군요. 갓난아기를 데려온 젊은 부부부터 지팡이 짚은 할머니 할아버지까지 붐비는 모습이 굉장히 인상적이었습니다. 재미있는 것이 통일전망대 기존 건물 옆에 새로 최신식 건물이 거의 완성되고 있었어요. 근데 이제 통일전망대에 누가 오겠습니까? 금강산으로 직행할 텐데요.(웃음) 그런 걸 보며 아까 시민참여라는 얘기도 나왔지만, 시민의 힘, 민중의 힘이 들어간 어떤 통일이 아니고서는 제대로 된

게 있을 수 없다는 생각이 들었어요. 통일전망대에 정상회담 직후 그렇게 많은 사람들이 몰려든 것처럼, 정치의 주역 역할은 하지 않을지 몰라도 민중의 에너지 응집이 있다는 확신을 가져야 하지 않을까요.

**발언자1** 아까 발제자1께서 말씀하신 3자 역할론에 저는 촛불 역할론을 하나 더 추가해서 같이 보면 어떨까 생각했고요. 그다음에 발제자2께서 우연적 요소, 우연성 말씀을 하셨는데 저는 좀 다르게 공시성·동시성의 측면에서도 살펴보면 좋겠다고 생각했습니다. 우리 한반도 민중의 어떤 열망이 북측에도 연동되는 측면, 또는 미국 민중에게, 세계시민들에게 연동될 수 있는 공시성의 측면도 시야에 넣고 한번 토론을 해보면 좋지 않을까 싶습니다.

**발제자1** 결과적으로 또 이렇게 물의를 일으키게 됐는데요.(웃음) 아니 의도적으로 물의를 일으키려고 한 건 아니고요…

**백낙청** 우리가 여기서 하는 게 서로 물의를 일으키는 일이에요.(웃음)

**발제자1** 우리가 어떤 체제에 대해서 말할 때, 더군다나 소중한 개념이기 때문에 그 완성도를 높이기 위해서는 좀더 비판적으로 꼼꼼하게 보면서 보완해야 하지 않나 하는 취지였고요. 앞으로도 이런 입장을 계속 갖게 될 것 같습니다. 창비담론 아카데미 1기 때 분단체제에 대해 접하면서 처음에 저를 비롯해 여러 사람들이, '정말 담론이라는 것도 기억이 아련할 정도로 오래된 개념인 것 같고, 거기다 분단체제론이라는 건 더욱 실감이 덜하다'는 이야기를 한 것 같습니다. 그래서 그때 공허하게 느껴진다는 등 이런저런 문제제기를 했습니다.

뒤늦게 현실이 우리 논의에 탁 다가왔죠. 이번 남북정상회담을 보면서 결과적으로 분단체제론에서 논의했던 얘기가 맞았다는 것을 보여주는 것이 아니냐 하는 생각이 들었습니다. 어떤 측면에서 그러냐면, 시야를 넓혀서 최소한 동아시아 내지는 세계 단위로 봐야 한다는 점이죠. 우리의 많은 논의나 생각이 남북문제로 축소돼 있던 것 같은데, 남북회담 이후부터 쭉 진행된 논의들을 보면 이 국면에 당연히 미국이 들어가는 것이고, 중국도 빠지면 절대로 안 되고, 일본과 러시아도 들어가야 하거든요. 이런 남북문제를 양국의 문제로만 보면 결코 안 된다는 분단체제론의 주장이 자연스럽게 받아들여지는 과정이 아니었나 싶고요.

또 그 과정에서 예컨대 통일이 됐든 어떠한 형태의 남북연합이 됐든 이런 것을 향해 가는 논의가 시작되면서, 우리 사회의 여러 요소가 분단과 연결되어 있었다는 점이 드러나는 것 같습니다. 그러니까 우리가 분리해서 봤던 것이 아니라, 남북관계가 가시화되는 순간에 결국 그동안의 분단체제 논의가 포괄적으로 적절했다는 것이 입증된다는 생각입니다. 전문가들이 방송에 나와 토론하는 것을 보면서 우연치 않게 참여하게 된 창비담론 아카데미 1기의 논의가 더 의미 있게 느껴졌고, 분단체제라는 것이 결국 맞는 얘기라는 것이 입증되고 있구나 하는 생각이 들었고요. 이런 면에서 선생님께서 말씀하셨듯이 희망적이긴 한데 약간의 물의를 이어가자면, 여전히 우리가 꼼꼼할 필요가 있다는 생각이 드는 것은… 처음에 논의됐던 시민참여의 문제가 여전히 오리무중인 것 같습니다. 해석도 여러가지 있을 수 있고요. 그런 면에서 우리가 좀더 고민해야 할 부분이기도 하고, 비판적 검토가 필요한 부분이라는 생각이 들고요.

## 분단체제론의 세계사적 의미에 대한 점검

　다른 질문인데요. 분단체제론이 가진 또 하나의 세계사적 의미는 하위체제인 분단체제가 시민·민중의 힘으로 기득권층을 몰아내면 그 기득권층은 세계체제론의 상위와 맞닿아 있는 영역이기 때문에 세계체제에 유의미한 변화 또는 동요, 나아가서는 완전히 새로운 어떤 것을 가져올 수 있을 거라는 운동론으로서 희망적인 전망이라고 생각되는데요. 분단체제론의 운동론적 전망이 세계체제에 최소한의 균열을 가하고 붕괴시킬 수도 있다는 것인데, 사실 지금 분단체제가 극복되는 양태를 볼 때 미국 중심의 자본주의 세계체계가 동요할 것이라고 전망할 수 있을까요? 오히려 더 온존 내지 변형되는 형태로 강화되는 것이 아닐까요? 물론 이것은 동아시아의 정치적인 문제뿐만 아니라 전세계적인 경기변동 등과 함께 맞물려야 되겠지만요.

　적어도 분단체제의 극복 문제, 예컨대 북미대화에서 아주 성공적인 결과가 나타난다 하더라도 그것을 통해 미국 중심의 세계체제에 일정한 변화가 오겠다든지, 적어도 자본주의 시스템에 균열이 발생할 수 있겠다고 전망할 수 있을까요? 사실 그것은 어렵지 않나 하는 생각이 들거든요. 물론 이 체제이론에서 하위체제 변화가 필연적으로 체제의 중심을 변화시키고 동요시켜야 된다는 법은 없지만 적어도 분단체제론이 가지고 있는 운동론적 희망, 비전은 그런 거라는 생각이 듭니다. 그런 측면에서 아까 말씀드렸듯이 남북정상회담 같은 사건들이 그동안 환영도 못 받으면서 고되게 설명하려고 노력해왔던 분단체제론이 비로소 맞았다는 것을 보여주는구나 하는 깨달음과 동시에 그 비전과 전망에 대해서는 수정과 새로운 모색이 필요하지 않나 하는 생각이 듭니다.

**백낙청** 물의를 일으킨다는 것은 우리가 당연히 할 일이니까 그것에 대해서는 미안하게 생각하실 필요가 없고요.(웃음) 다만 1기 때를 돌이켜보면, 분단체제론이 참 공허하게 느껴진다는 말씀을 처음부터 하셨고 끝까지 그게 해소 안 됐다고까지 얘기하셨는데, 오늘은 분단체제론이 맞았다고 말씀해주시니까 제가 외려 굉장히 감동을 받네요.(웃음) 그런데 분단체제론이 맞았다 안 맞았다 이것도 우리가 '꼼꼼히' 따질 필요가 있죠. 어디가, 무얼 가지고 맞았다 하는 건지. 지금 구체적인 예로 드신 바로는 남북을 양국관계로만 보지 말고 주변의 강대국들도 함께 관여하는, 하나의 세계체제의 하위체제로 보자는 가정이 맞은 것 같다 그런 말씀을 하셨어요. 하지만 그건 국제정치학의 상식이기도 해서 딱히 분단체제론이 맞았다는 근거가 될지는 잘 모르겠어요. 오히려 제가 자부하는 것 중 하나는 그동안 남북대결이 굉장히 강화됐을 때 그걸 두고 분단체제가 다시 고착된다고 해석하는 이들이 많았어요. 그런데 '그게 아니다. 한번 흔들린 분단체제가 다시 안정되는 게 아니라 더 불안정하고, 어떻게 보면 더 위험하고 그러나 변화의 가능성이 더 많은 쪽으로 움직이고 있다'고 주장했는데, 그것은 확실히 맞힌 것 같아요. 그런 식으로 분단체제론의 어떤 주장이 맞은 것 같다, 이렇게 맞은 지점을 많이 지적해주시면 제가 더 기쁘고 감동할 것 같습니다.(웃음)

**발언자8** 저는 처음 분단체제론에 대한 공부를 시작했을 때 젊은 층들, 즉 십대·이십대·삼십대의 사람들이 분단문제를 자신의 현실과 굉장히 멀리 있는 문제로 얘기하는 상황에서 어떻게 분단체제론을 그 세대들에게 현재성 있게 이야기할 수 있을까 이런 고민을 했습니다. 지금의 상황을 보면 젊은 세대가 분단문제를 확실히 자기 현실과 연결시켜서 이야기하고 있고 반전과 평화에 대한 사고를 이전과는 달리하고 있습니다. 이같은 변화를 주목할 필요가 있을 것 같습니다.

남북정상회담 이후에 인상적으로 들리던 제 주변 친구들 내지는 네티즌들의 반응은 '옥류관 서울분점을 만들면 어떤 물꼬를 틀 수 있다'부터 시작해서 '개마고원에서 락페스티벌을 하자'식의 문화기획과 관련된 아이디어들이었습니다. 한편으로는 김정은이 이전에 상상했던 모습과 다르다면서 호감을 드러내기도 했습니다. 이런 여러 반응들 중에 가장 눈여겨봤던 것은 4·3에 대한 이야기를 다시 꺼내기 시작한 것이었습니다. 불과 몇년 전만 하더라도 젊은 세대들은 4·3이 어떻게 일어났고 그게 왜 중요한지에 대한 이야기를 잘 하지 않았습니다. 그런데 올해 들어서 관련 영상 콘텐츠를 젊은 층이 만들어내기도 하고, 각종 TV 프로그램에서 방영하기도 하면서 역사를 바라보는 시각 역시 다른 방식으로 트이기 시작한 것도 인상적이었습니다. 지금의 남북정상회담 국면은 젊은 층의 사람들이 자신의 현실과 계속 연결지어 생각하고 있다는 점이 이전과는 다르고, 이것을 의미있는 변화라 할 수 있을 듯합니다.

다시 말해 이는 세계체제와의 연결 속에서 분단체제론을 사고하는 것, 내가 살아가는 현실과 지금 사회의 어떤 문제가 단절되지 않고 어떻게 연결되어 있는지를 사고하는 것의 물꼬가 트이기 시작했다는 얘기입니다. 처음에 백낙청 선생님께서 밀양·강정·성주 문제 같은 운동권의 이슈만을 따라가는 것이 아니라 개헌이나 정치개혁의 문제도 중요하다고 말씀하셨습니다. 물론 단절적으로 말씀하신 것은 아니겠지만, 군사기지나 원자력 발전소 문제 같은 여러 문제들이 이슈화되는 과정 속에서 지금 그 마을공동체들이 분열이나 해체

되어가고 있습니다. 그 공동체들이 문제를 해결해나가는 과정 속에서 분열된 상태를 어떤 식으로 다시 통합해나가고, 그 갈등을 해소해나갈 것인가라는 부분을 고민하다보면 이게 특정 단위들의 이슈로만 남겨지는 것이 아니라 어떤 남북연합을 만들까라는 고민 속에 중요한 문제들로 같이 다뤄지면서 가야 한다고 생각할 수 있을 것 같습니다. 그 과정에서 발현될 수 있는 시민적인 역량도 분명히 있을 거라는 생각이 듭니다.

**발언자14** 저는 분단체제론과 이중과제론과 관련한 담론은 일찍이 접했고, 그다음에 시민참여형 통일에 관해서는 초창기에 발제자1과 비슷한 의문을 많이 가졌습니다. 시민이 직접 참여하지 않는데 어떤 식으로 시민참여가 가능한가, 북한의 경우는 시민이랄 것도 없지 않나, 이런 의문인데, 아마 누구나 다 그런 것 같아요. 그후에 저도 87년 6월항쟁 때 참여했고 6월항쟁의 결과에 대해서는 불만도 많았지만, 하여간 한국사회가 그때 한 고비 바뀌었다는 건 분명하죠.

 촛불을 겪으면서는 또다른 차원으로 그런 느낌을 받았습니다. 촛불항쟁에 여러번 참여했지만 남북관계에 관한 구호는 거의 안 나온 걸로 기억합니다. 내심 저는 좀 나와주기를 바랐는데 안 나왔죠. (웃음) 섭섭한 마음도 있었지만 한편으로는 당연하다는 생각도 들어요. 당시에 참여했던 사람들이 자기 삶의 입장에서 볼 때 북한 관련 구호를 외친다면 좀 뜬금없는 면이 있었습니다. 그런데 박근혜정부를 퇴진시키고 난 다음에는 일련의 과정에서 혁명적인 변화가 있었고, 문재인정부가 초장에는 머뭇거리긴 했고 여전히 분단체제의 기득권 쪽이 상당한 힘을 가지고 있었지만 정부가 상당히 잘해나갔던 것 같아요. 발제자2도 지적하셨지만, 가장 잘할 수 있는 부분이 남북관계인데, 왜냐하면 국회 의결과정 없이도 할 수 있는 영역이기 때문이죠.

그것만이 아니라 촛불시민들이 직접적으로 '평화' 구호를 외치지는 않았지만 시위 과정이 비폭력적이지 않았습니까? 가족들과 함께 나오면서, 평화적인 시위가 아니면 참여하지 못할 법한 사람들까지 다 나왔죠. 그 평화가 한국 내부의 평화만이 아니고 자연히 전쟁 위기에 몰려 있는 한반도의 평화로 나아가야 한다는 생각이 시민들에게 있었고, 그것을 문재인정부가 잘 읽고 잘 받아들여서 움직였다고 봅니다. 아까 촛불이 몇 퍼센트 작용했느냐고 한 부분에 대해서 정확한 수치를 말하기는 힘들지만, 저는 50퍼센트 가까이,(웃음) 절반은 작용하지 않았나 하는 생각이 듭니다.

마지막으로 이번 남북정상회담 국면에서 북한 주민들이 어떤 역할을 했느냐, 김정은 혼자서 다 하는 거 아니냐 하는 얘기도 있죠. 그런데 김정은 자신도 북한 주민들에 대해서 자기가 물론 정권을 확실하게 장악한 부분도 있지만, 이런 철권통치로 많이 버티지 못한다는 것을 분명히 안 것 같아요. 우리는 북한 주민들에 대해서 전체주의에 물들어 전혀 주체적이지 않고 시키는 대로 한다는 이미지를 많이 가지고 있는 것 같아요. 방송에서 어떤 출연자가 평양에서 북미회담이 열리면 북한이 그것을 감당하지 못한다, 왜냐하면 이때까지 김정은정권이 미국을 그렇게 철천지원수처럼 대했는데 갑자기 미국 대통령이 오면 평양 시민들이 가만히 있겠느냐 이렇게 얘기를 하더라고요. 그 얘기를 들으면서 어처구니가 없었어요. 저는 평양 시민들이 열렬히 환영할 거라고 봅니다. 김정은이라는 지도자가 미국을 상대해서 미국 대통령을 데려와 담판을 짓는다는 데 대해 평양 시민으로서 긍지를 가질 수 있죠. 그런 생각을 안 한다는 게 이상한 것 같습니다. 북한 주민들이 우리처럼 자유롭게 표현을 하지는 못해도 그 사람들을 옛날의 독재정권을 따라서 그저 시키는 대로만 하는 사람들로 보는 것은 잘못된 것 같습니다.

## 시민참여형 통일이 아니라면?

**백낙청** 시간이 다 되어 마지막으로 내가 몇 말씀 드리고 끝낼까 합니다. 북한 주민을 무시하기로는 우리 한국의 언론뿐 아니라 미국의 전문가라는 사람들도 못지않습니다. 팀 셔록(Tim Shorrock)이라는, 그래도 한반도를 좀 알고 공정한 글을 쓰는 저널리스트가 이런 말을 해요. '북의 주민들이 완전히 세뇌되어서 완전히 똑같은 생각을 한다고 그러는데 내가 볼 때는 워싱턴의 한반도 전문가라는 사람들이 그런 집단 사고에 빠져 있는 것 같다. 이북 사람 뺨친다.' 뺨치는지 아닌지는 꼼꼼히 따져봐야겠지만, 그런 경향이 미국에 많은 것 같아요.

제가 하려는 얘기는 그게 아니고… 시민참여형 통일에 대해서 이렇게 한번 우리가 물어봅시다. 그러면 시민참여형 아닌 다른 통일은 얼마나 해보았나? 해본 거 없잖아요. 휴전 이후 65년이 지났지만 그런 거 안 됐잖아요. 다른 나라도 제대로 한 나라는 없습니다. 시민참여가 배제된 통일을 한 대표적인 나라는 예멘이에요. 남·북예멘의 지도자들이 담합해서, 나쁘게 말하면 야합해서 했는데 그게 깨졌습니다. 결국 무력충돌이 일어나 자본주의인 북예멘이 남예멘 군대를 제압하고 완전통일을 이뤘는데 지금 예멘이 어떻게 되어 있어요? 소말리아나 시리아처럼 거의 국가 붕괴 상태잖아요. 시민참여형이 아닌 통일을 해서 완전히 죽을 쑨 예고요. 독일과 베트남은 우리가 한반도에서 이루려는 그런 시민참여형은 아니지만, 상당 정도의 시민참여가 있었죠. 독일만 해도 동·서독 교류과정에서도 그랬지만 나중에 통일에 직접적인 계기가 된 것은 동독 시민들의 봉기였잖아요. 베트남은 전쟁이니까 평화통일에 필요한 시민참여는 아니지만 거기에도 민중들의 열성적인 참여의 동력이 엄청나지 않았습니까? 그러니까 외국 사례를 봐도 시민참여가 아주 배제된 통일을 한 예멘은 폭삭 망했고, 그나마 민중이 동원되고 민중이 참여해서 통일한 독일이나 베트남의 경우는 지금 통일을 유지하고 있고 잘 살고 있어요.

우리 남쪽에서 시민참여가 완전히 배제된 남북합의의 경우가 7·4공동성명입니다. 그야말로 밀사들이 오가면서 만들었잖아요. 그래서 어떻게 됐어요? 남쪽에서는 박정희가 바로 몇달 후에 유신헌법을 만들었고, 북한에서는 사회주의헌법이라고 해서 김일성의 독재체제가 완결된 헌법을 그때 만들었습니다. 시민참여가 없으니까 맘대로 바꿀 수 있는 거예요. 그러니 시민참여 아닌 통일을 우리 한반도에서 해본 적도 없거니와 시민참여 없는 남북 측의 노력은 실패했습니다. 그나마 그동안에 남은 것은 김대중정부의 6·15공동선언인데 그게 남한 최초의 수평적 정권교체, 평화적인 정권교체가 이루어지면서 가능해진 거 아니에요? 그리고 10·4선언이라는 것도 노무현 대통령이 개인기로 만든 게 아니고, 그야말로 노무현의 당선이라는 그때 시민참여가 굉장히 큰 역할을 했잖아요. 그래서 된 것이기 때문에 시민참여형 통일이란 게 어딨냐라고 할 때, 그럼 그렇지 않은 통일 한번 내놔봐라 그렇게 대답하고 싶습니다.

그리고 지금 국회가 저 지경이니까 대통령이 잘할 수 있는 게 남북관계라고 했는데 그 말은 실제로 맞죠. 4·19 때 허정(許政) 과도수반이 "비혁명적인 방법으로 혁명과업을 완수하겠다"는 얘기를 했는데, 그건 사실 안 하겠다는 얘기였어요. 매카나기(Walter McConaughy) 미 대사하고 협의해서 나온 성명이었습니다. 그때는 안 하겠다는 얘기였지만, 지금은 촛불혁명이 평화혁명이었기 때문에 그후의 혁명작업도 합헌적인 방법으로 할 수밖에 없습니다. 그게 이 혁명의 어려움인 동시에 훌륭한 면이기도 해요. 그런데 지금 비혁명적인 방법으로 혁명을 수행하는 방법 중 하나가 남북관계 개선인 거죠. 그래서 남은 일은 남북관계 개선으로 생긴 국내의 이런 새로운 기운을 실제로 헌법도 바꾸고 국회도 바꾸고 하는 데까지 어떻게 끌고 가느냐는 문제인 것 같습니다.

국회가 안 바뀌고, 세상 다 바뀌어도 야당은 안 바뀌었다고 하는데요. 저는 촛불혁명이 해놓은 것 중의 하나가 자유한국당을 본질적으로 바꾼 것이라고 생각해요. 옛날의 그들은 계속 국민을 속이면서 집권을 하거나 정권 연장을 했어요. 그런데 지난번 대선 때 대통령후보로 나온 홍준표를 보세요. 그 사람은 무슨 중도주의를 내세운 것도 없고, 경제민주주의 같은 얘기도 안 하고, 따뜻한 보수도 없고, 맨 주사파가 어쩌고 종북좌파가 어쩌고 그랬잖아요. 이것은 국민을 속여서 집권할 의지를 상실한 야당입니다. 그렇게 만들어놓은 게 국민이에요. 그래서 지금 야당이 하는 것은 패잔병들을 어떻게든 수습하고 그들이 가진 자산을 조금이라도 더 지키겠다는 것 외에는 다른 의지가 없는데, 불행히도 그런 집단이 국회에서 3분의 1 이상을 차지하고 있으니까 이것을 푸는 게 우선은 대통령의 책임입니다. '나는 한다고 했는데 야당이 저래서 안 된다.' 이것은 대통령으로서 할 말이 아니라고 봅니다. 그럼에도 불구하고 무언가 해내야 하는 것이고, 또 그 과정에 시민들이나 국민들이 어떤 역할을 할지가 당면과제이고요. 그게 아까 제가 말씀드린 어떤 남북연합을 만들 것인가 하는 그 과제의 일부라고 생각합니다. 그럼, 오늘은 이 정도로 하겠습니다.

## 제3부

# 이중과제론과
# 문학, 인문학

**참가자** 강경석 김명환 김성경 김학재 박맹수 박종호 백낙청 백영경 백영서 백지연 손종도 양경언 염승준 염종선 윤동희 이기정 이남주 이종현 이지영 이하림 전철희 정지영 최시현 한기욱 한영인 황정아

**사회자(한기욱)** 안녕하세요. 오늘 모임을 어떤 식으로 진행할지에 대해 먼저 말씀드리겠습니다. 우선 황정아 선생님이 '이중과제론과 백낙청의 문학평론'을 주제로 25분 정도 발제하시고, 나머지 한 30분 토론을 하겠습니다. 그러고 나서 10분 쉬고 '이중과제론과 인문학/대학'에 관해서 백영서 선생님이 발제하시는데, 발제라기보다는 특강 정도로 생각됩니다. 한 30분 특강을 듣고 토론하면 9시가 좀 넘을 텐데, 나머지 20분 정도는 두 주제를 구획화하지 않고 종합토론을 하는 식으로 하겠습니다. 먼저 문학 발제를 부탁드리겠습니다.

**발제자1(황정아)** 네, 먼저 발제문에 대한 설명부터 드리고 시작할게요. 이번 발제문은 예전에 썼던 글이에요. 주요 평론가의 주요 비평문 하나를 싣고 그 비평문을 소개하면서 전체적으로 그 평론가의 작업에 대해서 설명하는 방식으로 쓰인 글들을 엮은 책에 실릴 예정입니다.•

---

• 김경식 외 『소설을 생각한다』(문예출판사, 근간).

이 글을 쓸 당시에는 이중과제론에 딱 초점을 맞춘 게 아니지만, 바라건대 그래도 이중과제론적인 시각에 대한 설명을 담고 있다고 생각해서, 이 내용으로 오늘 발제를 대신하려고 합니다. 백낙청 선생의 문학비평 일반에 대한 설명과, 소설이 근대에서 중요한 장르기 때문에 특히 장편소설에 관한 논의들을 간단히 소개하면서 리얼리즘론까지 같이 엮어서 설명드리겠습니다.

## 민족문학론과 문학비평

백낙청의 문학비평은 굉장히 폭넓은 스펙트럼인데 그중에서도 어떤 '씨그너처'를 찾자면 그의 문학평론집 제목, 때로는 부제에 계속 등장해온 '민족문학과 세계문학'을 떠올리게 됩니다. 2000년대 전후에야 모레띠(Franco Moretti), 까자노바(Pascale Casanova), 댐로쉬(David Damrosch) 같은 저자들을 중심으로 세계문학 담론이 본격적으로 논의된 사실을 감안할 때, 1970년대부터 꾸준히 '세계문학'을 내세운 점을 그가 외국문학 연구자로 출발했기 때문이라고만 설명할 수는 없습니다. 그것은 백낙청의 민족문학론이 말하는 '민족문학'이 자기동일적인 폐쇄성에 근거를 두지 않았음은 물론이고 괴테나 맑스가 제시한 세계문학 이념의 실현에 남달리 기여하기를 겨냥하는 대담한 구상이었음을 나타내줍니다. 여기에는 세계문학이 종종 '보편성'의 이름으로 서구문학 중심의 위계를 은폐해온 데 대한 비판 또한 포함되어 있습니다. 민족문학과 세계문학 사이의 '운동적' 관계는 이후 그가 '근대의 적응과 극복'이라는 이중과제론을 제출하는 결정적 발단이 되기도 했습니다.* 어쨌든 이처럼 보편성의 비판적 재구성을 목표로 구상되었음에도, 또 그것이 민족주의적 발상과 어떻게 다른지 거듭 강조되어왔음에도, '민족문학'은 민족을 입에 올리는 순간 민족주의로 낙인찍는 탈민족·탈국가 담론들의 서슬에 일방적으로 밀려온 감이 많습니다. 사실 근년에는 민족문학 얘기를 거의 안 하게 된 편인데요.

그런데 애초에 민족문학론은 민족문학 개념이 영원불변의 실체가 아니라 "어디까지나 그 개념에 내실을 부여하는 역사의 상황이 존재하는 한에서 의의있는 개념이고, 상황이 변하는 경우 그것은 부정되거나 한층 차원 높은 개념 속에 흡수될 운명에 놓여 있는 것"[**]이라고 정의했죠. 실은 그렇다면 상황이 변함에 따라 그 유효성을 거듭 재검증해야 할 필요도 생겨납니다. 백낙청 자신은 2000년대 들어 민족문학론이 여전히 유효한가를 자문하는 가운데 반독재운동의 구호나 한국문학에 국한된 담론으로서의 민족문학은 효용이 소진되거나 상대화되었다고 인정합니다. 하지만 그러면서도, "한반도의 지역경계를 벗어난 한국어 내지 한민족 문학의 존재를 부각시키면서 '디아스포라 문학'의 복합성에 대한 우리 나름의 인식을 촉구해주는"[***] 그런 개념으로서 새로운 의미가 '민족문학'에 주어져 있다고 봅니다. 민족문학론이 처음부터 민족국가와의 거리와 대결을 내포한 만큼, 민족국가의 개념적인 해체와 실질적인 약화가 진행되는, 이른바 세계화가 진행되는 상황은 오히려 일국 범위를 넘는 문학으로서의 민족문학이라는 또다른 용도를 발견해준다는 겁니다. 세계화의 진전이

---

• Paik Nak-Chung, "The Double Project of Modernity," *New Left Review* 95, 2015, 67면.

•• 백낙청 「민족문학 개념의 정립을 위해」, 『민족문학과 세계문학 I / 인간해방의 논리를 찾아서』, 창비 2011, 154면. 이 글은 1974년 『월간중앙』 7월호에 '민족문학이념의 신전개'라는 제목으로 처음 발표되었다.

••• 백낙청 「서장: 민족문학, 세계문학, 한국문학」, 『통일시대 한국문학의 보람: 민족문학과 세계문학 4』, 창비 2006, 23면.

민족문학의 용도폐기를 정당화하기보다는 사실은 세계문학에 기여할 민족문학의 잠재력을 부각하는 계기가 된다고 생각하는 것 같습니다.

우리가 오늘 읽어야 하는 텍스트 중의 하나인 「지구화시대의 민족과 문학」(1997, 이하 면수만 표기)을 보면 지금 자본과 문화 시장이 사실은 민족문학뿐만 아니라 세계문학 자체도 위협하고 있다, 어떻게 보면 민족문학이나 세계문학 둘 다 위협을 받고 있는 상황에서 민족문학을 제대로 가꾸어나가는 것이 오히려 자본의 위협에 저항하고 세계문학에 기여할 수 있다는 얘기를 하고 있습니다.

이렇게 볼 때 민족문학과 세계문학의 관계는 여러모로 한반도 분단체제와 세계체제의 관계에 관한 그의 주장을 연상시킵니다. 민족문학의 '건재'가 세계문학 이념의 실현에 기여한다는 발상은, 분단체제의 '극복'이 자본주의 세계체제의 근본적 변혁에 기여한다는 생각과 논리구조에서 동일하고, 지향점에서 정확히 대칭되기 때문입니다. 민족문학은 이전만큼 내세워 논의되지는 않지만 백낙청의 비평에서 '분단체제 극복에 기여하는 문학'으로 정리된 채 잠재적으로 여전한 중요성을 갖는다고 생각합니다.

## 소설론과 리얼리즘

민족문학론이 하나의 큰 주제였기 때문에 우선 설명을 드렸고, 소설론과 리얼리즘에 관해서도 정리해보겠습니다. 소설에 관한 백낙청의 사유는 리얼리즘 논의와 '유기적으로' 연결되어 있어서 소설론만 따로 말하기는 어렵습니다. 이 두가지를 같이 얘기해야 하는데 특별히 그의 리얼리즘론이나 소설론에서, 소설가이자 사상가라고 할 수

있는 D. H. 로런스(Lawrence)의 소설론이 중요한 위치를 차지한다고 볼 수 있습니다. 하지만 오늘은 그 부분에 대한 자세한 얘기는 건너뛰고 주제에 집중하겠습니다.

　백낙청의 소설론은 이 장르가 근대적 현실과의 관계에서 어떤 독보적 지위를 갖는다는 믿음을 핵심 항목으로 포함합니다. 로런스도 비슷한 사유를 했는데, 백낙청은 로런스의 소설 찬양론에 공감을 표시하면서 "삶의 진실을 전달하는 것이 모든 예술의 할 일이지만 그 진실을 제대로 전달하기 위해서는 장편소설이 지닌 복합적인 구조와 무수한 디테일들이 반드시 있어야"(275면) 하고, "예술적 표현이 진실을 제대로 드러내기 위해서는 근대 장편소설 특유의 산문정신과 삶의 총체적인 모습을 담으려는 노력이 필요"(276면)하다, 이렇게 설명합니다. 그렇기 때문에 근대에서 특별히 장편소설이 매우 중요한 장르라고 보는 거고요. 소설은 "삼라만상의 상대성을 그 어느 장르보다도 철저하게 보여준다는 바로 그 특성으로 인해서, '있는 그대로의 삶'은 모두 그 나름의 진실이라는 맥빠진 상대주의를 극복하고 '삶 그 자체'의 찬란한 진실을 실감시켜줄 수 있"(280면)다고 봅니다. 장편소설이 담는 복합성과 총체성은 이른바 '객관적 현실의 총체적 재현'이라는 표현이 연상시키는 그런 '인식'의 차원에 그치지 않으며, '삶다운 삶'이라고 부를 수밖에 없는 '진실'의 차원에 닿아 있다고 봅니다. 소설론의 기본 뼈대가 그렇다는 생각이 들고요.

또한 백낙청은 "장편소설이 무수한 구체적 사실들의 상호연관성 속에서 삶의 진실을 드러내는 것이라는 말은, 소설가는 특정한 사회현실에 깊이 뿌리박고 그 현실의 창조적 발전에 기여하는 움직임에 뛰어들 필요가 있다는 말과도 통한다"(282면)고 이야기합니다. 이렇게 보면 "현실에 대한 정당한 인식과 정당한 실천적 관심"이라고 요약되는 백낙청 리얼리즘론의 실천적이며 운동적인 성격은 사실상 장르로서의 소설이 요구하고 또 구현하는 바이기도 합니다. 마찬가지 논리로, 소설이 보여주는 '사실들의 상호연관성'이란 가능한 한 '무수히' 사실들을 축적하는 일이기보다는 무엇보다 '사회현실에 깊이 뿌리박고 그 현실의 창조적 발전에 기여하는' 차원과 관련되는 일임을 알 수 있습니다. 여기서도 장편소설론과 리얼리즘론이 굉장히 유기적으로 결합되어 있다는 걸 알 수 있고요.

구체적으로 리얼리즘론의 세부에 들어가면 서구적인 사실주의, 즉 여러 문예사조 중 하나인 사실주의와 백낙청이 말하는 리얼리즘론을 구분하는 문제가 계속 문학비평에서 논쟁이 되어왔습니다. 일단은 리얼리즘이 고전주의·낭만주의·사실주의·자연주의 식의 문예사조와 관계하고 있지만 동시에 어떻게 이런 것들과 다른 층위에 놓인 개념인가를 발제문에서는 설명했는데 생략하고, 이어서 말씀드리겠습니다.

리얼리즘에서 이른바 전체성의 추구라는 것, 곧 이런저런 상대적 진실만이 아니라 '삶의 진실'이라 불러야 할 차원의 추구라는 것이 사실은 고전주의적인 어떤 지향점이기도 한데요. 그 점을 기준으로 본다면 리얼리즘의 좌표는 사실 낭만주의·자연주의·사실주의 이런 모든 사조에 걸쳐 있다고 할 수 있겠습니다. 하지만 그와 동시에 역사적으로 각 사조들이 이런 추구에 얼마나 충실했는가 여부, 혹은 자체의 특정한 기법과 스타일에 대한 요구를 전체적인 진실의 추구에 대한 충실성보다 앞세우는가 여부에 따라서 이 사조들 모두와 구분될 수 있습니다. 이것은 흔히 리얼리즘론의 핵심이라고 생각하는 '사실주의적 기율'과 관련해서도 마찬가지로 적용될 수 있습니다. 리얼리즘론은 그런 문예사조들과 같은 층위에 놓이지 않는 어떤 문학론이라는 게 중요한 것 같고요.

리얼리즘이 갖는 범주상의 차별성은 모더니즘과 포스트모더니즘을 상대로 삼을 때도 확인됩니다. 백낙청은 "리얼리즘이라는 것을 서구와는 다른 우리들 자신의 역사 속에서 우리가 떠맡은 인간해방의 과제의 일부로 인식한다면 서구에서의 리얼리즘의 퇴조를 세계문학의 대세로 받아들일 필요도 없고 그렇다고 모더니즘 나름의 성과를 수용하지 못하는 '신고전주의'에 빠질 필요도 없다"(391면)고 이야기한 바 있습니다. 그런데 사조상의 모더니즘이 아니라 리얼리즘과 마찬가지로 '세계인식' 차원을 포함하는 모더니즘이라면 또다른 문제가 됩니다. 이것은 루카치(György Lukács)의 얘기에서 나옵니다. 백낙청이 "루카치의 가장 기본적인 주장 즉 그가 말하는 '리얼리즘' 대 '모더니즘'의 문제야말로 자본주의시대가 시작하여 그것이 극복될 때까지의 전시기를 통하여 지속되는 핵심적인 다툼이라는 주장"●을 받아들일 때는 바로 그런 차이를 염두에 둔 것으로 보입니다. 그러니까 사조로서의 모더니즘이 아니라 근대를 바라보는 문학적인 이념으로서의 모더니즘이 크게 하나, 마찬가지로 사조들로 귀속되지 않는 층위에 있는 리얼리즘이라는 것이 또 하나 있고, 이렇듯 어떤 중요한 이념 두개가 근대시기 전체에 걸쳐서 대립하고 있다는 것이 루카치의 주장인데요, 백낙청의 문학평론도 그런 식의 문제의식을 받아들이고 있다고 생각합니다.

제가 오늘 자세하게 얘기는 못했는데, 근대를 통틀어서 지속되는 리얼리즘과 모더니즘의 이 대립구도에서 굉장히 중요한 구분점이 되는 것이 근대의 이중과제론인 것 같습니다. 말하자면 모더니즘은 근대를 어떻게 보고 있고, 리얼리즘은 근대를 어떻게 보고 있는가, 하는 면에서 이 둘 사이에 거대한 대립이 생겨납니다. 근대를 이중과제론적인 시각으로 보는 입장을 리얼리즘이라고 한다면, 모더니즘은 그 반대편에서, 어떻게 보면 표면적으로는 훨씬 더 근대에 대한 비판인 것 같지만 극복이라는 지평을 갖지 못함으로써 실상은 근대주의에서 벗어나지 못한 문화이념이다, 이렇게 비판하는 것이 백낙청의 기본적인 입장이라고 생각됩니다.

## 백낙청의 『손님』론이 말하는 것

이제 구체적으로 백낙청의 '『손님』론'●●에 들어가서 실제 비평이

---

● 프레드릭 제임슨-백낙청 대담 「맑시즘, 포스트모더니즘, 민족문화운동」, 『창작과비평』 1990년 봄호, 285면; 『백낙청 회화록』 2권, 창비 2007, 522면.
●● 백낙청 「황석영의 장편소설 『손님』」, 『통일시대 한국문학의 보람』, 창비 2006.

어떻게 전개되는가를 보겠습니다. 『손님』론이 중요한 이유는 이 평론이 텍스트의 안팎을 넘나드는 글쓰기로서 리얼리즘 비평의 특징을 체현하면서 특히 백낙청의 문학비평이 그 자신의 '비-문학' 담론들, 가령 분단체제론 같은 것과 어떻게 교류하는지 보여주는 좋은 사례가 되기 때문입니다. '문학의 자율성' 신화를 근거로 삼는, 더 정확히는 모든 '바깥'은 빼고 남는 것이야말로 문학이라는 관점을 고수하거나, 반대로 문학 텍스트를 상대로 이미 제시된 '바깥'의 담론을 한번 더 반복하는, 이 두가지가 사실은 명시적으로 대립하면서도 암묵적으로 서로를 강화하는데, 이런 두가지의 뿌리깊은 비평적 관행을 염두에 두면 이 글이 얼마나 다른 얘기를 하고 있는지가 분명해질 거라 봅니다.

「황석영의 장편소설 『손님』」에 대해서는 오늘의 읽기과제였던 만큼 자세하게 소개하는 것은 건너뛰고요. 바로 본론으로 들어가겠습니다. 『손님』론의 앞부분에 분단체제론의 입장이 설명되는데, 거기서 설명된 대로 분단체제 극복이 분단 극복으로 환원되지 않은 것과 마찬가지로 분단체제 극복에 기여하는 문학이 '분단문학'에 한정될 수는 없습니다. 분단상황을 다룬 문학을 가리켜 보통 분단문학이라고 얘기해왔는데 그것과 분단체제 극복에 기여하는 문학은 일치하지 않고, 다른 층위에 놓여 있기 때문입니다. 그런 점에서 북한 현실을 소재로 삼은 『손님』을 대상으로 분단체제 극복의 문학을 이야기하는 것은 도리어 분단체제론과 문학의 관계를 단순화할 소지가 있지 않을까 의문이 제기될 수도 있는데, 이 점에 관한 백낙청의 해명 역시 그의 리얼리즘론과 맞닿아 있습니다. 리얼리즘이 주어진 사실의 충실한 반영에 그치지 않으면서도 사실의 탐구 내지 '사실주의적 기율'을 어느정도 중요하게 요구하듯이, 분단체제 극복의 문학에도 "분단과 분열에 따른 문제를 직접 취급"하고 "휴전선 너머 다른 쪽의 현실을 구체적으로 탐구"(336면)하는 작업이 어느정도는 필수적이라는 것입니다. 그래서 분단체제 극복이 분단 극복으로 환원은 안 되지만 중요하게 그런 작업들을 동시에 요구한다, 이렇게 얘기하는 셈이고요. 그렇게 볼 때 황석영의 소설 『손님』이 지닌 여러가지 의의가 나올 수 있을 것 같습니다.

『손님』에서 제목의 '손님'은 외래세력을 암시하고 있습니다. 백낙청이 "제목이 내용을 정확히 요약하지 않음으로써 오히려 묘미가 더해질 수도 있"(342면)다고 얘기했는데, 그 대목이 눈길을 끕니다. 『손님』이 다루는 신천학살의 실체를 밝혀가는 과정은 "내부요인들에 의해 분단체제가 구축되었고 오늘날까지 유지되어왔다는 통찰을 담"(338면)고 있으며 따라서 외부에서 시작되었어도 사실 내부동력에 의해 유지된 면이 있다는 것인데, 따라서 학살의 책임을 '손님' 탓으로 돌릴 수 없음을 암시합니다. 하지만 그러면서도 내부의 반목이 기독교와 사회주의라는 '손님'을 깊숙이 끌고 들어옴으로써 한층 날선 적대로 진화되었음을 놓치지 않습니다. 그래서 백낙청은 제목이 주는 인상과 다르게 이 소설이 내부와 외부의 구분을 사실상 해체하고 있음을 특별히 강조하면서 심지어 그 두 손님 사이의 화해 가능성마저 암시하고 있다고 지적합니다. 그렇게 해서 『손님』은 "분단체제의 형성·유지 과정에서 외래요인과 내부요인을 복합적으로 인식할 필요성을 다시금 상기"시켜주는 소설이 됩니다. 백낙청의 『손님』 읽기에는 이처럼 분단체제가 '체제'가 될 정도로 뿌리내리고도 자체완결적일 수 없는 구조라는 관점이 곳곳에 스며 있습니다. 하지만 이 관점이 어디까지나 그 자신의 분단체제론과 『손님』의 분단체제론적인 통찰이 서로를 구축한 결과로서, 혹은 그의 리얼리즘론과 『손님』의 리얼리즘이 상호작용한 결과로서 제시된다는 점을 놓치지 말아야 합니다. 그러니까 제가 말하고자 하는 바는 이게 일방적으로 『손님』에 내재한, 『손님』 안에 담겨 있는 어떤 것들을 해설하는 그런 비평이 아니라 서로 갖고 있는 분단체제론에 대한 시각이 만남으로써 이런 비평이 나왔다는 것입니다. 이건 평론을 직접 읽어봐야지 실감을 하거나 비판을 하거나 할 수 있는 관점인 것 같습니다.(웃음)

『손님』이 굿 형식을 들여와서 너무 급히 화해를 하는 방식으로 전개된다는 게 그간 비평가들이 제기한 비판이었는데, 사실은 조금 일반적인 차원의 비판입니다. 리얼리즘 비평을 두고 보통 작품에 어떤 대안을 요구한다 하는 비판을 많이 해왔습니다. 작품이 섣불리 대안을 제시하려다가 중대한 결함을 초래했다는 비판도 그것만큼 흔한 비판이라고 할 수 있습니다. 그런데 이 소설은 스스로 해원(解冤) 혹은 화해라는 대안을 주요 의제로 배치해두고 있으니까, 애초부터 대담하거나 무모하게 위험을 무릅쓴 거라고 할 수 있는데요. 대안을 내놓지 못했다는 비판이 적절하지 않듯이 대안을 모색하고 형상화하려는 시도가 그 자체로 비판받을 일은 아닙니다. 리얼리즘에서 '대안'이란 '총체성'과 마찬가지로 소설이 스스로 하고자 하는 바를 집중적으로 그리고 남김없이 수행하게 만드는 동력일 거라고 생각합니다. 끝까지 한번 사고해보는 것, 이것의 결과물로서 어떤 대안이 나오는 것 아닌가 싶습니다.

이 소설의 핵심 갈등이 토지개혁을 둘러싼 것이었던 만큼, 토지개혁을 둘러싸고 마지막에 유령들을 등장시켜서 화해하는 장면들이 나오는데, 그게 문제적이라는 다수의 비평과 마찬가지로 백낙청의 비평에서도 대안으로 문제가 있다는 입장입니다. 그런데 왜 문제가 있는가에 대해서는 다른 비평들과 조금 다르게 설명합니다. 백낙청은 "작가나 작중인물에게서 어떤 구체적 대안이나 해답을 요구하는 것이 아니라, 질문의 무게와 치열함을 담보해줄 작중현실의 실감과 치밀성을 따져볼 필요가 있"(346면)으며, 그렇듯 "작품의 문제제기가 치열하고 치밀해서 독자가 해답이 아닌 해답에 안주할 수 없도록 만"(344면)드는가를 살펴야 한다고 말합니다. 그러니까 답이 아닌 것을 답이 아닌 줄 알게 만드는 그런 게 중요하다고 얘기한 것이지요. 『손님』의 경우에는 주요인물인 류요섭과 안성만 등 일종의 도덕적인 중심 역할을 하는 인물들이 나오는데 이들이 처음부터 '이미' 정답에 도달했거나 심각한 갈등을 겪지 않은 채 정답에 근접하는 인물들로 그려진다는 점이 문제다, 그만큼 문제제기에 치밀함이 부족하다 이런 얘기입니다.

그런 지적과 함께 이 소설을 리얼리즘으로 접근할 때 주목할 점은 유령의 등장입니다. 유령이 등장했으니까 리얼리즘이 아니지 않느냐는 비판이 있을 수도 있지요.(웃음) 리얼리즘을 사실주의로 봤을 때 그런 논란이 나오게 됩니다. 앞서 살펴본 대로 리얼리즘이 특정 스타일에 대한 요구가 아니라면 여기서 유령의 등장에 대한 더 합당한 리얼리즘적 반응은 이 유령들이 얼마나 리얼리티 있게 그려졌는가, 이런 질문을 할 수 있다는 거죠. 다시 말해서 헛것을 보는 "경험이 실제로 얼마나 핍진하게 그려졌는지" 그리고 "헛것들의 발언이 얼마나 진실에 부합하느냐라거나 그런 부합현상이 얼마나 독자의 동의를 얻어내느냐"(352면) 같은 질문을 해야 한다는 거죠. 그 가운데 결정적인 것은 헛것이 얼마나 그 존재답게, 유령답게, 곧 '리얼하게' 그려졌는가 하는 질문인데, 리얼한 존재가 아닌 것들의 리얼함은 어떻게 이야기할 수 있는가, 이런 질문이 백낙청의 리얼리즘론의 독특함을 보여줄 수 있는 질문인 것 같습니다.

백낙청은 "예술적 차원에서 『손님』의 유령들을 문제삼자면 오히려 그들이 충분히 유령답지 않다는 점을 꼬집어야 할 것"이라 지적합니다. 구체적으로 이는 "원귀(冤鬼)다운 앙심이나 섬뜩함"이 없고 죽는 순간 갈등과 적대에서 벗어나게 그려진 점을 가리킵니다. 그런데 '원귀답지 않음'은 죽음이 삶과 근본적인 단절을 만들어 살아 겪은 모든 일로부터 죽은 자를 놓여나게 해준다는 이야기로도 들립니다. 백낙청은 이 소설이 유령을 '원귀답지 않게' 그린 나머지 "작중 인물들 역시 처음 잠깐을 빼고는 유령들을 거의 산 사람 대하듯이 한다"(353면)고 지적하는데, 산 사람이라 치면 오히려 피차 과거에 더 얽매인 모습을 보였어야 하지 않을까 하는 의문도 듭니다.

여기서 백낙청이 문제삼는 유령의 리얼리티는 결국 유령의 '타자성'에 대한 문제제기에 다름 아니며, 이는 다시 소설에 그려진 산 자들의 리얼리티와 뗄 수 없이 얽혀 있습니다. 산 자와 죽은 자 사이에 놓인 어떤 본질적인 차이 역시 어디까지나 작품 속의 맥락에 의해서 결정되는 것이지 삶이란 원래 이렇고 죽음이란 원래 이렇다는 규정에서 나오는 것이 아닙니다. 이 작품의 유령을 두고 '원귀답지 않다'는 비판이 나오는 이유는 사실상 산 자들 사이의 화해 또한 '원한'의 방해 없이 너무 쉽게 이루어지기 때문입니다. 같은 문제를 반복한다는 얘기죠. 다시 말해 여기서 죽은 자는 산 자들이 하는 바를 앞질러 반복하는 존재들로서, 그들이 "죽는 순간 이미 실질적인 화해를 이룩"(354면)한 것은 현재 살아 있는 자들이 어떤 결정적인 갈등을 겪지 않은 채 화해에 이르는 과정을 뒷받침하고 추인할 따름입니다. 죽은 자와 산 자 사이에 결정적인 차이가 사라져버리는 거죠. 그렇기 때문에 죽은 자들을 죽은 자들답게 그리지 못했다고 비판할 수 있는 겁니다.

백낙청은 "현실은 언제나 '있어야 할 것'을 일부라도 배태한 '있음'이요 '없는 것'들의 '흔적으로 있음'이며 그런 의미에서 '온전하게 눈앞에 있음'이라는 관념은 '현전의 형이상학'(metaphysics of presence)을 비판하는 해체론적 인식에 어긋날 뿐 아니라 진정으로 변증법적인 리얼리즘론에도 배치되는 것"*이라 말한 바 있습니다. 『손님』의 유령들은 흔적으로 엄연히 '있기'에 그 '리얼리티'를 말할 수 있는 존재들이며, 다른 한편 그 흔적의 '있음'은 온전히 눈앞에 '있는' 것과의 차이를 통해 비로소 성립하고 드러납니다. 유령의 리얼리티가 충분히 존중되고 있는가 하는, 얼핏 '불가능한' 백낙청의 질문은 리얼리티 자체에 내포한 (있어야 할 것의 있음과 없는 것의 있음이라는) 그러니까 리얼리티 안에 이미 유령성이라고 하는 것이 들어와 있고 그 들어와 있는 유령성을 존중하기에 가능해집니다.

　똑같이 '리얼한 것'을 가리키면서도 리얼리즘이 사실주의와 어떻게 다른 층위에 있는지 여기서 재차 확인하게 됩니다. 있어야 할 것과 없는 것마저 포함한 전체로서의 '삶의 진실', 그것이 리얼리즘의 일이라고 할 수 있겠습니다. 제가 마지막에 한 이 얘기, 리얼리즘이 어떤 것인가, 현실을 어떻게 보는가, 현실에서 무엇을 보는가 하는 문제는 오늘 제가 잘 연결을 못 시켰지만(웃음) 이중과제론적인 시각이 어떻게 나올 수 있는가하고 연결이 될 것 같습니다. 왜 적응이면서 동시에 극복일 수 있는가 하는 것이 현실을 어떻게 바라보는가하고 긴밀하게 연동된다고 했을 때 이런 식의 리얼리즘적인 시각이라고 할까요, 보는 방식이라고 할까요, 근대현실에 있는 것을 보면서도 거기 마땅히 있어야 할 것을 찾아나가는 적응과 극복의 동시적인 작용이랄까요, 그런 것과 통하지 않나 저는 그렇게 생각합니다. 제 발

---

• 백낙청 「서장: 민족문학, 세계문학, 한국문학」, 『통일시대 한국문학의 보람』 43면.

제는 여기까지 하겠습니다.

**사회자** 감사합니다. 두번째 발제의 주제인 '이중과제론과 인문학/대학'도 굉장히 광범위한 영역이라고 봅니다. 백영서 선생님이 이 분야에 상당히 조예가 있고, 발제문 뒷부분에 나오지만 '사회인문학'이라는 학문 개념을 제창하신 바 있습니다. 백낙청 선생의 인문학과 대학에 대한 글을 쭉 같이 논평하시다가, 뒷부분에 가서는 사회인문학에 대해서도 얘기하실 걸로 예상이 됩니다. 그럼 특강을 부탁드리겠습니다.

**발제자2(백영서)** 특강이라는 이름을 붙인 건 그냥 나이 좀더 먹었으니 대접해주자는 정도의 뜻이고(웃음) 또 하나의 발제죠. 어쨌든 시간 지켜서 끝내도록 하겠습니다.

먼저 말씀드리는 건, 발제의 제목이 '이중과제론의 시각에서 본 인문학과 대학: 독서노트'라고 해서 제가 독자적으로 대학이나 인문학에 대한 생각을 말씀드리는 형식으로 하는 것은 아니고, 이 모임의 성격도 그렇고 백선생님의 텍스트를 꼼꼼히 읽어보는 기회를 갖고 그것을 여러분과 공유하는, 그러면서 제 생각을 조금씩 덧붙이는 '독서노트'다 이런 생각입니다. 제가 백선생님과 이 문제에 대한 생각을 같이 해왔고 그래서 공유하는 부분이 많기 때문에 이런 방식으로 발제하는 것이 적절하다고 생각했습니다.

보시면 아시겠지만 지금 말씀드리려는 것이나 앞서 나온 문학 얘기나 또 다음에 할 주제나 모두 연관되어 있어요. 자칫 순환론처럼 보일 정도로 다 연관되어 있어요. 일종의 체계가 있습니다. 도식화할 수 없는 안 보이는 체계가 있다는 이야기인데, 이게 바로 사상이죠. 보통 동아시아에서 사상가라고 할 때는 단순한 스페셜리스트와 제너럴리스트를 말하는 게 아니죠. 전문적인 지식도 있지만 여러 분야에 넓게 걸쳐 있는 사람, 그런 사상·생각·학식이랄까를 가지고 있는 사람을 말하고, 또 체계가 있는 사람을 가리킵니다. 체계가 있어야 한다는 게 사상가의 중요한 요소입니다. 그 체계가 일상생활을 설명하는 데 다 적용이 되어야 합니다. 그러면서도 그게 더 크게 확대되면 우주론이랄까 철학적 체계를 가지고 있는 그런 사람이 사상가에 해당되는 거죠. 그런 점에서 보면 우리나라에 드문 사상가 중 한 사람이 백낙청 선생이라는 생각이 듭니다. 그의 사상은 서로 연관되어 있는데, 문제는 이게 쉽게 잡히는 체계가 아니라는 거예요. 잘못 이해하면 잘못 알게 되는 거고 헛발 짚고 이러니까 힘들어지는 거죠. 저도 아마 헛발을 많이 짚을지도 몰라요.

## 새로운 인문학, 하나의 인문학

그러면 이 주제 '인문학과 대학'이 뭐냐면 이게 바로 근대의 특징들이죠. 근대성을 설명하는 중요한 요소가 근대의 대학이고 근대적인 학문체계입니다. 그래서 인문학과 대학을 어떻게 보느냐가 이중과제론과 바로 연결되는 소재라는 것을 먼저 말씀드리고 싶습니다.

근대 특히 지금에 와서의 대학이나 학문을 얘기할 때 중요한 것은, 다들 겪는 거지만 자본주의 세계시장의 논리와 지금 우리가 얘기하는 인문학이니 새로운 대학이니 하는 게 양립 가능하냐 아니냐 하는 것입니다. 그런데 백낙청 선생이 제기한 이중과제론이 이상주의처럼 들리고 굉장히 추상수준이 높다고 얘기하지만 실은 우리가 경험적으로도 다 알고 있는 것이고, 그런 면에서 유일한 현실적 대안이라

고 저는 생각해요. 그런데 그에 상응하는 대학의 이념과 제도를 어떻게 구성할 것인가에서 문제가 될 수 있고, 또 이론적인 체계가 되어 있다 하더라도 누가 실천할 거냐 하는 관점에서 논의가 될 수 있지요. 이것은 일종의 사유체계이지 '네가 이 틀을 가지고 실현할 수 있냐 없냐'는 식의 얘기를 할 것은 아닙니다. 그런데 이런 사유체계를 가진 사람들, 동의하는 사람들이 다양한 분야에 많이 있고 그들이 각각 삶의 현장에서 자기 방식으로 실천해나가면, 단기적인 과제로 실천하면서 중·장기적인 전망을 가지고 있으면 다른 결과를 가져올 것이다, 이런 겁니다. 그런 면에서 유일한 현실적 대안이라고 보는 것입니다.

그간 백낙청 선생의 글은 다 따라 읽어왔는데 이번에 발제하면서 쭉 다시 한번 읽어보니까 굉장히 논쟁적이었구나 하는 것을 새삼 깨달았어요. 조금 있다 하나하나 예를 들겠습니다만, 그때그때의 학문론과 대학론을 논쟁 속에 끌고 왔더라고요. 그런 점에서 이것은 아주 독특한 방식이다, 늘 현실에 개입하는 방식으로 대학론과 학문론을 제기했다는 것인데, 그걸 이 자리에서 확인하고 싶고요. 그다음에 세계체제론으로 설명하면 중심부와 주변부가 있고 중간에 반주변부가 있는데, 저는 이것을 핵심현장이라고 하는데, 한국이라는 핵심현장을 반주변부로 설정해서 파악하고 거기에서 발신하는 그런 면이 강한 게 그의 학문론이자 대학론이라고 생각합니다.

독서과제로 제시된 글은 아닌데, 「학문의 과학성과 민족주의적 실천: '인문과학'의 문제와 관련하여」(1983)●를 보면 백선생님이 처음부터 그런 얘기를 하세요. 1980년대에 처음 그 글을 읽고 충격을 받았어요. 다들 막연하게 대학은 다 비슷하다고 생각했는데, 딱 그런 문제제기를 합니다. 반주변부 대학에서 키우는 것은 반주변부 중간간부다, 요즘 글로벌 엘리트 키우라느니 글로벌 대학이 되어야 한다느니 하는데 웃기지 말라 이거예요. 반주변부가 갖는 문제점을 얘기하면서 부정적인 문제도 지적하고, 그러나 동시에 반주변부 대학에서 세계를 변화시킬 새로운 대학의 이념도 나올 수 있다고 얘기하는 게 이분의 현장에 입각한 특징이라는 것, 한번 생각해보기 바랍니다.

제가 말씀드린 「학문의 과학성과 민족주의적 실천」은 사실 다 안 읽으셔도 돼요. 오래전 얘기예요. 하지만 제가 굳이 언급한 것은 이중과제론이 나오기 전인데도 불구하고 이중과제론의 사유의 싹이랄까 그 체계는 여기에도 다 나오기 때문입니다. 일관된 주제의 쟁점·논점들이 있다는 것을 예시하기 위해서 말씀드렸어요. 이 글은 말하

---

● 백낙청 『민족문학의 새 단계: 민족문학과 세계문학 3』, 창작과비평사 1990.

자면 학문의 과학성과 실천적 관심이 같이 가야 한다고 하면서, 과학적인 기술과 실천은 별개의 것이라고 하는 현실순응적인 과학주의 이데올로기도 문제이지만 새로운 과학관이 없다면 실천을 강조하는 맑스주의 운동도 오래 가지 못한다, 그런 양면을 비판하는 글입니다. 나아가 모든 학문은 인간의 인간다움을 구현하려는 실천의 한 형태라는 점에서 '하나의 인문학'(329면)이다, 하나의 과학이다 이런 얘기를 해요, 이미 거기서요. 그러니까 근대 우리 학문체계는 대개 분과학문으로 나눠져 있잖아요. 19세기 이래 생겨난 그런 분과학문들, 정치·경제·법률·인문학·고고학·역사학, 이런 것들을 다 아우르는 하나의 과학이라고 하는데, 하나의 과학이라는 이름을 안 붙이고 그걸 인문학이라고 이름 붙이는 이유는 전통적인 인문학이 포괄성과 실천성을 가지고 있기 때문에 그 익숙한 이름을 가져온다는 것입니다. 그러나 옛날 인문학 그대로는 아니고 새로운 인문학이 되어야 하는 거겠죠.

그러면서 궁극적 진리·도·종교성 이런 문제에 대해 얘기하는데, 그때 이미 진리 자체가 '드러나는 것'이자 '이룩되는 것'이고 그 이룩됨은 인간의 실천, 인간다움을 위한 실천과 무관하지 않다는 얘기를 해요(328면). 물론 이건 「문학적인 것과 인간적인 것」(1973) 등 1970년대 문학평론에도 나오기는 합니다.[*] 중요한 것은 협의의 진실의 문제, 서양의 형식논리학에서 말하는 협의의 진실성이라는 것은 객관적인 사실과 대응하느냐 아니냐를 따지거나 논리적인 진술이 내적인 정합성을 가지고 있느냐 아니냐를 따지는데, 즉 그 대응과 정합을 가지고 따지는데, 그것으로는 충분하지 않다는 거예요. 좀더 근

---

[*] 백낙청 『민족문학과 세계문학 1』, 창작과비평사 1978.

원적인 것, 대문자 Truth, 대문자 진리, 동아시아라면 '도'를 얘기하려는 것이에요. 뒤에 더 자세히 나옵니다만, 이미 여기에도 그런 주장은 나옵니다. 이번에 이 글을 다시 읽어보니 보편과 특수의 문제를 해결하기 위해서, 그게 계속 논의되는 쟁점이죠, 이론과 실천을 매개하는 탁월한 형태로의 조직이라는 얘기가 눈에 띕니다. 조직이라는 것을 강조했어요. 예전에 읽고 줄치고, 그게 루카치에서 나온 얘기라고 알고 있었는데, 저는 요즘은 또다른 의미로 이것을 되살릴 여지도 있다고 생각합니다. 그 얘기는 나중에 하겠습니다.

## 대학의 이념과 지식인의 역할

두번째 말씀드릴 글 역시 여러분이 안 읽으신 건데, 「세계시장의 논리와 인문교육의 이념」(1994)*입니다. 이건 나중에 한번 읽어보세요. 자본주의 세계시장의 논리와 인문교육, 교양이라고 해도 좋은데, 그것이 양립할 수 있는가에 대해 양립 가능하다고 보는 입장들을 소개하면서 비판하고, 양립 불가능하다는 입장들도 소개하면서 비판하고 있어요. 이 글이 나온 때는 이미 1987년 이후 민주화에 들어서면서 맑스주의도 쇠퇴하고, 세계시장의 논리가 강하게 들어오면서 대안적인 사회운동이 벌어지던 때죠. 그러한 때에 대안적인 사회운동에조차 문제가 좀 있다, 아직 충분치 않다고 지적하면서 새로운 한국의 민주운동, 새로운 사회운동을 포함해서 말하자면 새로운 인문교육의 이념이 설득력 있게 제시되고 있는가를 봤을 때, 그렇지 못하다는 얘기를 합니다.

---

• 백낙청 『분단체제 변혁의 공부길』, 창작과비평사 1994.

여기서도 대안적 진리에 대한 주장을 합니다. 현실적인 처방과 장기적 전망의 조화, 장기적 전망과 대안적 진리에 대한 생각까지 대학이 가지고 있어야지 그렇지 않으면 모든 사회운동이 실패할 수 있을 거라는 얘기를 합니다. 그때 서울대 현직 교수였기 때문에 서울대 행사와 관련해서 발표된 글 등을 보면 서울대가 어떻게 가야 하는가, 한국 대학들이 어떻게 가야 하는가에 대한 구체적 얘기도 있어요. 그런데 대학의 경쟁력이 너무 없어도 안 된다는 거예요. 적절한 국제경쟁력은 갖되, 그것을 넘어설 줄 알아야 한다는 주장을 하고 있죠. 아울러 서울대와 다른 대학들, 그러니까 한국의 각 대학이 똑같은 모델로 가서는 안 되고 각 대학마다 역할이 있다, 그런데 똑같이 가려고 한다면서 서울대는 연구중심 대학으로 가고 다른 대학은 다른 대학에 맞는 모델을 찾아야 한다고 주장합니다. 한국 대학들의 조화로운 역할분담을 반주변부라는 한국 안에서 해야 한다는 얘기도 하고, 서울대에 대해서는 서울대의 역할을 얘기하십니다. 그런 것도 실은 좀 더 토론해볼 만한 문제죠. 쉽게 전부 국립대학화하자는 게 적절한가, 하나의 대학 모델로 전국 대학을 획일적으로 하는 것이 적절한가에 대해서 토론할 만한데, 물론 굉장히 어려운 문제죠. 잘못 얘기하면 엄청난 수렁에 빠질 수 있어요. 지역 균형발전 문제도 있고, 평등 개념도 있고 여러가지가 있기 때문에 만만치 않은데, 하여튼 그런 얘기도 한다는 것을 기억해주세요. 이 글은 아주 구체적인 문제에 대해서 언급한 특이한 글입니다.

세번째 「근대 세계체제, 인문정신, 그리고 한국의 대학」(2008)은 여러분이 읽으신 글이기 때문에 자세한 얘기는 안 하겠습니다. 이 글은 제가 두번째로 소개한 「세계시장의 논리와 인문교육의 이념」과 연결이 잘 됩니다. 이때는 이미 우리가 김영삼정부의 국제화 논의와 관련해서 나온 국제경쟁력 논란도 겪었고, IMF체제 겪고 나서 세계시장의 논리에 더 강하게 휘둘리고 있는 와중이기 때문에 이 글에서는 세계체제에 대한 논의를 더 강하게 밀고 나갑니다. 그러면서 단일한 과학이자 하나의 학문 얘기가 다시 되풀이되고요. 그러나 이런 주장을 할 때 종종 부딪히는 문제가, 그러면 모든 것을 다 아는 아주 강력한 슈퍼르네쌍스적 인간, 말하자면 백낙청 선생이 손오공처럼 털을 쏴아 불어서 많은 백낙청들을 만드는 그런 거냐(웃음) 하면 그게 아니죠. 한 사람이 모든 걸 다 알아야 한다는 것이 아니고, 새로운 접근법, 새로운 발상을 해야 한다는 주장이에요.

그러면서 한국 대학과 관련된 이론적·실천적 문제로 세가지의 재미난 주장이 나옵니다. 그중 하나가 '넓은 의미의 문학비평과 통하는 인문정신을 강조'해야 한다는 거죠. 그래서 현실에 대한 비평적 태도로 인문적 개입을 하는 게 인문정신의 본질이라고 주장하죠. 현실문제에 깊이 개입하는 비평정신으로서 비평의 역할을 강조하며 이런 맥락으로 백낙청 선생은 월러스틴도 비판하잖아요. 월러스틴이 대안으로 두개의 문화를 얘기하고 두개의 문화를 극복하는 것에 대해서 얘기하는 것까지는 좋은데, 대안이 좀 미흡하다고 지적합니다. 현실에 깊이 개입하는 비평의 능력을 얼마나 잘 활용하느냐는 점에서 충분하지 못해 그렇다면서 문학을 하는 입장에서 그런 얘기를 하는데, 그것도 눈여겨보시기 바랍니다. 지난 모임에서 월러스틴의 세계체제론이 변혁이론으로서 얼마나 현실 돌파력을 가지고 있느냐 하는 문제제기도 나왔는데 그것하고도 관련되리라 봅니다.

그다음에 또 하나의 특징으로 진·선·미의 추구를 들 수 있습니다. 이중과제의 수행을 통해 새로운 지식구조를 개척해나가야 하는데, 그런 개척자는 국제경쟁력도 갖는다고 하면서 진·선·미의 추구를 언급합니다. 이것도 사실은 더 토론해볼 문제이죠. 그런데 이것을 단계론으로 보지 말라는 거예요. 지식 위주의 근대적 학문으로의 전환을 완수한 뒤에야 '도'의 탐구 재개라는 태도를 갖는 것은 근대주의에 대한 투항이라는 것이죠. 이것은 제가 현장에 있어서 아는데, 성균관대에서 열린 한 국제회의에서 대만에서 온 학자가 이런 얘기를 했어요. 전통적인 학문이 종합적이고 수양론도 있고 다 그런데, 그게 문제가 있으니 그것을 깨고서 근대적인 학문이 수입된 것이다, 그 전문성이 확보되고 나서 당신 같은 식의 얘기도 할 수 있을 거라는 암시가 있는 주장이었습니다. 백선생님은 그것을 비판하면서 단계적으로 전문성을 확보하고, 즉 전통학문에서 벗어나 근대적 전문성을 확보한 다음에 다른 어떤 종합적이고 통합적인 학문으로 가야 한다는 인식 자체가 단계론이다, 근대주의에 대한 투항이다 하고 비판한 거죠. 이 글에는 그런 면이 서서히 나타나죠. 마음공부를 요구하는 겁니다. 지식구조를 넘어 새로운 지식구조를 개척하는 데에서 각자가 '비평적'이고 '정치적'인 훈련을 포함해야 한다고 하며 정치성에 대한 의식을 강조하면서, 동시에 좀더 전면적인 마음공부 내지 수행을 요구하고 있습니다.

네번째로 살펴볼 글은 「인문학의 새로움은 어디서 오나」(2014)인데, 독서과제에 있는 글입니다. 혹시 못 읽으셨으면 꼭 한번 읽어보시기 바랍니다. 이것저것 많은 것을 생각하게 할 겁니다. 그러니까 전통적인 인문학이 아닌 새로운, 하나의 과학으로서의, 하나의 학문으로서의 인문학, 자연과학까지 포함한 이 인문학은 뭐냐면 '오래된 미래'와 '날로 새로운 현실'이 만나는 지점에서 발생한다, 그리고 각자가 절실한 문제를 중심으로 해서 현실에 대한 총체적이고 실천적인 인식을 추구하는 게 새로운 인문학의 길이라는 얘기를 합니다. 이건 앞서 얘기한 리얼리즘 정신하고 다 통하는 것이죠.

　그다음에 재미난 발상으로, 저는 이 글을 처음 읽었을 때 굉장히 웃었습니다. 예전에는 서울대에 계셔서 서울대 구상을 하시다가 퇴임 후에는 서울대 얘기는 안 하시고, 서울대에 대해서는 포기하신 것 같아요.(웃음) 그리고 제도화 가능성을 얘기하면서, 예를 들면 분단체제 극복을 탐구하는 탈분과학문적 연구로 협동과정을 두고, 그게 분단체제연구대학원대학 같은 특수대학으로 발전하면 좋겠다고 합니다. 말씀하시는 것은 그런 발상·통찰을 가져야 한다는 건데, 요즘 같은 상황에서는 실천적으로 고민해볼 만한 대목입니다. 그냥 각 분과학문에서 통일을 다루고 북한을 연구하는 것을 합치는 걸 interdisciplinary라고 하는데, 백선생님 말씀은 transdisciplinary, 그러니까 분과학문 횡단적인 걸 얘기하고, 발상 자체가 장기적인 전망까지도 가져서 세계체제를 변화하는 것에 어떻게 기여할 것이냐 하는 생각까지 가져야 한다는 얘기입니다. 그리고 새로운 인문학의 두가지 요건은 앞에서 나오는 얘기이긴 하죠. 마음공부의 중요성, 그리고 인문학의 실천성이라는 것은 개인적 수양과 사회적 실천을 동시에 아우른 것이다 이런 얘기를 하죠.

## 학문의 운동화와 운동의 학문화

　이제는 제 얘기를 할 차례입니다. 이중과제론이 추상수준이 높은 담론이다보니까 실천성과 현실성이 약하다고 볼 수도 있는데, 저는 이중과제론이 실천성과 현실성이 있다고 생각하고, 저의 경험에 의하면 '사회인문학'이 그런 역할을 하려고 노력하는 작업이었다고 생각합니다. 제 나름대로 창비에서 배우고 창비에서 실천한 것과 제도권 대학교수의 경험을 넘나드는 과정에서 이런 생각을 했습니다. 사회인문학은 영어로 social humanities인데, 단순히 사회과학과 인문학의 만남을 말하는 게 아닙니다. 분과학문을 넘나드는 transdisciplinary라는 뜻도 있고, 사회와 인문학의 소통, '선순환'도 얘기하고 있죠. 인문학이라는 게 어떤 사회적 맥락에서 형성되는 것이고, 또 인문학은 사회에 어떤 영향을 미칠 수 있는가 등도 성찰하는 것이고요. 제 용어로 말씀드리면 '제도로서의 학문과 운동으로서의 학문을 넘나드는' 것을 염두에 두고 제도권 대학에 있는 교수로서 제도 안팎을 이중전략의 공간으로 생각했습니다. 그래서 그것을 '학문의 운동화, 운동의 학문화'라고도 생각할 수 있다는 얘기를 했습니다. 이것은 백선생님이 말씀하시는 인문학의 '새로움'과 통하는데, 그 새로움을 구체화하기 위해 저는 거기에다 '사회'라는 수식어를 붙여서 '사회인문학'이라는 말을 만들었는데, 기본적으로 '하나의 인문학'과 통하는 개념입니다. 다만 일을 하면서, 연세대에서 했던 HK사업의 일환으로 진행한 건데 저 자신의 공부도 부족했지만, 과학기술에 대한 관심은 덜했죠. 그래서 백선생님이 글을 써서 비판하시기도 했습니다. 저희는 초점이 사회의제와 학술의제의 순환과정이었습니다. 그런데 제도로서의 대학에서 무엇을 한다는 것이 가능성도 있지만 불가능한 점도 강하더라고요. 그런 것을 경험했는데 여기서 길게 말씀드릴 내용은 아닌 것 같습니다.

제가 준비한 마지막 내용은 '창조적 활용의 길에서 부닥치는 쟁점들'입니다. 백낙청의 이중과제론에 입각한 대학론과 학문론을 창조적으로 구현해나가려고 할 때, 여러분이 각자 삶의 현장에서 활용하려는 의지를 가지실 때 부딪히는 쟁점들이 있을 수 있는데, 그중에 제게 절실했던 것 몇가지를 토론하고 싶어서 가지고 왔습니다.

첫째는 제도로서의 대학의 역할을 어떻게 볼 것이냐입니다. 지금 중·고등학교에서 학생을 가르치시는 분들도 여기 계시잖아요. 현존하는 대학의 가능성 또는 불가능성을 바라볼 때, 백선생님은 대학의 풍부한 자산을 활용하기 위해서 대학의 역할에 기대를 갖습니다. 그리고 반주변부의 대학에서는 활용 가능한 틈새가 열릴 수 있다고 봐요. 그런데 그때조차도 대학이 그 소속 국가나 사회의 단기적인 목표에 집착하다보면 대학으로서의 자멸행위가 된다고 얘기합니다. 그래서 제도권 대학에 너무 많은 기대를 걸지 마라, 그것에 매달리면 기성구조에 편입당하기 쉽다고 합니다. 아마 리비스(F. R. Leavis)의 생각하고 통하는 것 같아요. 리비스도 그런 '기회주의적이고 과외활동적인'(opportunist and extra-curricular) 역할을 대학에서 할 수밖에 없다고 했지요. 그런데 제가 백낙청 선생을 사회인문학 발표하는 데 한번 모셨는데, 그때 이런 주장을 하셨어요. 대학 안에서 게릴라전을 해야 한다, 대학 전체를 바꾸는 것은 불가능하므로 대학 안에서 여러분 각자가 게릴라 역할을 해라 이런 얘깁니다. 그래서 비판적 잡지도 하고 비판적 연구집단도 만들고, 그것이 대학 안에도 있을 수 있고 밖에도 있을 수 있고 연결을 시켜라 이런 주장이었습니다.● 단기적인, 부분적인 개혁에 그치는 것이 아니라 장기적인, 궁극적인 변혁을 하기 위한 목표와 연결시키는 그런 방향에서 단기적으로는 주어진 자원들을 기회주의적으로 활용해라, 게릴라적으로 활용해라 이런 얘기를 하는 것으로 생각합니다.

저는 관련해서 이런 주장을 하나 하고 싶어요. 아까 조직문제를 얘기했는데, 제가 대학에서 연구원장도 하고 학장도 하면서 어느정도

---

● 백낙청 「근대 세계체제, 인문정신, 그리고 한국의 대학」, 『대동문화연구』 63, 2008; 『어디가 중도며 어째서 변혁인가』, 창비 2009, 395면.

성취도 있었지만 실패도 많았어요. 왜 실패했을까를 돌이켜볼 때 조직문제를 제가 소홀히 했다는 생각이 들어요. 제가 대학총장은 못 해봤지만 대학총장이 된들 대학 쉽게 못 바꿉니다.(웃음) 이해관계가 얽혀 있기 때문에. 그나마 거기서 틈새를 활용하려면 혼자 힘으로 안 됩니다. 조직을 확보해야 해요. 예컨대 어느 단과대학에서 전체 교수가 100명이라면 의지있는 10명만 미리 조직해도 뭔가 바꿀 수 있습니다. 왜? 대학에 틈새가 많아요. 대학교수들은 개인의 연구와 개인 문제의 이해관계를 건드리지 않는 한 별 관심이 없어요. 그리고 대개 대학이 지금 변화의 와중에 있기 때문에 누구도 장담을 못해요. 다들 큰 비전이 없어요. 단기적인 문제에 대해서는 이해관계가 있어서 말들이 많은데, 대학이 중·장기적으로 어떻게 할 것이냐 하면 생각이 많지 않아요. 보직 맡을 때 조금 고민하다가 그만두면 끝입니다. 그런데 그 10명을 못 만드는 거예요. 그래서 저는 이 조직이라는 것을, 제도화된 조직이 아니더라도 네트워크라는 의미에서 이 조직을 다시 생각했으면 조금 더 변화가 있었을 텐데, 그런 준비가 없었다는 생각을 했습니다.

대학이라는 것은 데리다(Jacques Derrida)가 말했지만 탈제도적인 제도인데 틈새는 있을 수 있다는 생각을 하고요. 그것을 백선생님이 얘기하는 반주변부로서 한국에서의 이중과제론적인 발상에서 활용하면 여지가 있다는 생각이 듭니다. 물론 개인적으로 적응을 하다가 순응에 그칠 위험은 많지요. 그러나 백선생님이 지난번에 얘기하셨듯이 그것은 개인의 실존적 차원에서의 위험부담이지 이중과제론 자체의 문제가 아니라는 건데, 그런 점도 생각해보시길 바랍니다.

## 비평으로서의 인문학

　다음 쟁점은, 여기 문학비평 하시는 분들이 많은데, 저는 그리고 백선생님은 비평을 이렇게 생각합니다. 사회과학을 포함해서 인문과학이나 모든 제도권 학문은 과거시제형으로 서술을 하는 것이죠. 지나간 것에 대한 설명입니다. 반면 비평은 현장에서 현실의 문제에 개입하며 무엇이 옳은가에 대한 판단을 하고 그것을 통해서 우리의 삶을 바꾸려고 하는 노력인 것이죠. 텍스트를 읽더라도 그런 비평적인 발상을 가지고 자료를 꼼꼼히 읽는 건데요. 이런 비평적인 작업이 하나의 인문학, 새로운 인문학의 중요한 특징이라고 얘기하는 것을 저는 좀더 적극적으로 받아들이고 있습니다. 그래서 저는 비평으로서의 역사학에 대해 고민도 해보고 글을 쓴 적도 있고, 사회인문학도 바로 그런 것을 추구하려고 한 것입니다. 비평이 과연 학문으로서의 객관성이 있느냐 없느냐 하는 게 리비스 때도 논쟁이 됐다고 하는데, 마찬가지로 비평을 하거나 또는 새로운 학문을 한다고 해서, 사회인문학을 내세운다고 해서 학문의 훈련을 도외시해서는 안 됩니다. 과거시제형의 지식 축적의 문제를 늘 공부해야 합니다. 그런 훈련을 해야지, 그러지 않으면 맹목적 행동이나 무책임한 상상력의 발동으로 떨어진다는 비판을 사회인문학과 관련된 아까의 글, 사회인문학 관련 세미나에서 발표하신 그 글에서 지적해주셨는데, 그것도 한번 공유할 만한 내용이다 싶어서 강조했습니다.

　마지막 쟁점 '수월성과 공정성, 그리고 지혜의 위계질서'에 대해서는 고민됩니다. 백선생님은 직접적으로 얘기 안 하시지만 대학현장을 거친 사람들 대부분이 수월성을 얘기합니다. 중·고등학교도 마찬가지죠, 평가를 하잖아요. 이 수월성하고 공정성이랄까 공평성이랄까 하는 것은 늘 충돌합니다. 수월성과 공정성을 함께 추구하는 게 딜레마처럼 보이게 되는데, 이것을 어떻게 해야 하는지가 잘 설명되어야 할 것 같습니다. 단기적 성과에 대해서 대개 계량화된 평가를 하는데, 대부분 그것을 수월성이라고 봅니다. 그래서 다들 질적인 성과랄까, 질적인 수월성을 대안으로서 얘기합니다. 그런데 그게 구체적으로 뭔가에 대해서 고민해야 합니다. 이중과제론적인 시각에서는 이 문제를 얘기할 수 있는 건가 고민해봐야 합니다. 페미니즘에 대해서는 이중과제론적 시각으로 얘기할 수 있잖아요. 평등의 문제와 차이의 문제가 이중과제론으로 개입할 수 있는 중요한 쟁점이듯이, 수월성과 공정성·공공성이 어떻게 관계되는가에 대해서 고민해야 하는데, 저도 거기까지는 밀고 나가지 못했습니다. 지혜의 위계질서가 뭔가 출발점을 제공하지 않을까 생각하게 되는데, 더 밀고 나가지는 못했습니다.

제가 학장을 지내면서 엄청나게 의욕을 냈다가 처참하게 깨진 것 중 하나가 질적인 평가의 지표를 만드는 것이었어요. 그것을 만들어보려고 했고, 본부에서도 해보라고 했어요. 문과대학은 그래도 된다, 어차피 양적 평가나 국제적인 수준은 공대나 의대에서 다 해주니까 문과대학은 당신 맘대로 해보시오 그랬습니다. 저는 한 학기 동안 토론해서 이 문제를 해결해보려고 했어요. 문과대학 교수들 개개인을 만나면 다 양적인 평가에 대해 비판을 하거든요. 연구재단 때문에 학문이 망하느니 교육부 때문에 망하느니 그러기에, 그래 우리가 질적인 평가지표를 만들고 이 돌파력을 가지고 큰 변화를 이루어보자 했어요. 그런데 회의 시작하고 딱 두시간 만에 끝났습니다. 많은 문과대학 교수들이 논의를 좀 하다가 이거 골치 아파서 안 되겠다, 대학 집행부가 바뀌면 정책도 바뀔지 몰라 불안하니까 그냥 양적인 평가로 가자, 계량화된 평가로 가되 단 저서만 비중을 높여주라 그러면 학장이 하자는 대로 하겠다 그래요. 아주 허망하더라고요.(웃음) 그때 깨달은 것이 내가 준비를 더 했어야 하는구나, 내가 실패할 수밖에 없는 상황에 부딪히는구나 하는 것이었습니다. 그런 점에서 지혜의 위계질서가 이 문제를 해결하는 돌파구가 될 수 있을지 고민해보자 그런 생각을 가지고 발제를 준비해보았습니다. 여러분 각자의 처지가 다르고 하는 일도 다르지만 다 지식을 생산하고 전파하는 일에 종사하시잖아요. 이 문제에 대해서는 여러분의 삶의 현장의 문제로 고민해보시길 바라는 마음으로 발제를 해봤습니다. 이상입니다.

## 이중과제론과 문학·인문학
### 토론 정리: 한영인

**사회자** 문학을 전공하지 않은 분들은 논의를 따라가기 힘든 부분도 있고 인문학과 대학 같은 경우도 대학에 몸담은 경험이 없는 분들은 실감이 덜할 수 있다. 하지만 이 두 주제 모두 이중과제론과 결부해 반드시 검토해야 하는 내용이다. 황정아 선생의 발제는 백낙청의 문학평론에서 중요한 지점을 많이 짚었다. 그렇지만 백낙청의 소설론, 리얼리즘론이 이중과제론과 어떻게 연결되는가 하는 부분에 대해서는 발제자 본인이 말했듯이 좀더 논의가 필요하다고 본다. 특히 오늘은 거론되지 않았지만 백낙청의 「근대의 이중과제, 그리고 문학의 '도'와 '덕'」이 좀더 직접적으로 그 문제를 논의했다고 볼 수 있다. 그걸 염두에 두고 토론을 부탁드린다.

**발언자1** 문학 쪽이 내용이 방대하고 개념도 많아서 이 문제를 처음 접하는 분들은 막막할 수도 있겠다. 이야기를 풀어가는 차원에서 질문을 하자면, 아까 발제 중에서 리얼리즘과 모더니즘은 근대를 어떻게 보는가 하는 데서 큰 차이가 있다는 점, 그리고 리얼리즘이 근대를 보는 관점과 이중과제론은 밀접한 관련을 가지고 있고 반면에 모더니즘에 대해서는 그렇지 않다고 했는데 상당히 중요한 입장이 담긴 것으로 들었다. 이에 대해서 좀더 설명해주시면 좋겠다.

**발제자1** 말하고자 했던 바는 리얼리즘적 시각으로 현실을 보는 것은 사실주의적으로 여러 사실들이 있다는 차원이 아니라 현실에 있는 사실적이지 않은 차원, 가령 유령성이라고 표현한, 그런 것들을 같이 보는 시야를 말한다는 것이다. 리얼리즘에서 현실은 언제나 있어야 할 것을 일부라도 포함하고 있는 현실이다. 그냥 있는 것이 아니라 지금은 없는 것이 흔적으로도 있고, 앞으로 있어야 마땅한 것도 이미 들어와 있는 총체로서의 현실이라는 것이다. 이는 근대를 바라보는 시각과도 통한다. 리얼리즘론은 근대를 있는 현실로만 보는 것이 아니라 어떤 것이 있어야 마땅하다고 느끼게 만든다. 그리고 있어야 마땅한 것이 이미 와 있기도 한 것으로 바라보는 태도다. 근대에 적응한다는 것은 현실에 밀려나지 않으면서 그것과 대결하는 역량을 기른다는 것이다. 그렇지만 그것에 국한되지 않고 극복을 얘기하는 것은 이 현실이라는 것이 어떤 것이 있어야 마땅하게 만드는 현실인가를 인식하고 또 그것이 어떻게 가능한가를 탐구하는 시야를 가지는 것인데, 그것이 리얼리즘이 근대를 바라보는 시야다.

　반면 모더니즘은 근대 자체에 대해 굉장히 비판적인 발언들을 많이 담고 있기는 하다. 보통은 문예사조로서의 모더니즘은 현대적인 여러 현상이나 근대 일반에 대한 비판적인 시각을 갖고 있지만, 문제는 근대 자체는 벗어날 수 있다고 전제하고서 이런저런 근대적인 것을 싸잡아 비판하는 경향이 강하다는 것이다. 모더니즘의 비판은 전망 없음에서 나오는 비판이다. 근대를 넘어서는 전망은 없다, 그런데 '우리는 비판한다' 하는 이런 태도는 아주 말단적인 비판도 대단한 전복인 것처럼 과장한다. 전복과 저항을 이야기하지만 그것은 근본적으로 근대 너머에 대한 시야가 폐쇄된 상태에서 나오는 비판에 불과하다. 이런 점에 모더니즘이 갖는 비판의 불모성이 있다. 지금 말씀드린 것은 문예사조로서의 모더니즘이지만 어떤 문학사조이든 간에 리얼리즘적인 것이 있을 수 있고 모더니즘적인 것이 있을 수 있다. 이렇게 분류할 수 있다는 것이 루카치의 얘기였고, 백낙청 선생 역시 이런 시각을 받아들이고 있는 것 같다.

**사회자** 폭넓은 해명을 하셨는데 약간 보완하겠다. 백낙청의 「근대의 이중과제, 그리고 문학의 '도'와 '덕'」에 나오는 부분을 참조할 만하다. 사실주의는 해묵고 낡은 문예사조로 치부되지만 사실주의에서 추구되는 사실성과 핍진성은 지금도 굉장히 중요하다. 하지만 사실주의는 투명한 언어로 객관적인 세계를 재현하고자 하는데, 거기서 사실성이 나온다 하더라도 그것을 하나의 이데올로기로 받아들이는 순간 실증주의적인 역사관이 되고 근대주의에 매몰될 수밖에 없다. 과학만능주의나 기술주의, 이런 태도로는 근대극복을 할 수 없다는 것이 백낙청의 입장이다. 사실성을 중시하되 사실성에 매이지 않고 삶의 총체적인 진실을 추구하는 경우라면 이 전체 세상과 삶에 대해서 그런 진리의 문제를 제기하는 순간 사실성은 하나의 율(律)이 된다. 사실주의의 율은 필요하지만 그것 자체가 하나의 세계관이 되어서는 안 된다.

그에 반해서 모더니즘의 경우엔 카프카(Franz Kafka)나 제임스 조이스(James Joyce) 등 여러 가능성이 있었다. 주어진 자본주의 세계에 대해서 매우 근본적으로 반발하는 게 있다. 거기에 대한 이탈이나 발본적인 반대, 내면으로 침잠하고 인간을 해체한다든가 하는 실험 등이 나왔다. 하지만 실험과 탈주의 결과 자체에 집착하면 근대극복을 오히려 어렵게 만들 수 있다. 그래서 모더니즘과 리얼리즘 중에서 리얼리즘 쪽이 이중과제론의 문제의식에 더 부합한다. 루카치가 모더니즘의 문제를 먼저 지적했지만 백낙청은 이를 이중과제론에 입각하여 자세하게 논했다.

**발언자2** 이런 방식으로 접근해서 작품을 읽을 때 최종적으로 우리가 작품에 대해 평가하는 기준은 무엇이 될 수 있을까. 비평을 할 때 최종적인 기준으로 삼는 것이 삶의 총체적인 진실을 보여주느냐가 전부일까 하는 고민을 남긴다.

**발언자3** 계급문학운동이 활발했던 1930년대와 민족문학론이 부상하던 1970년대의 한국문단에서는 리얼리즘에 관한 이론적 논의가 활발하게 이루어졌다. 당시의 몇몇 논자들은 사회의 총체적인 모습을 충실하게 재현하는 것만이 문학의 기율이라고 주장했고, 어떤 이들은 작가의 진보적 세계관에 따라 작품의 질이 결정된다는 식의 기계론적인 논리를 내세우기도 했다. 반면 백낙청은 일관되게 리얼리즘을 주창하면서도 그런 식의 소모적인 '문예학' 논쟁에는 적극적으로 개입하지 않았다. 그 대신 그는 억압적인 사회에서 문학이 어떤 역할을 해야 하는지를 탐구했다. 백낙청이 여타의 문학평론가들과 구별되는 것은 문학에 대한 근원적인 질문을 던졌다는 점에 있다.

**발언자4** 계속 사실주의와 리얼리즘을 구분하면서 얘기하는데 그 효과가 무엇일지 궁금하다. 리얼리즘 개념 자체가 광의의 개념이고 그 안에 결이 많다. 각 시대적·사회적 상황에 따라서 '더 리얼'(the real)이라고 정의되는 것은 무엇인가. 어떤 때는 핍진성에 무게를 둘 때도 있고 북한 같은 사회주의체제에서는 새로운 방향성을 지향하는 의도를 내포하는 '리얼'을 표현하려고 했던 것 같다. 백낙청의 논의에서 사실주의와 리얼리즘을 구분하는 효과가 무엇일까.

**발제자1** 사실주의 자체가 사조로서의 모더니즘이 나오면서 낡고 평면적인 것으로 치부됐다. 그런 기준에서 봤을 때 뒤떨어진 사조라고 생각되기 때문에 리얼리즘론 자체를 폐기하고자 하는 입장에서는 이 구분을 계속해서 무시해왔다. 지금 사회주의 얘기도 나왔지만 사회주의 리얼리즘이나 비판적 리얼리즘 혹은 루카치의 리얼리즘론 일반에는 진작부터 리얼리즘과 사실주의가 함축되어 있다. 그런데 한국의 비평적인 논의에서는 리얼리즘을 사실주의로 환수하려고 하는 경향이 강하다. 이것은 이념적 다툼이라고 생각한다.

　그렇다면 사실주의와 리얼리즘의 차이는 무엇인가. 리얼리즘론이라고 할 때 사실주의와 관련은 분명하다. 사실주의가 얘기한 사실들 자체가 근대 자본주의 현실 안에서 굉장히 중요하기 때문이다. 근대 이전의 삶과 비교했을 때 사실들과 사물들을 존중하는 근대적 태도는 리얼리즘의 이중과제론적 시야에서도 중요하다. 현실을 잘 살펴봐야 적응도 비판도 가능하기 때문이다. 하지만 그 사실들을 존중하는 태도가 사실주의적인 방식으로만 되는 것이 아니라고 말하는 것이 리얼리즘이다.

사실주의는 핍진하기만 하면 족한 것이지만 리얼리즘은 전체적인 진실을 보고자 하고, 더 나아가서 백낙청의 리얼리즘론이 강조하는 것은 진실 자체가 우리가 삶이라고 얘기하는 것과 떨어져 있지 않다는 것이다. 리얼리즘은 사실성을 새로 보게 한다. 현실이라는 게 뭐냐, 객관성이라는 게 뭐냐 하는 것이다. 이게 삶의 전부인가, 현실의 전부인가 질문하게 만든다. 질문하면서 비로소 드러나는 것이 객관적 현실이다. 사실주의가 기존의 관습적 인식에 머무는 반면에 리얼리즘론은 객관성이 뭐냐, 삶의 전체성이라는 게 뭐냐는 것마저 질문한다. 그런 질문이 있기 때문에 적응과 극복이라는 과제가 생겨난다. 그런 것들이 현실의 주체들과 무관하게 있는 것이 아니기 때문에, 사는 것처럼 살아야 되겠다는 그런 실천 속에서만 삶의 진실이 드러나기 때문이다. 굉장히 여러 겹의 시야를 갖게 만드는 것이다.

**사회자** 사실주의와 리얼리즘의 관계는 부분과 전체로 볼 수도 있다. 사실주의는 과학적인 실증주의 사관이지만 리얼리즘은 그런 사실주의의 사실성을 활용해 진리를 추구한다는 점에서 다르다.

시간이 지났으니, 이중과제론의 시각에서 본 인문학과 대학에 대해서도 이야기를 나눠보겠다.

**발언자5** 교육은 사람들의 욕망이 투여되기 때문에 어려운 이슈다. 이성적인 논의를 한다고 해서 해결 가능한지도 회의적이다. 여기서 이중과제적인 접근이 어떤 도움을 줄 수 있을까에 대한 고민이 진전되어야 한다. 우리가 얘기하는 대학과 객관적으로 존재하는 대학이 다르다. 우리는 학문의 전당으로서의 대학을 생각하지만, 많은 경우 현실적으로 학생들은 졸업장 때문에 대학을 간다. 학생들이 바라는 건 사회적인 효용성이다. 교수들은 비판적인 얘기를 한다고 하는데 학생들한테는 그게 얼마나 도움이 되는가 하는 측면에서 보게 되기도 한다. 대학에 대해 이야기하려면 이러한 괴리에 대한 인식을 전제할 필요가 있다.

**발언자4** 대학에서 자원을 활용해야 한다고 하는데 자원의 차이에 주목할 필요가 있다고 생각한다. 학문이 기득권에 몰려 있어 바깥에 있는 사람들의 경험은 다를 수 있다. 지방대에 있는 학생이나 교육자들이 생각하는 가치와 효용은 다를 수 있다. 여기에 어떤 반주변부의 문제의식이 있지 않을까? 문화연구에서 재미있는 연구들이 대학에서 나오지 않는다. 제 또래 중에서 흥미로운 글을 쓰는 사람들이 대학에 없다. 그들은 게릴라처럼 뛰는 사람들이다. 대학이 상상력을 압사시키는 것이 아닐까. 대학 내에서의 적응과 극복이 아니라 대학을 극복하고 바깥에서 무언가를 해야 하는 것이 아닐까. 진짜 학적 담론들은 밖에서 만들어지는 게 아닐까 하는 생각이 든다.

**발언자2** 몇년 사이에 대학의 상업화가 심해졌다. 과거에는 학생들이 학내에 상업시설이 들어서는 일에 거부감을 표했는데, 최근에는 학생들이 나서서 학내에 좋은 매장이 들어와야 한다고 생각할 정도다. 과거에 상업화 반대운동을 하면서 답답했던 것은 학교에 시설이 들어오는 것 자체에 대한 반대가 아니라 그 시설의 활용방안에 대해 이야기할 수 있는 공간이 없다는 것이었다. 중·고등학생의 문제도 대학과 연결된다. 최근에 청소년 인권활동을 하는 학생들을 만났는데 모든 학생들이 생활기록부에 대한 염려 때문에 발언과 활동에 위축감을 느낀다고 한다. 마치 대학생들이 학점 때문에 위축되는 것과 비숫하다. 학교가 학생들이 비평적인 활동을 하고 정치적인 주체로 거듭나도록 훈련하는 과정을 오히려 막고 있다. 앞의 말씀처럼 대학이나 학교라는 공간이 단지 더 나은 상징성만을 획득하는 공간으로 전락한 것은 아닌가.

**사회자** 1980년대만 해도 학생이 대학의 시설에 대한 장악력이 꽤 있었지만 지금은 거의 없고 교수마저도 없어졌단 생각이 든다. 대학의 미래와 관련지었을 때 징후적인 현상이다. 발제자께서 정리발언을 해주신다면?

**발제자2** 이중과제론과 연관해서 보면 대학이 근대의 중요한 제도적 특징이라고 할 때 거기서 적응한다는 건 힘들게 감당한다는 것이다. 감당하려면 무엇을 배제하고 무엇을 성취할 것인가를 구별해야 한다. 그리고 극복에 대한 장기적인 전망을 갖고 있어야 한다. 장기적인 전망이 있는 사람은 생활자세가 달라진다. 이는 '도'를 닦아가는 과정이다. 그게 없이 긴장만 가지고는 견딜 수 없다. 그 길을 만들어간다는 힘을 본인이 느껴야 버텨낼 수 있다.

## 정리자 종합

1) 백낙청의 리얼리즘론은 단순한 '사회적 사실'의 핍진한 서술을 넘어 총체적인 '삶의 진실'을 추구하려는 문학적 태도로 볼 수 있는데 이때 작품 평가의 기준이 되는 삶의 진실을 어떤 기준에 따라 판별할 수 있을까. 그것은 '인식'의 차원일까, 아니면 '감정'의 차원일

까. 물론 이 둘이 '결합'된 상태가 최고의 것이겠지만 말이다. 그렇다면 리얼리즘은 근대세계에 대한 사실적이고 객관적인 인식을 바탕으로 삶의 진실을 포착해냄으로써 감동을 주는 문학작품을 일컫는 말일까. 한편 분단체제하에서는 리얼리즘과 모더니즘의 차이점 내지 적대성을 부각시키는 것만큼이나 둘 사이의 좌우합작/통일전선을 구축하는 작업의 의미 역시 찾아볼 수 있지 않을까. 이것은 '회통론'과는 조금 다른 시각인데 한국 모더니즘 문학과 분단체제 사이의 상관성을 규명함으로써 가능할지도 모르겠다.

2) 대학문제를 생각할 때도 이중과제론적 시각을 견지해야 한다고 논의되었는데 적응의 관점에서는 이해되지만 극복의 관점에 이르면 모호해지는 감이 있다. 현재와 같은 대학체제를 극복한다는 것은 대학의 갱신을 목표로 하는 것일까, 아니면 대학이라는 근대적 제도를 넘어서는 걸까. 극복에 대한 관점을 지니는 것이 중요한 만큼이나 극복의 상을 갖는 것도 중요하다는 생각이 든다. 그러지 않으면 극복의 태도는 현재의 개혁적이고 타협적인 적응에 따르는 비판들을 분식(扮飾)하고 유예하는 방편으로 기능할 수도 있을 것 같다.

**백낙청** 반갑습니다. 오늘은 제가 머리발언으로 시작하겠습니다. 지난 모임의 발제문을 읽은 소감을 말씀드리면, 두 발제가 다 훌륭하고 내용도 풍부했다고 생각합니다. 발제를 직접 들었으면 더 좋았겠다는 생각도 했어요. 그런데 발제문을 봐도 그렇고 뒤에 토론과정을 봐도 그렇고 이 두 주제를 하루에 다 소화하려고 했던 건 기획 자체가 과욕이었다는 반성을 하게 됐습니다. 그중 하나만 갖고 내내 토론했어도 시간이 충분하지 못했을 것 같아요. 그래서 오늘 모임에서라도 논의를 한 주제로 한정하는 것이 현명하겠다는 생각이 들었습니다. 인문학/대학 문제는 몇마디 논평만 하고 넘어가고 문학에 관한 논의에 치중하는 게 생산적이지 않을까 합니다. 인문학/대학 문제도 저만 논평하고 끝내기는 섭섭하니까 되도록 모두발언을 일찍 끝낸 다음 질의응답이나 토론을 좀 하고 문학 논의로 넘어가겠습니다.

그런데 대학 문제도 중요하지만, 문학이 중요하다는 것은 딱히 내 개인이 문학평론가를 자처해서라기보다 한 사회의 바람직한 발전을 위해 문학 독서, 문학 논의가 필수적임을 재차 강조하려는 것입니다.

재차 강조하는 이유는 이에 대한 충분한 인식이 우리 사회에 없지 않은가 싶기 때문이죠.

첫째로 생활하고 학문하는 과정에서 '읽고 생각하기'는 넓은 의미의 문학비평 작업입니다. 둘째로 상당수 한국 지식인들이 자기가 문학전공자가 아닌 경우에는 문학을 몰라도 된다고 생각하고, 심지어 문학전공자들도 작품 읽기보다 '썰 풀기'에 골몰하는 것은 모든 지적 작업의 기초가 되는 '비평작업'에 대한 인식부족과 더불어 지식인의 고질적 병폐인 관념성이 '실물'의 도전을 겁내는 경향도 작용하는 것 같습니다. 그러니까 살아 있는 현실 앞에서, 실물 앞에서 뭔가 겁이 나고 대면하지 않으려고 자꾸 관념을 만들어내는데, 이게 어떻게 보면 인간의 속성이기도 하죠. 그런데 이런 경향이 지식인들 가운데 특히 심한 것 같아요.

가령 지난 시간에 황정아 교수가 발제를 했는데, 그 발제문의 직접적인 소재가 나의 『손님』론'이었고, 내 글은 황석영 장편소설『손님』에 관한 이야기인데, 여러분 중 읽으신 분들이 얼마나 되는지 모르겠어요. 이 경우에는 나의 문학평론도 일종의 실물에 해당하는데, 그 실물을 얼마나 읽으셨는지, 뭐 손들어보라고 하지는 않겠습니다.(웃음) 그것은 발제자가 직접 다루기도 하고 길이가 짧으니까 읽으셨다 하더라도 사실은 황석영의 『손님』도 읽고 얘기해야 제대로 얘기하는 거죠. 황석영의『손님』론까지 읽었다 하더라도, 그 읽고 얘기하는 방식에 따라서는 진짜 현실, 황석영이 뭔가 생각하면서 글을 쓴 생생한 현실을 우리가 외면하는 수단으로 적당히 토론하는 방법도 있어요. 그렇지만 일단은 작품을 읽고 작품에 관한 평론이 있으면 평론을 읽고 황정아 선생의 논문도, 지난번에 안 본 분들이 있으면 뒤늦게라도 찾아 읽으셨길 바랍니다.

# 한국의 대학과 게릴라전

　그럼 대학/인문학론에 관해서 몇마디 하겠습니다. 백영서 교수가 발제문에 '독서노트'라고 겸손한 부제를 달았지만 사실은 여러분이 앞으로 독서하고 연구할 과제를 엄청나게 안겨준 특강에 해당합니다. 우리가 어디 가서 특별강연을 들으면 그 자리에서 듣고 또 약간의 토론시간이 주어지는 경우도 있지만 거기서 들은 얘기를 두고두고 반추하면서 읽을거리를 읽고 그래야 하는데, 그런 특강이었다고 볼 수 있습니다. 사실 이 주제를 직접 다룬 내 글은 산발적인 논의 몇개에 불과하고 거의 전부를 발제자가 언급한 셈입니다. 그런데 문제는 많지 않은 글들이 이리저리 가지쳐서 나아간 논의를 따라가며 공부하려면 그것도 간단치 않다는 점이고, 이 점을 제대로 실감한 것도 공부의 진전이 아닐지 하는 생각도 해보았습니다.

　발제자는 '대학문제에서도 이중과제론은 유일한 현실적 대안'이라는 과감한 주장, 나로서는 감동적인 주장을 하고 출발했는데, 이는 당장에 토론 정리자의 질의대상이 되기도 했습니다. 정리자의 글을 인용하면, "적응의 관점에서는 이해되지만 극복의 관점에 이르면 모호해지는 감이 있다. (…) 극복에 대한 관점을 지니는 것이 중요한 만큼이나 극복의 상을 갖는 것도 중요하다는 생각이 든다. 그러지 않으면 극복의 태도는 현재의 개혁적이고 타협적인 적응에 따르는 비판들을 분식하고 유예하는 방편으로 기능할 수도 있을 것 같다"고 말했는데 사실 이런 비판은 꼭 대학문제만은 아니고 이중과제론 전반에 대해서 언제든지 제기될 수 있는 문제입니다.

　실제로 여러분의 독서목록에 김종철 선생이 이중과제론을 비판한 글이 있죠. 그 글에도 드러나듯이 극복을 표방하는 게 사실은 순응으로서의 적응의 겉치레에 불과하지 않느냐는 비판은 이중과제론 전반에 관해 제기될 수 있는 것이기도 합니다. 그런데 '극복의 상'을 갖는 것이 중요하긴 한데 미리 너무 구체적인 상을 만들어놓고 출발하는 것은 현명한 방식은 아닙니다. 그게 오히려 극복에 장애가 될 수도 있고, 일종의 관념의 유희로 끝날 수 있는 것이지요. 그리고 다시 정리자의 질문에 있는 말인데 "현재와 같은 대학체제를 극복한다는 것은 대학의 갱신을 목표로 하는 것일까, 아니면 대학이라는 근대적 제도를 넘어서는 걸까"라는 이분법으로 접근할 일도 아닌 것 같습니다. 흔히 개량이냐 혁명이냐 이런 논쟁을 많이 하잖아요? 이것도 그런 발상인 것 같은데, 사실은 그렇게 이분법적으로 생각하는 것도 하나의 타성일 수 있다는 생각입니다.

그리고 발제의 결말에 가서 발제자가 제시한 쟁점들은 별로 토론되지 않은 듯합니다. 그러나 학습과제로는 여전히 유효하다고 생각되며 학습에 일조하고자 두가지 논평을 덧붙이고자 합니다.

첫번째 쟁점은 발제문에 소제목으로 붙어 있는 '제도로서의 대학의 역할'입니다. 거기서 대학 내에서의 '기회주의적이고 과외활동적인' 작업을 언급했는데, F. R. 리비스라는 사람이 쓴 표현이지요. 여기서 나는 대학인의 경우에, '대학 내에서'라는 점에 유의할 필요가 있다고 생각합니다. 대학 바깥에서의 지적 작업도 물론 중요하지만 리비스 발언의 취지는 대학제도 안에 있는 사람이 그 제도를 어떻게 기회주의적·과외활동적 또는 게릴라식으로 활용할지를 끊임없이 고민하자는 것입니다. 흔히 이런 리비스의 발상을 가져와 대학에서 교수나 정규교원으로 활동하면서 밖에 나가 또다른 활동도 하는 것, 이것을 과외활동이라고 하는데, 그것은 누구나 어느정도 하는 것이고, 자칫하면 학교 내에서 적당히 지내고 밖에 나가서도 적당히 활동하

고, 이런 것을 그냥 결합하면서 편해지려는 방법이 될 수 있거든요. 물론 리비스도 대학 바깥에서 잡지도 만드는 등 활동을 했습니다만, 이 사람이 얘기하는 것은 대학 안에서 자기들이 월급 받고 하는 일들, 강의하고 채점하고 하면서도 교수로서 갖고 있는 여러 권한이나 활동에서 현재 대학의 흐름에 안 맞는 활동을 할 수 있는 틈새를 어떻게 끊임없이 찾아낼지 고민하자는 뜻이거든요. 이 점은 여기 대학에 계시는 분들은 더 유의하면 좋을 것 같습니다.

 게릴라전을 주창했습니다만 사실 게릴라전만으로 전쟁을 이기지는 못하죠. 게릴라 군대가 전쟁을 이기는 방법이 두가지가 있는데, 하나는 게릴라전을 하면서 힘을 길러서 어느 시점에 총공세·전면전으로 나아가 이기는 방법이죠. 가령 베트남 같은 경우가 그런 거죠. 프랑스하고 싸울 때도 그렇고 나중에 미국하고 싸울 때도 그랬고. 물론 미국하고 싸울 때는 북베트남이라는 기지가 있었지만, 게릴라전으로 계속 괴롭히다가 프랑스하고도 디엔비엔푸에서 전면전을 벌여 승리했고, 또 남베트남과의 전쟁에서도 승리했습니다. 또 하나는 게릴라전을 계속하면서 적의 진을 뺀 다음 어떤 전체적인 계기가 마련됐을 때 휴전을 하고 협상을 하면서 자기들이 원래 원하는 것의 큰 부분을 받아내는 방법입니다.

기왕에 게릴라전이라는 비유를 썼으면, 우리 한국 대학에서는 어떤 전망을 가지고 게릴라전을 할 것인가 생각해봐야겠죠. 가까운 시기에 전면전이 벌어질 것 같지는 않아요.(웃음) 현재 실력 차이가 너무 나고. 그렇다고 기성체제가 타협이나 양보를 안 할 수 없게 되는 그런 계기가 언제 올까, 그런 것을 강요할 만큼 지금 우리가 게릴라전을 활발하게 하고 있는가 이런 것도 의문입니다. 세계체제 차원의 대변혁이 온다면 당연히 한국 대학에도 어떤 변화의 계기가 오겠지만, 저는 그에 앞서 한국 대학에 기회가 온다면 그건 분단체제 극복 과정에서 굉장히 유동적인 사태가 벌어지면서 어떤 틈새가 생기는 게 아닐까 생각하곤 하는데, 이건 여러분이 더 두고 검토해보면 좋을 것 같습니다.

두번째 쟁점은 '비평과 학문'이라는 것인데, 이것은 앞서 말한 문학의 중요성과 함께 생각해보아야 할 문제죠. 여기서 발제자가 말한 비평이라는 것은 내가 좀 넓게 해석한 문학비평하고도 통하는 것이고요. 또 2, 3회차 공부모임에서 논한 '진과 선의 융합' 문제, 발제자는 '진·선·미의 결합'이라고 얘기했는데, 여기서 길게 논의하기는 어려울 테고 6회차쯤에 가서 더 진전된 논의가 있길 바랍니다.

마지막 쟁점은 '수월성과 공정성, 그리고 지혜의 위계질서'입니다. 나는 개인적으로 '수월성'이라는 말을 아주 싫어해요. 이게 슈우

에쓰세이(秀越性)라는 일본말에서 온 거 아니에요? 우리말에 탁월성이라든가 우수성이라는 말이 있는데도 일본 사람들이 수월성이라는 말을 쓴다고 해서 그대로 받아들인 건데, 우리말의 '수월하다'는 '손쉽다'라는 전혀 다른 뜻이잖아요. 일본말에는 그런 혼동의 우려가 없습니다. 이런 경우가 많이 있죠. 우리가 일본말을 그대로 받아들이면 우리말에 교란작용이 곧잘 일어납니다. 가령 '학제적'이란 말 쓰잖아요? 우리말에서는 6년제나 3년제냐 하는 것도 학제 문제인데, 일본어에서는 그 학제(學制)와 '학문과 학문 사이'라는 뜻의 학제(學際)가 발음이 다릅니다. 여기서 일어나는 코믹한 사태는 거기다가 사이 간(間) 자 하나를 더 붙여서 '학제간(學際間)'이라고 하는 겁니다. 불필요한 말을 중복해서 쓰는 거죠.

이런 문제가 있어서 제가 '수월성'이라는 말을 싫어하는데, 그와 별도로 막연하게 수월성을 척도로 삼는 일 자체가 현대 대학의 어떤 변질이랄까, 신자유주의적인 평가와 직접 통하는 길이라고 봅니다. 발제자는 수월성 개념 자체를 문제삼기보다는 국제경쟁력이나 국가와 자본의 필요에 의해 그 의미가 왜곡된 수월성이라고 했는데요. 원래 분야마다 무엇이 탁월한가에 대한 기준이 있게 마련이에요. 과학 분야에서는 과학적인 정확성·참신성, 사회과학 분야에서도 과학성이라든가 사회적인 적합성(relevancy) 등 여러가지가 있는데, 각 분야마다 다른 우수성의 척도를 일괄적으로 excellence라고 이름 지어놓고 계량화해서 평가하는 게 신자유적인 대학평가 방법인데요. 그래서 excellence 개념 자체가 문제가 있다고 보는 겁니다. 이것은 내가 처음 하는 얘기가 아니라 빌 레딩스(Bill Readings)라는 사람이 『폐허의 대학』이라고 우리말로 번역된 *The University in Ruins*(1995)라는 책에서 꽤 강조하는 이야기입니다.

## 리얼리즘론과 분단체제론, 그리고 『손님』론

그다음에 나의 문학평론을 가지고 황정아 교수가 발제를 했지요. 내가 알기로 다른 지면에 출판하려고 쓴 글인데, 이런 글들이 여기저기 나오면 나도 좀 뜨겠다는 생각을 했습니다.(웃음) 그런데 토론용 발제로는 초점을 벗어난 논의를 유발하는 효과가 있었던 듯합니다. 예컨대 사실주의/리얼리즘의 변별 내지 그 연관성에 대한 논의가 문학에서 굉장히 중요한 문제인 건 맞습니다. 그렇지만 학계나 평단에서 상투적이고 소모적인 논의를 낳는 대표적인 사례이기도 합니다. 앞에서 언급한 지식인의 병폐가 잘 드러나는 사례인지도 모르겠습니다. 그래서 나도 이 문제를 간헐적으로 논하면서도 또 어떤 때는 일부러 기피하기도 하고, 그야말로 양가적인 태도를 보여왔는데, 2015년에 쓴 「근대의 이중과제, 그리고 문학의 '도'와 '덕'」에서는 처음부터 이중과제론의 관점에서 접근했어요. 황정아 교수도 리얼리즘/모더니즘 대립을 그런 관점으로 재해석하기도 했는데, 처음부터 그런 접근을 택했으면 토론이 우리 수업의 원래 주제인 이중과제론에 더 밀착할 수 있지 않았을까 생각했습니다.

---

**백낙청 「근대의 이중과제, 그리고 문학의 '도'와 '덕'」(2015)**

『창작과비평』 2015년 겨울호, 122~23면

사실주의 문제가 계속 무시 못할 관심사로 남는 것은 그것이 근대인이라면 누구나 마주치는 '근대적응과 근대극복의 이중과제'에 직결된 문제이기 때문이다. 다시 말해 사실주의는 근대과학의 정신과 불가분의 관계인바, 중세 신학 또는 철학의 자의적인 우주론을 청산하고 현실에 대해 한층 정확하고 공유 가능한 앎을 추구하는 자세라는 점에서는 마땅히 성취해야 할 근대성의 일부이다. 반면에 과학의 정신이 현실 앞에서의 그러한 하심(下心) 내기가 아니라 인간이 과학을 통해 현실을 다 알 수 있고 나아가 과학기술을 통해 멋대로 바꿀 수 있다는 근대주의 이데올로기로 전환할 때, 적어도 진정한 문학과 예술이라면 비판하며 극복을 시도하지 않을 수 없다. 근대의 위대한 문학은 과학의 정신과 동반 생성했기에 사실성에 대한 존중이 남다를 수밖에 없으면서도 과학주의, 기술주의 및 근대주의를 발본적으로 넘어서야 하는 이중의 과제를 안게 되는 것이다.

한때 한국평단을 뜨겁게 달구었던 '사실주의와 구별되는 리얼리즘' 논의도 이런 각도에서 재론한다면 한결 생산적일 수 있지 않을까 한다. 곧, 양자가 무엇이 같고 무엇이 다른가를 열거하는 방식보다 '리얼리즘'으로 호명된 것이 사실주의와 모더니즘 (및 포스트모더니즘) 등에 비해 '근대 적응과 근대극복의 이중과제'를 얼마나 더 원만하게 수행하는가를 가늠해보는 것이다. 사실주의에 국한되지 않는 '진정한 리얼리즘'을 옹호하는 입장에서도 리얼리즘을 궁극적인 해체의 대상으로 설정하기에 이른 것은, 단지 '리얼리즘'과 '사실주의'를 동일시하는 주류학계의 관행 때문에 그 낱말이 사용하기 번잡하고 난감해져서가 아니라, 이중과제 수행의 현 국면이 모든 형이상학적 개념과의 결정적인 결별을 요구하는 지점에 이르렀기 때문이다.

발제 자체에 그런 유발효과가 있는데, 내가 보기에는 정리자도 말려든 것 같아요.(웃음) 정리자의 말을 인용합니다. "백낙청의 리얼리즘론은 단순한 '사회적 사실'의 핍진한 서술을 넘어 총제적인 '삶의 진실'을 추구하려는 문학적 태도로 볼 수 있는데 이때 작품 평가의 기준이 되는 삶의 진실을 어떤 기준에 따라 판별할 수 있을까." 그러니까 사실주의와 리얼리즘, 이 관계만 가지고도 잘못하면 늪에 빠질 수 있는데, '삶의 진실을 말하는 게 리얼리즘이라고 치자, 그러면 그게 작품 평가의 진짜 기준이냐', 이렇게 나가기 시작하면 점점 더 관념적인 얘기로 빠지게 되는 것 같아요. 사실은 작품 평가의 기준을 객관적으로 정할 수 있다는 발상 자체가 나의 문학관과 거리가 멀고, 내가 어떤 작품을 좋게 보는지가 『손님』론에서 어떻게 드러나는지를 실사구시적으로, 그야말로 실물을 놓고 확인해보는 게 좋지 않나 생각해요. 나아가 사실주의가 놓칠 수도 있는 삶의 진실이 있다는 데에 동의한다면, 작품 『손님』이 그러한 진실을 얼마나 포착했고 어떤 점에서 미달했는가를 검증할 일입니다. 황교수는 나름으로 그 작업을 하고 있죠.

그리고 정리자가 리얼리즘과 모더니즘 간의 '통일전선'을 구축하는 작업을 얘기했어요. '좌우합작'이라는 표현도 썼고요. 이것도 비유로서는 좀 안 맞는다고 생각합니다. 정리자 스스로 그것이 '회통론'과 다르다고 말했지만, '통일전선'은 상이한 노선들을 하나로 통일하는 게 아니라 노선이 다른 여러 다른 세력들이 특정한 전략적인 과제를 위해서 이룩하는 연합전선이거든요. 문학에서 '통일전선'이 필요하다면, 이것은 문학적 소신이나 성향이 다른 문인들 내지 문학 그룹들이 특정 과제를 위해서 연대하는 일이죠. 그러니까 이것은 리얼리즘/모더니즘이라기보다 혹시 리얼리즘 진영의 문인, 모더니즘

진영의 문인이 있다면, 그 문인들이 리얼리즘이나 모더니즘에 대한 소신이 다르다고 해서 괜히 갈라져 싸우지 말고 모두 합쳐서 어떤 일에 힘을 더하자는 전략이 되는 겁니다. 그리고 그 전략을 채택하고도 어떤 문학이 더 좋고 어떤 문학사상이 더 적절한가에 대한 치열한 토론은 당연히 지속되어야 한다고 봅니다.

황석영의 『손님』은 웬만한 교양인이라면 읽어볼 만한 소설입니다. 황석영 선생이 오랫동안 감옥생활을 하고 나와서 처음 쓴 작품이 『오래된 정원』인데, 제가 볼 때 조금 지루한 부분도 있지만 열심히 쓴 작품인 것은 틀림없죠. 『손님』은 그것보다 짧으면서 훨씬 더 잘 읽히는 좋은 작품이라고 생각해요. 그래서 교양인이라면 읽어볼 만한 소설인데다, 지금 때를 만난 작품 아니에요?(웃음) 남북교류 활성화가 예견되는 현 시점에서 더욱이나 그러합니다. 나의 『손님』론은 분단체제에 대한 사회과학적 논의와 문학평론의 상보 가능성을 탐구한 평론이라는 점에서 창비담론 아카데미의 공부거리로 적절한 면이 있지만, 다른 한편으로는 사회자가 그날 지적했듯이 이중과제론과 연결하려는 우리들의 추가적인 노력이 필요한 평론입니다. 저 자신은 당시에 그런 걸 제기하지 않았으니까요.

발제자 자신은 저의 『손님』론을 대체로 호의적으로 소개하는데, 이에 동의할지 여부를 각자 점검해보는 것이 생산적인 공부일 듯합니다. 발제자가 저에 대해 호의적인 평가를 했지만 한가지 더 욕심을 낸다면요. 내가 『손님』에서 아쉬운 점으로 이런 것을 꼽았어요. "수많은 남녀가 출현하지만 대화의 형태로든 혼자서 회상하는 형태로든 자기 몫의 일인칭 서술을 배당받은 여자 귀신이 하나도 없다"는 것을 지적했는데, 이런 것도 좀 평가해주면 좋잖아요?(웃음) 대단한 여성주의 비평이라고 내세우는 건 아니지만 페미니즘적 시각의 중요성과 무관하지 않은 얘기지요. 어쨌든 이런 대목을 계기로 황석영의 다른 작품, 또는 다른 중요 작가의 작품에서도 유사한 문제점이 드러나는지 탐구해볼 만하다고 생각합니다.

내가 황정아 선생의 평론하고 전혀 무관한 주문을 하는 것이 아닌게,『손님』에서 이런저런 문제가 생기는 원인의 하나로 작가가 작중인물과 거리감을 충분히 안 두고 있는 것 같다고 지적하셨던데, 나는 제대로 된 여자 귀신이 안 나오는 것도 그것과 무관하지 않다고 봅니다. 여기는 특정 인물과 작가의 거리가 부족하다고 말할 대목은 아니지만, 전반적으로 작가가 류요섭 목사의 관점을 채택하고 있고, 어떤 대목에서는 작가 자신이 류요섭이 전혀 다른 인물임에도 둘이 뒤섞이는 대목이 있다는 지적도 했습니다. 주로 류요섭 목사의 관점에서 서술된 귀신이 나오는 장면에 여성이 안 나타나는 것은 황석영 작가의 관점이 류요섭 목사에 상당히 차용되어서 그런 게 아닌가 생각해요. 더 발전시키면 우리가 분단체제 극복작업에서 마음공부가 중요하다고 했는데, 분단체제를 제대로 인식하고 분단체제 극복과정에 실질적인 도움이 되는 문학을 쓰기 위해서도 작가가 작중인물과 거리를 두어야 할 때는 두고 동일시할 때는 동일시하는, 그런 마음작용에 대한 훈련이 필요한 것 같아요. 이 대목을 가지고 길게 얘기할 건 아니지만, 우리가 그전부터 얘기해오던 마음공부와 무관하지 않으니 나중에 더 논의하면 좋겠습니다.

오늘은 내가 상당히 시간을 절약했기 때문에, 대학 얘기를 좀더 할 시간이 남은 것 같습니다. 우선 내가 한 얘기라든가 지난주에 백영서 교수가 발제한 내용에 대해서 질문하거나 논평하고 싶은 얘기가 있으면 휴게시간에 들어가기 전에 해주시기 바랍니다. 먼저 백영서 선생께서 한마디 해주시죠.

## 학교현장에서 부딪치는 난관에 대한 성찰

**발제자2(백영서)** 저는 선생님이 오늘 주로 다뤄주신 첫번째 쟁점하고 마지막 쟁점에 대해 다른 분의 의견도 듣고 싶고 선생님의 말씀도 더 듣고 싶은데요. 왜냐하면 제 자신이 이제 2주 후면 제도 안에서의 대학교수 생활을 마치게 되는데, 이번에 발제를 맡으면서 제 마음을 많이 기울여서 제 자신의 교수 생활 30여년을 돌아봤어요. 과연 제가 성취한 것은 뭐고, 하지 않은 것은 뭐고, 못한 것은 뭔가 하는 것들을 좀 정리하고 싶은 욕구가 있었어요. 그런데 그날 이런 것을 다 얘기할 수 있는 것도 아니고, 또 제 얘기, 경우에 따라서는 실존적인 고민까지 드러낼 상황도 아니었는데,(웃음) 그런 점에서 보면 이 쟁점은 계속 저도 고민해보고, 꼭 이 자리가 아니더라도 더 생각해보며 다른 분의 얘기도 들어보고 싶습니다.

우선 첫번째로 저는 선생님 말씀 들으면서 제가 바로 그런 태도였나, 제 스스로 제도와 운동을 넘나든다고 했는데 세칭 명문대학의 교수로서 학교 안의 보직도 많이 했고 창비의 주간도 했는데, 그게 다 잘한 게 아니고 알리바이 비슷하게 작용하면서 대학 안에서도 충분히 못하고 밖에서도 충분히 못한 게 있지 않나 하는 생각을 해보게 되었습니다. 저는 아직도 고민해요. 제도 안에서 틈새를 찾아보려고 애썼고, 그 틈새가 없다고 접어두기는 너무 허망하죠. 그래서 제가 지난번에 조직이라는 얘기를 했어요. 선생님이 초기에 쓰신 글에 나온 '조직이 허용하고 요구하는' 같은 표현에 대해 토론도 했는데. 그래서 제가 지난번 발제 때 10명의 동지만 있었으면 100명의 교수집단을 어느정도는 바꿀 수 있지 않았을까라는 얘기도 했습니다. 대학 내에서의 기회주의적이고 과외활동적인 작업이라는 리비스의 얘기도 좀더 들어보고 하겠습니다만, 틈새를 활용해서 사람을 모으고 조직을 바꾼다면 대학 안에서든 또는 대학 밖과의 연결이든 제대로 할 수 있는 것이 아닌가, 그것을 조금 더 했어야 했는데 못한 게 아닌가 돌아보게 되었다는 점을 말씀드리고 싶습니다.

다음으로 비평도 굉장히 중요한 대목이라는 생각이 들었어요. 저는 그래서 비평으로서의 역사학이라는 것도 가능하지 않을까 싶습니다. 선생님이 말씀하시는 넓은 의미의 비평이라는 것은 텍스트를 꼼꼼히 읽고 생각하는 건데, 그건 인문학에 다 해당되는 것이죠. 역사학도 제대로 못하고 있는 것이 아닌가, 과학으로서의 역사학이라고 해서 너무 실증적인 생각만 하는데 오히려 비평으로서의 역사학을 좀더 강조하는 것도 대학에는 필요할 것 같습니다. 역사학과 대중이 만나는 것도 그 과정에서 충분히 가능한데, 그런 것이 더 필요하다는 점에서는 선생님이 쓰신 문학평론에서의 비평의 역할을 잘 가져와 확장하는 것도 굉장히 중요하겠다는 생각이 들어서 쟁점으로 제안한 정도고요. 수월성, 저는 이 용어를 익숙하게 쓰다보니 갖다놓고 말았는데, 내용적으로도 우수성 그 문제는 정말 고민이 많은 문제라는 정도로 우선 마무리하겠습니다.

**발언자6** 저도 학내에서 한층 바람직한 학교를 만들기 위해서 나름대로 노력하고 동료교사들과 생각을 교류하고 때로는 관리자들과 싸우기도 하고, 제도 전체를 바꾸기 위해서 각종 토론회도 하고 책도 쓰고 칼럼도 쓰고 하면서 살고 있죠. 그런데 사실 학교 안의 일과 학교 밖의 일 두가지를 동시에 하는 것은 매우 힘듭니다. 그래서 외람된 말씀이지만 제가 나이를 먹을수록 학교 내에서는 에너지를 축적하기 위해서 선생님들하고 가급적 사이좋게 갈등 없이 생활해야지

(웃음) 밖에 나와서 글도 쓰고 토론회에서 어떤 주장도 하는 게 가능하더라고요. 두가지를 동시에 하는 것은 존경은 할 수 있을지언정 모든 사람에게 요구하는 것은 어려운 것 같다는 생각이 듭니다. 또 이것은 완전히 제 개인적인 경험인데, 아이들과 수업을 하면 한시간 내내 떠드는 아이들이 한 반에 3분의 1은 있단 말이죠, 잠도 안 자고 끝까지 떠드는 아이들한테, 내가 한번 도 닦는 마음으로 마음공부한다 생각하고 화 안 내고 끝까지 말로 설득해보는 것을 올해의 목표로 삼고 있는데, 이것이 생각보다 매우 힘듭니다.(웃음) 아이들과 겉으로는 웃으면서 지내지만 감정소모가 너무 크더라고요. 아이들과 학교에서 생활하다보면 내가 지금 이렇게 밖에서 활동하는 것이 현실과 동떨어진 사치스런 행위가 아닌가, 요즈음에는 개인적으로 그런 생각도 좀 하고 있습니다. 아이고, 제가 다른 얘기를 한 것 같네요.

**백낙청** 아니에요, 좋은 말씀입니다. 아무래도 대학하고 중·고등학교는 사정이 전혀 다르고, 대학도 천차만별 아니에요? 그래서 각자가 알아서 하시는 거고, 되도록이면 동료들하고 좋은 관계로 지내는 것이 좋습니다.(웃음) 저도 그러려고 노력을 많이 했고요. 싸우기도 많이 했고 주로 깨졌지만요.(웃음) 그런데 원론적으로 얘기하면 게릴라라는 건, 게릴라도 매일 싸우는 사람은 아니잖아요, 어떤 때는 위장을 하고 한 90퍼센트는 좋게 지내는데, 그 목적이 10퍼센트의 틈새가 생겼을 때 치기 위해서라는 거죠. 그래서 여력이 있으면 그렇게 하는 게 적어도 리비스가 말한 취지에는 맞지 않나 싶어요.

**발제자2** 제가 사회자는 아니지만 초점을 맞추기 위해서 이야기를 하면, 그러니까 이중과제론으로 대학을, 학문을 본다는 것에 대해서 어

떤 시각을 가지고 계시는지요. 대학이나 학문 문제를 보는 데 이중과
제론이 유효하고 도움이 된다고 보는지, 저는 제 나름대로 주장했고,
정리자가 평가를 달리하시기도 했는데, 다른 분들은 적용 가능하고
적절하고 유효하다고 보시는지 실감을 들어봤으면 좋겠어요.

**발언자7** 대학문제를 이중과제론하고 연결시켜 저도 이런저런 고민을
해봤는데, 분명한 사실 하나는 있는 것 같아요. 고교 졸업자의 많은
수가 대학에 들어오고, 이 젊은이들이 잘 커서 미래를 책임져야 하
는데 낡은 질서와 문화로부터 엉뚱한 영향을 많이 받아 이상한 생각
을 하게 되지 않습니까? 이런 상황에서 제가 접촉할 수 있는 범위 내
의 학생들이라도 대안적인 생각을 할 수 있게끔 하는 것이 게릴라적
인 거라고 생각합니다. 하여튼 교수로 있는 한은 미래의 주인공을 가
르친다는 아주 분명한 사실이 있는 것 같아요. 또 하나는 근대의 이
중과제가 누구에게나 명백한지는 모르겠지만, 어쨌든 우리가 근대를
무조건 긍정할 건 아니고 극복해야 하는 것처럼, 젊은이들이 나가서
취직도 하고 적응도 하는 한편 극복도 바라봐야 하니까, 명백해지는
부분과 함께 책임이 무거워지는 부분이 있는 것 같습니다.

**발언자8** 적응과 극복, 그리고 수월성. 저는 수월성이 일본어에서 온
걸 처음 알았고 그동안 계속 썼기 때문에 반성을 하게 되네요.(웃음)
세속적인 발언일지 모르겠지만 홍콩과 싱가포르, 토오꾜오 등에서
뭘 하고 있는지를 계속 봐야겠고, 그러면서도 수량화된 경쟁에 휘말
려서 다른 모든 차이와 수많은 가능성들을 없애버리는 공대식 스탠
더드를 적용하는 것이 얼마나 폐해가 심한가 이런 것들도 봐야겠습
니다. 어디가 어떻게 변하고 있는지를 대학이 명확하게 제일 빨리 알

아야 하고, 그러면서도 어디가 새로운 것을 한다고 무조건 쫓아가는 것이 만능이 아니기에 그것이 낳는 부작용들도 충분히 이해하면서 극복할 수 있는 길을 제시하는 것이 대학의 임무입니다. 따라서 대학은 결코 포기해서는 안 되는 공간이라는 생각을 합니다. 하지만 이제 싸움의 방식이 시기별로 계속 바뀌고 싸움의 공간도 계속 바뀌는 측면도 생각해야 하는 게 아닌가 합니다. 자꾸 특정 대학만 얘기하게 돼서 그렇지만, 예전에는 서울대가 전국의 인재들이 모여드는 공간이었지만 지금은 강남3구에서 오는 학생들이 절반 이상인 상황에서 방식이나 쟁점 같은 것이 달라지는 복잡한 문제가 생기고 있습니다. 예전에는 한국문제만 생각했다면 동아시아, 세계, 온갖 것들이 얽혀 들어와 있는 공간이 돼서 문제가 좀더 복잡해지는 것 같습니다.

**백낙청** 내가 처음에 대학문제는 간단히 언급하고 넘어가자고 말하지 않고 열어놨으면 훨씬 더 많은 얘기가 나올 것 같네요. 그런데 애초의 방침대로, 한분쯤 더 말씀하실 분 있으면 말씀하시고 휴식을 하도록 하죠.

**발언자9** 저는 지금 맥락에서 우리가 짚어봐야 할 게 있지 않나 싶어서 말씀을 드립니다. 대학이 신자유주의적 경쟁논리에 빠져서 획일화되는 것에 대한 문제제기는 무조건 타당하다고 생각하는데요. 그런데 좀 다른 시선으로, 예를 들면 대학이 신자유주의적인 게 아니라 좀더 긴장된 경쟁논리가 필요한 곳이라고 했을 때 그것에 대해서 우리가 저항해야 하는지 받아들여야 하는지는 고민해볼 필요가 있지 않나 합니다. 그러니까 각각 놓여 있는 환경의 특수성이 있을 거라는 생각을 합니다만, 저는 다른 분야에서 직장생활을 오래 하다가 뒤늦게 대학교수로 가게 된 약간 특수한 경로입니다. 대학사회라는 것을 3자 입장에서 보다가 그 구성원이 되었을 때 생기는 마찰을 느낀 것인지도 모르겠어요. 물론 밖에서 봤을 때도, 이런 얘기를 막 해도 되는지 모르겠는데,(웃음) 대학이 신자유주의적 사조에 대해서 정당하게 대항해도 될 정도로 성실한 구성원들이 모여 있는 집단이라고 생각하지 않았습니다. 전체적으로 이런 평가를 내리는 것도 위험하지만, 대학이라는 곳이 여전히 그렇게 성실한가에 대해서 의문이 있다는 것이죠. 물론 학문을 얘기할 때는 약간 게으름을 피울 여유가 있어야 창의적인 생각도 나고 아이디어도 떠오르고, 그것도 당연히 타당한 얘기라고 생각합니다. 그러나 대학의 구성원들이 창의적인 일을 위한 유보공간으로서 학내에서 게으름을 누린 게 아니라 오랫동안 습성에 젖어 게으름을 기본 전제로 가지고 있으면서 변명을 한 거 아닌가라는 생각도 좀 들고요. 어쩌면 내부에서 개혁이나 변화, 이중과제에서 보자면 극복할 수 있는 어떤 대안을 못 찾았을 때, 강압적이고 상당히 폭력적이어서 상당히 위험하긴 하지만, 신자유주의적 논리라는 것이 외부에서 요구된 또다른 압박이 아니었을까. 그렇다면 그것에 대해서 어떤 태도를 취하는 게 좋을지는 다른 시각이 있을 수도 있다고 생각합니다.

**발제자2** 저는 이중과제론을 대학이나 학문에 적용할 때 두가지 측면을 나눠서 볼 필요가 있다고 생각해요. 이중과제의 측면에서 연구의 우수성을 다시 정리할 줄 알아야 하고, 한편으로 대개는 연구만 얘기하는데 그러면 교육은 어떤 것이 우수한 것이냐에 대해서도 이중과제론을 적용해서 새로운 기준을 만들면 좋은데, 주변 교수들 보면 대개 싫어하더라고요. 열띠게 토론하려고 계획을 세웠더니, 귀찮으니

까 그냥 하는 식으로 끝나는 게으름도 있더라고요. 저는 그 문제를 깊이 파도 이중과제론이 충분히 적용될 수 있는 여지가 있다고 봅니다.

**백낙청** 네, 중요한 문제를 제기해주셨습니다. 대학에서 경쟁과 관련된 문제를 크게 두가지로 분류한다면, 하나는 경쟁이 없어서 생기는 문제고 다른 하나는 경쟁이 있어서 생기는 문제가 되겠죠. 상투적으로 풀이하면 경쟁할 것을 가지고 경쟁하고 경쟁하지 말 것을 가지고는 경쟁하지 말자는 건데, 그렇게 말하면 말은 맞지만 막연하지요.

발언자9께서 원론적으로 보면 그런 식으로 경쟁해서는 안 될 부분에서 경쟁이 다소 폭력적으로 부과됐을 때, 그게 우리 대학 현실에서는 긍정적인 효과를 가져올 수도 있지 않은가라고 하셨죠. 그러니까 문제가 참 사안별로 다르고 우리가 실물을 대면해서 봐야 하는 겁니다. 좋은 예가 IMF의 처방인데, 다 알다시피 그야말로 신자유주의적인 처방이고 전체적으로 한국경제에 막대한 피해를 입힌 것도 분명합니다. IMF 스스로 나중에 그런 것을 일부 인정하기도 했지요. 그렇긴 하지만 개혁이 너무 안 되어 있는 당시의 한국경제로서는 IMF한테 그렇게 얻어맞고 신자유주의 처방을 강요당한 것이 좋은 효과를 낸 면도 있지 않겠느냐고 물을 수도 있겠죠. 이것이 신자유주의를 변명하는 말이 돼서도 안 되고, 아무 때나 '사태가 그렇게 간단치 않다'라고 지적하면서 폼 잡아서도 안 되고, 당시 우리 경제의 상황과 일어난 일들을 실사구시적으로 정돈할 필요가 있는 거지요. 대학도 마찬가지인 것 같아요. 그러나 나는 이제 대학을 떠난 지 오래돼서 잘 모르겠는데, 전체적으로는 지난날 대학의 현실이 신자유주의적 레짐을 자초한 면이 있지만 결과적으로 신자유주의가 강화되면서 대학이 더 많이 망가진 게 아닌가 하는 인상을 가지고 있습니다.

## 이중과제론에 대한 원만한 인식으로서의 리얼리즘론

**백낙청** 잠시 휴식을 취했으니 다시 시작하죠. 황정아 선생 발제에 대해서는 내가 이미 몇마디 했으니까 이번 세션 논의는 아까처럼 발제자가 응대를 하는 것으로 시작하죠.

**발제자1(황정아)** 지난 제 발제가 분량도 너무 많았고, 논의 자체가 복잡한 면도 있어서 토론을 잘 이끌어가기에는 부족한 게 많았다는 생각이 들었는데요. 특히 백선생님께서 지적하신 대로 일단 이중과제론에서 출발해서 얘기를 풀어가야 했을 것 같습니다. 아까 말씀하신

그 여자 귀신 얘기는 충분히 공감하고요.(웃음)

지난번에 토론할 때는 관련된 질문도 나왔고 해서, 모더니즘과 리얼리즘의 구분, 단순히 문예사조로서가 아니라 세계를 바라보고 문화를 바라보는 중요한 두가지 차별 지점으로서 모더니즘과 리얼리즘 이념에 대해서 얘기했습니다. 이중과제론의 시각에서 봤을 때 근대가 지속하는 한 그것이 중요한 구별일 수밖에 없다, 그런 식으로 얘기하려고 했는데, 아무래도 리얼리즘-모더니즘 자체가 문예사조에서 출발한 용어이기도 해서 공감이나 토론을 충분히 끌어내기에는 부족했다는 생각이 듭니다.

그런 식의 커다란 구분 말고 실제로 작품을 읽을 때나 작품비평을 읽을 때나 어쨌거나 문학비평은 결국 어떤 평가나 결단을 내리는 문제잖아요. 아까 말씀하신 대로 어떤 실물로서 문학작품을 놓고 또다른 실물로서 어떤 현실에 대한 것을 끊임없이 생각하면서, 결국은 어떤 결단을 내리고 평가를 하는 지점까지 가는 것이 비평의 일이라는 생각입니다. 작품을 구체적으로 하나하나 읽어나가는 과정에서 내리게 되는 그 결단이랄까 판단의 문제에서 이중과제론이 계속 어떤 지평으로서 작용하는 것이 중요한 것 같습니다. 그런 사례 중의 하나로 『손님』에 나오는 등장인물에 대해서 어떤 태도를 취하는가라는 면에서도 이중과제론적 시각이 적용될 수 있다는 가능성을 얘기하시는 것 같아요. 그 점이 저는 오늘 들은 얘기 중에서 인상적이었고요. 생각을 좀 정리해서 다시 말씀 드리겠습니다.

**발언자10** 제가 지난 토론을 정리하면서 제기한 토론주제에 대해 생각을 보완해서 말씀드리고 싶은 부분이 있어요. 백낙청 선생님께서 제가 말한 '통일전선을 구축하는 작업'이 이상한 비유라고 말씀해주셨는데, 그 비유의 의도에 대해 덧붙이고 싶습니다. 지난 모임 때 주요한 논점이 리얼리즘과 모더니즘 가운데, 범박하게 얘기하자면 어떤 것이 근대 극복과 적응을 해나가는 데서 좀더 우수한 관점·사상·방법이냐에 대한 것이었거든요. 그것을 해명하는 데 논의가 모아지다 보니까, 그 대립구도가 좀 도드라진다는 느낌을 받았어요. 그런데 제가 정리문에 의견을 쓰면서 '좌우합작' 혹은 '통일전선 구축작업'의 대표적인 예가 백낙청 선생님의 비평이 아닐까라는 생각도 했거든요.

　1960년대 말, 70년대에서부터 이상(李箱)이나 김수영(金洙暎) 같은 작가를 거론하는 것도 그렇고, 「근대의 이중과제, 그리고 문학의 '도'와 '덕'」에서 박민규나 황정은 같은 작가들의 작품에서 드러나는 것들을 사실주의나 리얼리즘으로만 보지 않고 거기 나오는 비사실주의적인 기법까지 끌어들여 같이 이야기하는 것 자체가 협의의 리얼리즘과 모더니즘으로 진영화하는 방법이라기보다는 구획지어진 사조에 얽매이지 않고 같이 묶어서 하나의 태도를 만들어가는 과정으로 느껴졌습니다. 그래서 저는 한국문학을 두고 봤을 때도, 만약 한국사회에서도 리얼리즘과 모더니즘이라는 두 양분된 흐름이 있다면 그것을 진영화해서 얘기하는 것보다 그중 서로 좋은 작품들 내지는 하나의 목적 아래 같이 이야기할 수 있는 작품들을 찾아가는 태도가 중요하지 않을까 하는 생각이었던 것입니다.

**백낙청** 아까 내가 '리얼리즘 진영의 문인, 모더니즘 진영의 문인이 있다면'이라는 표현을 썼잖아요. 그것은 사실은 내가 생각하는 리얼리즘하고는 좀 다르다고 할까요, 진영이라고 하면 조금 더 낮은 개념이거든요. 리얼리즘 진영과 모더니즘 진영, 그렇게 차원을 낮춰서 리얼리즘과 모더니즘을 이해하면, 그것을 융합한다는 노력을 통일전선에 비유한다고 해서 꼭 잘못된 것은 아니지요. 발언자는 그게 회통론은 아니다 그랬지만 사실은 회통론이 그런 거예요.

그런데 내가 회통론에 대해서 비판적인 이유는 내가 생각하는 리얼리즘론은 많은 가담자를 확보하고 있는 대진영이 아니고, 근대의 이중과제에 대한 개념을 가진 이들이 제대로 된 리얼리즘론자라고 보니까 사실 수적으로는 현재 많지 않다는 겁니다. 그런데 회통론은 그런 리얼리즘이 아니고 사실주의라든가 대체로 그런 개념으로 환원 또는 격하·축소해놓고 그걸 모더니즘과 회통한다는 거지요. 그런 회통은 지금 발언자도 지적했듯이 내가 옛날부터 해오던 작업인데 새삼스럽게 리얼리즘과 모더니즘의 회통을 주장한다는 것이 그간 리얼리즘의 이름으로 해온 작업을 오히려 폄하하는 게 아닌가 해서 반론도 쓰고 그랬죠. 그래서 리얼리즘·모더니즘·사실주의 이런 문제를 좀 각도를 달리해서, 이중과제론적인 입장에서 접근해 근대의 이중과제에 대한 원만한 인식이 있는 것을 리얼리즘이라고 한다면 그 반대편에 그런 인식이 결핍되거나 매우 미흡한 예로는 사실주의도 있고, 모더니즘도 있고, 포스트모더니즘도 있다는 거지요. 그런 식으로 한번 바꿔서 생각해볼 수도 있겠다는 얘기를 한 겁니다.

## 페미니즘 비평과 『손님』론

**발언자11** 근대의 이중과제론을 이야기할 때 잘 연결시킬 수 있는 영역 중 하나가 페미니즘 비평이 아닐까 생각하고 있습니다. 특히 성차별을 이슈로 다루는 문학작품이 활발하게 쓰이고 있는 시점에서 과거의 담론에 갇힌 교조적인 작품 분석들도 다시 등장하는데요. 이중과제론과 페미니즘의 연관성 속에서 설득력 있는 현재적 비평이 나오지 않을까 기대하고요. 오늘 다루는 백선생님의 『손님』론을 다시 읽으면서 예전에 놓쳤던 여성인물 형상화에 대한 지적이 새롭게 와닿았는데요. 전체적 작품 분석에서 딱 한 대목을 짚으셨지만 이 작품의 아쉬운 한계를 정확하게 설명해주는 대목이었어요. 백선생님 평론의 상당부분이 전면적인 페미니즘 분석방식을 내세우지는 않지만 여성인식이나 여성인물의 형상화를 어느 대목에서인가 지적하는데 그 부분이 늘 인상깊게 와닿습니다. 신경숙의 「모여 있는 불빛」이나 『외딴방』을 다룰 때도 그랬고요. 이 작품이 왜 좋은가, 이 작품이 아쉬운 지점은 무엇인가를 설명하는 데 젠더적 관점이 정확하게 부각되는 좋은 예인데요. 다만 아쉬운 것은 그 대목에서 본격적인 이야기가 더 펼쳐졌으면 하는 건데(웃음) 딱 짚은 후에 다시 작품을 아우르는 큰 이야기로 가시는 거예요. 그래서 '이런 이야기 방식은 무엇일까?' 하는 생각을 하죠. 훅 던지고 더 얘기를 할 것 같은데 그냥 가는 느낌이랄까요.

**백낙청** 게릴라 전법이에요.(웃음)

**발언자11** 나름 페미니즘 비평을 공부해온 저로서는 예전에 백선생님 논평에서 날카로운 지적을 받은 적도 있어요. 제가 배수아 『에세이스트의 책상』을 단평으로 다룬 적이 있는데 나중에 선생님의 배수아 평문에서 각주로 '이 작품에서 성별의 문제가 아주 중요한 대목인데 평자가 한마디도 얘기를 안 했다'고 지적하시는 거예요. 내심 당황했는데요.(웃음) 생각해보니 제게 페미니즘 비평이란 뭔가 전면적으로 방법론을 내세운 지면에서 하는 것이라서 작품 단평에서 이걸 거론해야 하나 하는 생각이 있었던 것 같아요. 지금 시점에서는 작품의 전체적 면모의 조명 속에 녹아드는 페미니즘적 시각에 대해 고민이 많습니다. 몇년 전 백선생님의 『외딴방』론을 경유하여 비평을 쓴 적이 있는데요. 그때도 여성인물의 전형성에 대해 새롭게 돌아보는 계기가 되었습니다. 전형성에 관련해서 많은 비평들이 관습적이고 도식적인 전제들에 사로잡혀 있기 쉬운데요. 신경숙의 『외딴방』 같은 경우도 주인공이 구로공단 여성노동자의 전형을 형상화한다고 볼 수 없다는 당대의 비판들이 꽤 있었죠. 그런데 백선생님의 비평을 읽으면서 예외성과 대표성의 문제로 『외딴방』의 인물이 지닌 문학적 고유성을 깊이있게 분석하는 지점에서 좋은 공부거리를 얻을 수 있었습니다. 이중과제론적인 인식이 바탕이 된 평론이라고 생각되는데요. 지금 페미니즘 비평의 새로운 모색을 이루는 데 이중과제론적 인식이 유효한 거름이 되지 않을까 생각합니다.

황석영의 『손님』에 대한 기존 평론들 역시 상찬 일색이거나 아니면 전통적인 무가 서사 차용 방식, 해원의 문제 자체에 해석이 많은데요. 그런 점에서 백선생님의 『손님』론과 그것을 경유하여 다시 쓰인 황정아 선생님 평론 또한 이중과제론의 문학적 적용을 새롭게 생각해보게 되는 좋은 글들이라는 생각입니다. 여기저기 소개가 돼서 함께 토론해봤으면 좋겠습니다.

**백낙청** 기왕에 시작한 김에 문학평론 하시는 분들은 모두 말씀하고 자유토론을 하십시다.

**발언자12** 지금 이중과제론과 문학평론을 엮어서 논의하고 있는데 백선생님의 『손님』론 자체도 이중과제론에 대한 뚜렷한 의식을 갖고 쓰셨던 글은 아닌 것 같아요. 이중과제론이 문예이론이나 어떤 비평적인 기준으로서 진전이 됐다 할까, 그런지는 아직 잘 모르겠습니다. 근대성이라는 것 자체를 독해하는 틀로서는 이중과제론이 비평적 시야를 열어주는 것 같아요. 그런데 문학비평과 어떻게 연결되는지는 저한테도 사실은 과제인 것 같고, 감이 뚜렷하지 않습니다.

저는 작품 자체가 어떤 구도를 전제하고 있다고 느꼈습니다. 그것이 부분적으로 긴장이 떨어지는 이유 중 하나라고 생각합니다. 교양인의 필독서로서 의미심장하게 읽을 책인 것은 분명하지만, 작가의 최고작으로 보기는 어렵다는 생각입니다. 그런데 근대의 이중과제론이라는 개념의 도입 없이도 그런 평가는 얼마든지 가능한 것 같습니다. 군이 이중과제 얘기할 것 없이『손님』을 꼼꼼히 독해하는 것이 이중과제론을 인식하고, 인식 자체를 높이는 데 오히려 도움이 되는 것 아닌가 하는 생각을 했습니다.

**백낙청** 다른 개념의 경우도 그렇지만 우리가 개념의 틀을 미리 설정해놓고 그걸로 작품을 풀어나가려고 하면 안 되죠. 그러니까『손님』도 그렇고, 물건을 꼼꼼히 살펴가면서 여러가지 얘기를 하다가 어느 대목에 가면 이중과제론을 끌어들이는 게 담론수준을 높이는 효과적인 방법이 되겠다 싶을 때 집어넣는 것이죠. 문학평론이 학술논문과 다른 것은, 맞는 얘기를 하는 게 목적이 아니고 해당 작품과 자기가 상대하는 독자들에게 필요한 얘기, 적절한 얘기를 하는 것, 그 간을 맞추는 일이에요. 문학평론도 문학 곧 언어예술의 일부라고 말할 수 있는 근거가 거기 있다고 생각합니다.『손님』론의 경우는 제가 글을 쓸 당시에 이중과제론을 적용하자는 의식이 또렷하지 않았는데, 그거 없어도 이 정도로 됐다고 볼지 아니면 여기다가 이중과제론을 집어넣으면 더 재미있겠다고 볼지 여러분이 생각해보시기 바랍니다.

**발언자2** 이중과제론에서 이야기하는 적응과 극복이 서로 분리돼 먼저 적응을 하고 이후에 극복을 하고, 이런 문제가 아니라는 것은 창비담론 아카데미에서 공부하는 과정에서 이미 배운 바가 있습니다. 그래도 대학문제와 관련해 이야기했을 때는 적응의 상 자체가 그려지는 게 있고 그래서 그 부분만 초점화됐을 때 극복은 어떤 식으로 가능한가 하는 고민들이 만들어지는 것 같습니다.

그런데 문학비평을 할 때, 어떤 비평적 시야로 작품을 읽어낼 때 작품에서 그려지는 극복의 상 자체를 판별하기는 오히려 수월한 것 같은데 적응 자체를 판명하는 일은 굉장히 애매하다는 생각이 들고, 거기서 늘 작품에 대한 평가가 갈리는 것 같습니다. 이를테면 어떤 작품에 등장하는 인물 혹은 어떤 서술자의 관점, 작가가 작품세계를 그리는 방식에서 드러나는 태도 자체가 극복의 대안을 가지고 현실에 맞서는 적응의 태도라기보다는 굉장히 무기력하거나 그 현실에 완전히 매몰된 방식으로 보이는 경우들이 있습니다. 이를 이중과제적인 방식에서도 '적응'에 해당한다고 볼 수 있는지에 관한 판명에 곤혹을 느낍니다. 창비담론 아카데미에서 많이 쓰이는 말이지만 '간단치 않은' 문제구나 하는 생각을 하곤 합니다.(웃음)

**백낙청** 말문을 열기 위해서 문학 하는 분들에게 주문을 하다보니까 문학전공자들만 계속 발언을 해서 30여분을 썼습니다. 문학 안 하는 사람들이 나는 문학전공자 아니니까 문학 몰라도 된다는 태도를 제가 서두에 비판했잖아요?(웃음) 그런데 토론의 운영방식이 그런 분들이 침묵하기 좋게 만들어가는 것 같군요. 문학전공자가 아닌 분들 말씀해주셨으면 합니다.

## 근대의 추상수준이 야기하는 이중과제론 이해의 난관

**발언자9** 이중과제론에 대해서 여쭙고 싶은 게 있는데요. 저는 처음에 이중과제론을 공부하면서 근대 적응과 극복이기 때문에 이중과제론 이라는 것은 큰 담론체계 안에서 근대라는 것 혹은 근대성이라는 것, 지난주에 그 둘이 상당히 차이가 있다는 얘기도 했지만, 그러니까 근 대라는 것과 관련된 어떤 사안이나 현상에서 적응과 극복을 얘기하 는 거라고 이해했습니다. 그런데 논의가 확장되어 대학문제에 대해 서도 이중과제론으로 접근할 수 있다는 말씀도 하셨고, 그다음에 문 학에서 사실주의와 리얼리즘의 차이를 논할 때도 이중과제론을 적 용했는데요, 전 충분히 이해되지는 않지만. 어쨌든 이런 식으로 확장 되면 이중과제론의 범위 내지는 상위가 어떤 것인지를 여쭙고 싶습 니다. 그러니까 지난번에 나온 고상한 표현으로 하자면 억압적 성격 과 해방적 성격이 동시에 있는 어떤 이념체계, 혹은 쉽게 말해 좋은 것도 있고 나쁜 것도 있는 어떤 제도나 체계, 이 모든 것에 대해서 이 중과제론이라는 태도로 바라보고 행동원리로 삼는 데로 확장할 수 있는 건가요? 아니면 처음 이해했던 대로 그 상위는 근대성이라는 것과 관련된 범위에서 그 담론체계 내에서 생각해야 하는지 질문드 리고 싶습니다.

**백낙청** 근대의 이중과제라는 게 굉장히 추상수준이 높다고 했는데 사 실은 적응과 극복의 이중과제라는 것 자체가 반드시 추상수준이 높 은 얘기는 아니에요. 일상생활에서도 얼마든지 있을 수 있는 얘기고 대학에서도 부딪힐 수 있어요. 여기저기서 그냥 적응만 할 것이냐 아 니면 극복만 하겠다고 그러다가 적응도 못해서 극복도 못하게 될 거냐, 이런 문제는 우리가 항상 부딪히는 것이죠. 그래서 일종의 상식이라는 얘기를 했죠.

추상수준이 높아지는 것은 적응과 극복을 '근대'의 과제로 설정할 때 근대라는 개념 자체가 어마어마하게 추상수준이 높고 적용범위가 넓기 때문입니다. 그래서 제가 처음부터 근대와 근대성을 구별하자고 했죠. 왜냐하면 근대성은 사람마다 생각하는 게 다르잖아요. 무엇을 근대성으로 보는가도 다르고, 그 특정한 근대성을 좋다고 보느냐 나쁘다고 보느냐도 다르니까, 자칫 중구난방의 토론이 될 수도 있고 굉장히 관념적인 토론이 될 수도 있습니다. 따라서 근대는 일단 '근대 자본주의체제다' 이렇게 설정하면, 그렇게 해도 간단치가 않습니다만, 구체적으로 역사적인 실체가 있단 말이에요. 그래서 훨씬 구체적으로 이야기할 가능성이 생깁니다. 그렇게 구체적인 근대를 설정하고 이 근대를 살아가는 바람직한 방법이 뭐냐는 얘기를 할 수 있습니다.

적응을 하는 게 중요하냐, 이를테면 극복에 대해 크게 신경 안 쓰고 적응하며 살아가는 것, 그 안에서 잘 살고 좋은 근대성을 쟁취하면서 사는 게 제일 중요하냐. 아니면 전에 이남주 교수가 얘기했듯이 여기서 탈출을 시도하는 게 올바른 태도냐, 혹은 추수, 지금 내가 얘기한 적응만 하는 게 추수인데, 추수가 올바른 태도냐. 추수나 탈출은 일종의 개인적인 극복의 시도인데, 그게 잘 안 된다는 문제가 있죠. 둘 다 바람직하지 않거나 가능하지 않습니다. 그래서 적응하고 감당하면서 동시에 극복하는 자세가 근대를 사는 데 제일 바람직하다 할 때는, 그게 맞는지 틀리는지 모르지만 구체적인 토론을 할 수 있는 여지가 생기는 것이죠.

그래서 이중과제 자체가 거창한 이야기라기보다는 근대가 거창한 얘기인 겁니다. 근대성이라는 용어로 근대에 접근하지 말고 자본주의 세계체제라든가 좀더 사회과학적인 구체적 내용을 가지고 얘기하는 것이 생산적인 토론이 되지 않겠는가 하는 생각이고요. 양면으로 적응도 하고 극복도 하자는 얘기를 월러스틴도 하잖아요. 그것이 바로 억압적인 근대, 기술적인 근대하고 해방적인 근대라고 하는데, 그것은 내 발상하고 상당히 통하긴 합니다만, 지금 내가 경계하는 근대를 근대성 중심으로 논의하는 쪽으로 끌고 가는 데에 따른 위험부담도 있지 않나 하는 생각이 듭니다.

**발언자8** 사실『손님』읽은 지 좀 오래됐고요. 그런데 요즘 상황을 보면서 자꾸 귀신에 대한 생각을 하게 되는데, 야당의 홍모 대표가 제 느낌에는 귀신 같거든요. 그 정치세력이 1년 전에 정치적으로 죽었는데 뭐에 적응하려던 세력이길래 스스로를 극복하는 기능 같은 게 사라진 걸까. 그래서 한국사회의 여러 문학들이 귀신들을 다루고 그것을 해원하는 방식에 대한 지혜들을 담고 있다는 생각이 드는데, 어떻게 떠나보낼 수 있을까요?(웃음) 저는 굉장히 진지하게 고민하고 있습니다. '어떤 상처가 있길래 못 떠나고 있는지'라는 느낌이 있어서요. 한국 보수의 이중과제는 뭐였을까, 그런데 뭐가 어떻게 어그러졌길래 저러고 있을까 하는 질문 아닌 질문을 드리고 싶습니다.

**백낙청** 아주 대자대비한 마음으로 홍대표를 생각해주시는데, 마음공부가 좀 되신 분 같아요.(웃음) 그런데 이중과제론을 갖다붙이면 거창하지만 사실은 그런 사람들의 문제점은 극복이라는 생각은 추호도 없이 적응만 열심히 하다가 지금 적응도 못하는 하나의 사례라고 생각하시면 그것도 우리의 좋은 공부감이 아닌가 생각이 드네요.

**발언자7**『손님』을 귀신 얘기와 연결시켜서 보면, 백선생님 평론에서 지적하는 작품의 약점이 귀신들이 다 너무 멀쩡하게 나타난다는 거 아닙니까? 가령 류요한을 데리고 가자면서 처음에는 누가 누구인지 알 수 없는 귀신들이 나타났을 때에는 전혀 풀리지 않은 원한들이 생생하지요. 그 안에서 더 큰 갈등이 벌어지고 난 후에야 해원이 되는 건데, 작가가 서둘러서 화해를 시킨다는 느낌을 받습니다. 작품이 황해도 지노귀굿의 형식을 가지고 챕터의 제목을 붙이지 않았습니까? 그런데 실제로 지노귀굿이 정말 원한이 맺힌 일을 풀어내는 굿이기 때문에, 어떤 대목에서는 굿을 보는 동네 구경꾼들은 다 나가게 하고 무당하고 원한 관계의 당사자들만 남는, 그래서 공개 안 하는 장면이 있답니다. 그래서 굿의 전문가들도 그 안에서 어떤 일이 벌어지는지 직접 관찰하지 못한 경우가 많대요. 이게 저는 시사점이 크다고 봅니다. 원한 당사자 외에는 다 내보내야 할 정도로 잘잘못을 깊이 따지는 대목이 있어야 했는데, 그런 게 없어 아쉬웠습니다.

　이런 문제를 이중과제론에 꿰어 맞추기 쉬운 것은 아니겠지만, 예를 들면 이중과제로서 종교의 자유 문제가 있는 것 같습니다. 『손님』이 기독교와 맑스주의의 대립을 다루고 있는데, 종교의 자유라는 게 근대의 중요한 가치의 하나지만 종교의 자유를 내세우는 배경에는 자산계급도 있고 친일주의자도 있어서 사회주의혁명과 부딪치는 것 아닙니까? 이것을 어떻게 해결할 것인가, 그것은 1945년 후에 북한이 맞이한 토지개혁이든 뭐든 그 상황에서 나름의 이중과제였다고 생각합니다. 그런데 분단이 됐기 때문에 지주들은 대거 월남해버리고 너무 쉽게 정리되어버렸어요. 그래서 북한의 공식 역사에는 토지개혁이 1년이 채 안 걸린 걸로 되어 있죠. 그처럼 급격한 토지개혁의 경우는 전세계 사회주의국가 어디에도 없다고 하는데, 그렇게 정리되면서 기독교의 종교의 자유라는 건 사라졌습니다. 물론 작품에서는 기독교가 정리된 뒤에도 소메삼촌 같은 독실한 기독교인이 살아남았지만, 그런 것은 상당히 미화된 게 아닐까 하는 생각이 듭니다.

**발언자4** 어렵게 따라가면서 배우고 있는 입장인데 선생님들 말씀하시는 것을 조금 받아서 말씀드리면, 저는 황석영 소설이 나올 때마다 굉장히 열심히 읽는 편인데요. 여전히 우리나라 문학에서 황석영 선생이 얘기하는 것들이 갖는 무게감이 분명히 있는 것 같아요. 그런 측면에서는 일종의 역사성을 가지고 있고, 우리 사회나 역사가 지닌 굉장히 근원적인 문제를 담아내고 있다는 측면에서 저는 아주 긍정적으로 보는 편입니다. 또다른 측면에서 최근 많은 사람들이 이렇게 무거운 소설을 별로 좋아하지 않는다는 점에 주목해야 하지 않나 싶은 생각을 개인적으로 하거든요. 여성의 일상을 담아냈던 많은 소설들이 칙릿(chick lit)이라고 한동안 유행하기도 했고, 일종의 페미니즘 소설이라고 얘기되는 『82년생 김지영』 같은 경우 서점에서 굉장히 빨리 읽을 수 있을 정도로, 여성의 삶을 담고 있지만 역사적인 맥락이나 시간성이 굉장히 짧아진 것 같은데, 그것은 또 어떻게 봐야 될까 생각하고 있습니다.

그랬을 때 백선생님이 계속 말씀하시는 분단체제의 문제, 그리고 근대라는 큰 문제에 대해 문학이 할 수 있는 역할이라는 측면에서의 가능성이 점점 더 좁아지는 게 아닐까라는 생각도 듭니다. 또 하나는 문학의 죽음이라고까지 표현할 수 있을 정도로 텍스트의 죽음 시대에 온 것이 아닌가 하는 생각을 하게 되거든요. 오늘 다른 사람과 토론하다 들은 얘긴데, 요즘 누가 포털에서 정보를 찾느냐고 요즘은 유튜브에서 다 찾는다는 거예요. 하다못해 요리방법도 영상 이미지로 보니까 문학은 이미 예전에 그랬거니와 요즘은 아예 텍스트 자체를 보지 않는다는 이야기를 하더라고요. 이런 시대에 우리가 어떻게 해야 할 것인가 하는 질문도 드리고 싶습니다.

## 리얼리즘도 극복해야 할 대상?

**발언자5** 지난번 토론에서 사실주의와 리얼리즘을 이야기했는데, 그때 저는 저의 세가지 구분으로 따지면 사실주의는 추수에 해당하고, 모더니즘은 대책 없는 탈주 비슷한 느낌, 리얼리즘이 이중과제론과 연관된 거라고 옹호하는 방식으로 토론이 됐다는 느낌이 들었습니다. 그때는 저도 고개를 끄떡이면서 들었는데 또다른 글들이나 백낙청 선생님의 「근대의 이중과제, 그리고 문학의 '도'와 '덕'」을 보면 리얼리즘의 한계를 지적하는 내용도 있어요. 그래서 지난번 토론이 과도하게 리얼리즘을 옹호하는 방식이 됐던 것이 아니냐, 이중과제랑 동일시한 방식이 된 것이 아니냐, 그런 구도는 좀 문제가 아닌가라는 느낌이 있습니다. 오늘이 지나면 다시 기회가 없을지 몰라 질문을 드려봅니다.

**백낙청** 발제를 하신 황정아 선생이 거기에 대한 답변을 들려주세요.

**발제자1** 리얼리즘을 어떤 층위에서 얘기하는가에 따라 다를 것 같습니다. 구체적인 작품을 놓고 얘기할 때는 항상 어떤 한계들이 있을 수 있겠고, 더 할 얘기들이 있죠. 그러나 더 할 얘기들을 더 하게 만드는 어느 하나의 세계관이나 관점이나 태도로서의 리얼리즘이 있습니다. 아까 말씀하신 대로 이중과제적인 시야와 관점을 갖는 것을 리얼리즘적인 것이라 한다면, 그건 그런 다른 층위에서 얘기되는 것이 아닌가 하는 생각이 들고요.

제가 얘기하고 싶었던 것은, 『손님』에 대한 대부분의 비평이 마지막에 굿판을 통해서 해원한다는 것에 초점이 맞춰져 있어요. 이게 비판하기가 좋잖아요. 화해라는 게 대체로는 현실에서 이루기 힘들고 주어진 현실 안에서는 비현실처럼 보이잖아요. 비사실처럼 보이기 때문에 그것만 갖고도 얼마든지 쉽게 비판할 수 있고, 더구나 단순화됐을 때는 더 비난하기가 좋고요. 그래서 『손님』에 대한 대부분의 비평들이 그냥 그런 층위에서 얘기하고 마는 것 같아요. 해원이 단순하고, 작가가 이미 설정하고 들어가 있다, 그렇게 얘기하는 데 저는 약간의 불만이 있습니다. 백선생님의 『손님』론이 가지는 차별성은 그 해원이 실제로 어떤 방식으로 이루어지는가를 더 파고들어서 유령의 문제를 밀고 나가는 데 의의가 있다고 생각합니다. 예를 들면 해원이 촌스러운데, 이게 리얼리즘 소설이라서 촌스럽다, 이렇게 얘기하기 쉽잖아요. 그런데 그 반대의 태도는 그냥 환멸로 가는 것이죠. 지금도 화해가 불가능하다는 것을 계속 강조하거나, 아니면 환멸을 보여주거나. 이렇게 하면 그걸 촌스럽다거나 단순하다고 얘기하기 쉽지 않잖아요? 그렇기 때문에 작가들이 취할 수 있는 용이한, 빠져나가는 방법으로 환멸과 화해 불가능성을 제시하고 그냥 끝나는 거죠. 그런 게 언뜻 보면 주어진 사실에 더 충실한 것 같잖아요. 비타협적인 태도 같지만 주어진 팩트에 머물고 마는, 그런 것들이 일종의 모더니즘적인 태도라는 얘기죠.

그래서 이 작품이 어떤 한계가 있든지 간에 그 한계를 어떤 식으로 규명해내는지가 이중과제론적인 시야에서 중요한 차이를 보여줄 수 있다는 생각이 듭니다. 유령의 리얼리티를 묻고 원한이 너무 쉽게 해소된다고 말씀하셨고, 저는 그 부분을 조금 다르게 보고 싶었는데요. 유령이 유령으로서 갖고 있는 어떤 이질성, 근본적인 이질성에 대한 환기가 없다, 그것을 다른 존재로서 그려내지 못했다고 봐요. 사실 처음 읽을 때 이 소설이 왜 감동을 주느냐 하면, 저는 해원을 시도해본 것이 감동적이었거든요. 거기까지 가려고 유령이라는 존재까지 생각하면서, 해원을 염두에 두고 나아가는 그런 스케일이라고 할까, 그런 차원의 사고를 한번 해보는 것, 그게 사실 이 소설의 미덕이기도 하다는 것이죠. 다만 정작 그 지점에서 해원을 정말 창조적인 방식으로, 정말 이질적인 방식으로 하지 못했다는 것, 그게 이 작품이 갖는 창조성의 한계이기도 합니다. 적응과 극복이라는 이중과제론적인 측면에서 보더라도 환멸이면서 그냥 사실에 머무는 태도와 정반대로, 적응과 극복을 동시에 보여주는 그 지점의 실패가 결정적으로 들어 있는 것이죠. 해원을 시도했고 뭔가 다른 것을 보여주려고 했다고 비판하는 태도에 대해서 저는 불만입니다.

**백낙청** 네, 결말의 해원이 어설프게 됐다고 해서 너무 그것만 가지고 작품을 비판하고 나쁘게 보지 말자는 것은 저도 동감이고요. 해원을 시도했다는 것도 중요하지만 해원이 필요한 어떠한 원한들이 쌓였는가 하는 것을 이 소설만큼 북의 얘기를 가지고 그리는 예가 드문 것 같아요. 그런 점도 평가해야 하지 않을까 싶고요.

이 책이 나온 게 2001년이거든요. 6·15 직후입니다. 황석영 작가가 북에 다녀온 것은 1990년대였고 감옥에서부터 구상을 했던 것입니다. 처음에 이 글을 쓰겠다고 하다가 잘 안 풀려서『오래된 정원』을 먼저 썼어요. 오래 구상한 것이지만 2001년에 나올 때는 뭔가 해원이 되어가는 것 같은 생각을 하기도 했겠죠. 그렇더라도 지금 이 시점에서 우리가 다시 한번 읽어보고, 황정아 선생이 말씀했듯이 어쨌든 해원을 시도했다는 데서 의미를 찾을 수 있을 것 같습니다. 그리고 갑자기 화해하고 용서하자 이런 건 아니잖아요, 해원이 필요할 만큼 사연이 있었고 원한이 쌓여온 과정도 그려놨으니까 한번 돌이켜볼 만한 소설 같습니다.

발언자5께서 질문하실 때는 내가 「근대의 이중과제, 그리고 문학의 '도'와 '덕'」에서 리얼리즘 자체도 그대로 사용하면 좀 그렇다 하는 얘기를 염두에 두신 것 같은데, 거기에 변증법 얘기도 나오잖아요? 저번에 이중과제론 처음 얘기할 때 변증법하고 어떻게 다르냐는 질문이 나와서, 제가 사실 그렇게 다른 것은 아니지만 굳이 따지자면 이중과제론을 제대로 수행하려면 변증법이라는 서양철학적인 개념도 넘어서야 할 필요가 있다고 그랬어요. 지금 말하는 리얼리즘, 사실주의와 구별되는 리얼리즘이라는 것은 사실은 변증법적인 리얼리즘입니다. 그렇지만 변증법적인 리얼리즘도 어떤 주의인 이상에는 일정한 형이상학적 틀을 전제한다고 할 수 있는데, 우리가 그것까지 넘어서야 하는 단계에 온 것 아닌가 싶고요. 그런 의미에서 문학에서 리얼리즘도 이중과제에 부적합한 다른 흐름과 대비할 때는 지지해줘야 하지만 100퍼센트 거기에 따를 수는 없겠다는 생각을 피력했던 겁니다.

이제 마무리할 때가 된 것 같군요. 이중과제론이라는 게 자칫 공중에 뜰 수 있는 담론인데, 문학의 경우는 작품을 가지고 구체적인 얘기를 하면 논의가 구체적으로 전개될 수 있지요. 문학 논의도 자칫 너무 거대담론이 될 수 있는 것을 오늘 어느 분이 홍모 대표를 끌어들여서 구체적인 현실로 가져오셨는데요.(웃음) 다음 두번의 모임은 꽤 고차원의 담론으로 하고 마지막 8회차 모임에서는 다시 현실문제로 돌아와서 토론하면 좋을 것 같습니다. 마지막회 때 현실문제를 이야기하면서 그동안 이중과제론에 대해 수업한 것을 얼마나 연관지을 수 있을지도 한번 점검해보면 좋을 것 같습니다. 그럼 오늘은 여기서 마치겠습니다.

## 제4부

# 이중과제론과
# 문명전환론

**참가자**    강경석 김명환 김학재 박맹수 박종호 백낙청 백영경 백영서 백지연
손종도 양경언 염승준 염종선 윤동희 이기정 이남주 이일영 이종현
이지영 이하림 전성이 전철희 정지영 최시현 한기욱 한영인 황정아

**사회자(이일영)** 계절이 확실히 바뀐 것 같습니다. 여름으로 완전히 대전환을 했는데, 계절 말고 우리 사회도 대전환의 시기에 들어와 있습니다. 오늘 공부모임은 동아시아 차원, 그리고 문명 차원의 굉장히 스케일이 큰 얘기를 하는 자리가 될 것 같습니다.

2기 아카데미 공부가 1기에 비해서 스케일도 크지만 읽는 양도 굉장히 늘어났습니다. 그래서 이해하기도 어렵고 공부하기에도 벅차다는 얘기가 있습니다. 그래도 오늘은 논의가 더 잘되지 않을까 싶습니다. 여태까지 두차례에 걸쳐 두 주제를 다뤘기 때문에 이번에는 조금 가속도가 붙지 않을까 생각하기 때문입니다.

두 발제의 공통 읽기자료로 백낙청 「다시 지혜의 시대를 위하여」(2001) 「통일시대·마음공부·삼동윤리」(2007)를 제시했습니다. 「다시 지혜의 시대를 위하여」는 지식정보화 시대에 대한 논의를 전개하면서 우리가 그런 문제를 어떻게 봐야 하는지를 다루고 이를 동아시아 담론까지 연결시킨 글입니다. 「통일시대·마음공부·삼동윤리」는 원불교와 관련하여 논의한 문명 논제를 다룬 글이라 할 수 있고요. 아울러 첫번째 발제의 읽기자료로 백영서 「동아시아론과 근대적응·근대극복의 이중과제」「비판적 중국학의 길에서 만난 '이중과제론'」이 있습니다.• 두번째 발제의 읽기자료로는 백낙청-박맹수 대담 「물질개벽에 상응하는 정신개벽이 일어나야」(2016), 백낙청 「문명의 대전환과 종교의 역할」(2016)입니다.

그럼 우선 첫번째 발제 '이중과제론과 동아시아론에 대한 질문들'은 김학재 선생님께서 준비해주셨는데, 발제를 부탁드립니다.

**발제자1(김학재)** 감사합니다. 2기 아카데미에서 이중과제론을 공부하면서도 선생님들이 그동안 쓰고 말하신 것들이 워낙 방대하기 때문에 독학으로 여전히 겨우 부분부분을 따라가면서 이해하는 과정에 있습니다. 그래서 그동안 어떤 논의들이 있었는지를 요약하고 거기에 제 질문을 보태는 정도로 발제를 준비했습니다.

저는 이번에 이중과제론이나 근대성 논쟁, 그리고 동아시아론을 거의 15년 만에 다시 접하게 됐습니다. 제가 대학원 들어가서 제일 처음 공부한 것이 근대성에 대한 당시의 논쟁, 근대성/탈근대성 논쟁이었고, 그다음이 동아시아론이었습니다. 마침 동아시아론에 대한 리뷰를 2017년에 AAS-in-Asia(북미아시아학회 아시아학술대회)에서 짧게 발표할 기회가 있었습니다. 동아시아론이 왜 1990년대에 나왔는지를 작년에 되돌아보니까, 지금은 완연히 G2의 반열에 올라섰지만 당시에는 중국과 인도가 막 세계경제에 본격적으로 편입되면서 동아시아 담론이 학계를 휩쓸었던 것이 아닌가 싶습니다. 동시에 한국은 남북화해 국면에 돌입했고, 경제적으로는 세계경제에 더 편입되는, 탈

---

• 백영서 「동아시아론과 근대적응·근대극복의 이중과제」, 『이중과제론』, 창비 2009; 「비판적 중국학의 길에서 만난 '이중과제론'」, 『창작과비평』 2018년 봄호.

냉전과 지구화가 동시에 시작되면서 이 동아시아론이 다시 한번 한국사회에 확산된 것이 아닌가 하는 생각입니다.

초기부터 동아시아 담론을 주도한 백영서 선생님은 동아시아 담론이 네가지로 분류되는데 그중에서 지역주의와 공동체에 대한 논의들은 특히 냉전을 극복하고자 하는 지향이 있었다고 평가합니다. 그리고 「핵심현장에서 다시 보는 '새로운 보편'」*이라는 글에서 제가 새롭게 읽은 부분은 중국이 서구의 보편적 이상들에 대한 대안으로 제시하는 중국 모델이 있기 때문에 그것을 잘 이해해야 하고, 향후 동아시아 국가들의 여러 갈등을 예방하기 위해 새로운 보편적 윤리를 개발해야 한다는 내용이었습니다. 그게 굉장히 마음에 와닿았습니다. 기존의 서구적 보편, 동양적 보편, 중국적 보편 이런 얘기를 하는 와중에 우리가 새로운 보편적 윤리를 개발해야 한다는 것이고, 그러기 위해서는 일방향적으로 어디서 만들어진 보편 이념과 윤리를 전파하기보다는 소통적 보편성을 추구해야 한다는 것인데, 그 지점에서 하버마스(Jürgen Habermas)의 느낌도 나는 듯합니다. 또 서구에서 그나마 비판적인 지식인들이 성찰적 보편성을 얘기하는데, 이것이 기존 보편 모델들끼리 대화하면서 또다른 보편들을 만들어가는 과정을 얘기하는 듯한 느낌을 받았습니다. 이미 세계가 충분히 그런 것들이 마주치는 공간이 되었다고도 했는데, 알뛰세르(Louis Althusser)의 '마주침의 유물론'이 떠오르기도 했습니다. 정리하면 「핵심현장에서 다시 보는 '새로운 보편'」이란 글에서 '새로운 보편' '소통적 보편성' '마주침의 공간' 등의 키워드가 제시됩니다.

---

• 백영서 「핵심현장에서 다시 보는 '새로운 보편': 동아시아 분단구조 극복의 길」, 『민족문학론에서 동아시아론까지』, 창비 2015.

## 동아시아적 맥락에서의 이중과제

  이번의 읽기자료인 「동아시아론과 근대적응·근대극복의 이중과제」에서는 동아시아론을 이중과제론과 연결시키면서 타케우찌 요시미(竹內好)와 쑨 거(孫歌)라는 두 동아시아론 사상가가 등장하게 됩니다. 저는 2018년 현 상황에서 이들을 어떻게 다시 읽어야 할지에 대해 고민하면서 읽었습니다. 요약하면 일단 1940년대에 타케우찌가 '근대초극'론을 제시하면서 일본발 아시아 담론이 시작됐습니다. 당시의 근대초극론은 일본이 이미 근대화를 달성했다고 전제하고 그 모델이었던 서구적 근대와 변종인 소련의 공산주의를 넘어서는 새로운 일본적 근대를 만들어야 한다는 작업을 제시한 것입니다. 그래서 근대초극론은 한편으로는 서구적 근대를 넘어설 새로운 세계 형성의 원리를 모색하는 것이었지만, 다른 한편으로는 1940년대에 일본이 태평양전쟁기에 이미 여러차례 전쟁에서 승리했기 때문에 승리 후의 세계경영을 생각하던 일본 지식층들에게 세계제패라는 말의 또다른 이념적인 담론으로서 제시된 측면이 있습니다. 두가지 측면이 다 있는 것 같습니다.

  1940년대에 등장한 근대초극론이 1960년대에 재해석되기 시작했습니다. 당시는 일본에서 자민당이 향후 수십년 정치적 구조를 지배하게 되는 이른바 55년체제가 완전히 관철되고 안정화되는 상황에서 미국식 근대화의 길을 완연히 걷던 시기였고, 다른 한편으론 1960년대의 비판적 일본 지식인들이 새롭게 과제를 발굴하던 시기였습니다. 이런 맥락에서 기존의 미국 모델을 추종했던 일본의 근대는 '노예의 진보'로 여겨지고, 중국혁명은 '새로운 모델'로 여겨졌고, 그러한 근대에 대한 저항을 통해서 일본의 가해 책임을 수용하려고 했던 일본 지식인들의 학술운동적 맥락에서 이런 논의들이 나왔던 것 같습니다.

바야흐로 2000년대의 한국에서는 이런 타께우찌의 논의를 재해석한 쑨 거의 논의를 통해서 사상사적으로 근대성에 대한, 근대초극에 대한 문제의식이 들어온 것 같습니다. 1940년대의 일본 지식인, 2000년대에 새롭게 떠오르는 중국 지식인의 동아시아론에 대해 김대중정부 이래 남북화해가 이루어지고 동북아공동체를 이야기하던 한국에서 한국 지식인들의 대화가 진행되는 과정에서 백영서 선생이 추가한 관점이 '이중적 주변의 시각'이었습니다. 역사를 보면 일본이 등장하건 중국이 등장하건, 지역 강국과 신흥 패권국이 부상할 때는 기존 모델을 부정하는 이분법적인 서구/동아시아 구도의 논의가 등장합니다. 그런데 새롭게 부상하는 강국한테 항상 큰 영향을 받아왔던 한국의 관점에서는, 서구에 비하면 동아시아가 주변이지만 주변이라고 여겨진 동아시아 내부에서도 위계질서에 눌려 있던 이중적인 주변이 있다는 것을 인식해야 한다는 문제의식을 지적한 것입니다. 그래서 동아시아론을 얘기한다고 했을 때, 동아시아 그 자체가 주변이라고 해서 특권적인 것이 아니라, 그 안에서도 위계질서가 있기 때문에 이중적 주변의 시각을 얘기하면서 바로 이중과제론과 접목되는 측면이 있는 것 같습니다. 근대의 적응과 극복이라는 이중과제가 동아시아론의 비판적인 원칙으로서 접목되는데요. 이렇게 돌아보면 이중과제론이 근대와 탈근대, 서구와 아시아, 남과 북, 한 국가 내부의 진보와 보수 모두에 적용되고 또한 이들을 아우를 수 있고, 동시에 중국이나 일본과 다른 한국의 지정학적 입지를 확보할 수 있는 절묘한 개념이 아닌가 하는 생각이 들었습니다.

여기에 제가 추가로 제기하고 싶은 질문은, 그럼 2000년대가 아니

라 2018년에 다시 동아시아론을 얘기한다면 누가 할 것이고, 왜 할 것인가입니다. 일본은 후꾸시마 이후에 지금 동아시아론을 제기하고 있는지 잘 모르겠습니다. 제가 알기로는 기존 논의들은 지속되고 있지만 딱히 동아시아에 대한 구상이 활발하게 진행되는 것 같지는 않습니다. 중국은 동아시아가 아니라 중국몽(中國夢)과 일대일로(一帶一路)를 얘기하고 있고요. 그래서 우리가 2018년에 동아시아론을 이야기할 때 현실이 어떻게 변했는지를 좀더 확인하고, 학술적인 측면에서도 어떤 변화가 있었는지를 점검해서, 다시 동아시아론을 얘기한다면 어떤 것을 강조해야 할지를 점검해볼 필요가 있겠다는 생각입니다.

다음으로 우리가 동아시아론을 사고할 때 어떤 과제들을 염두에 두는가에 대해서 얘기하시는데요. 동아시아론이 좀더 발전되면서 동아시아는 전지구적인 규모의 장기 시간대의 전망보다는 중·단기 시간대의 과제들을 염두에 두는 공간이라고 얘기하면서, 세가지 정도의 과제가 설정됩니다. 첫째는 새로운 지역질서가 구축되어야 한다는 것입니다. 동아시아공동체라는 그냥 어떤 지역공동체가 형성되는 것이 아니라 기존 수직적인 지역질서가 좀더 수평적인 질서로 바뀌고 미국 패권에 변화를 주어야 한다는 새로운 지역질서에 대한 구상입니다. 둘째는 각 국가의 정부에 의한 협력만으로 이루어지는 게 아니라 시민사회 차원에서 국경횡단적인 연대나 협력이 있어야 한다는 것입니다. 공치(公治)라는 개념을 얘기하면서 경제적인 협력이나 완전한 민중연대만이 아닌 정부와 시민사회 두 채널의 협력이 필요하다는 점을 지적했고요. 셋째는 동아시아 경제모델로 일본식 모델도 아니고 중국식 모델도 아닌 한국형 개방발전모델을 얘기해야 한다는 과제를 제시했습니다. 이 세가지 과제를 통해서 분단체제를 변화시키고 어떤 동아시아를 가져와야 하는가에 대한 과제를 설정했는데요. 세계 차원의 패권적 지배체제의 중요 현장이 분단 한반도이기 때문에, 여기에서 복합국가 출현은 세계 차원의 질서에도 영향을 줄 수 있다는 주장입니다.

이런 중·장기 과제가 여전히 대부분 유효한 측면이 있다고 생각하면서도 제가 추가로 제기하고 싶은 것은 그럼 2018년의 동아시아에는 혹시 기존 과제가 변화됐는가 아니면 추가해야 할 것이 있는가, 그리고 그것을 얘기하기 전에 지금 현실이 그때와 어떻게 다른가 하는 것 등입니다. 그런 점들을 명확하게 인식해야 한다는 생각이 드는 것은 어떤 일관된 자유주의 진영이 주도한 세계화가 깨져나가고, EU도 흔들리고, 미국은 자유무역을 폐기하고 무역전쟁과 방어주의로 나아가고, 장벽들과 국경들이 다시 세워지고 있는 상황이기 때문입니다. 그리고 그 가운데 동아시아론은 어떤 것을 지향해야 하는가, 이 거대한 세계질서 속에서 세가지로 설정된 동아시아론의 과제가 우리의 역량에 부합하는 것인가를 질문드리고 싶습니다.

사실 저는 굉장히 힘들게 느껴지더라고요. 이것을 다 해야 한다고 생각하니까 과중한 과제라는 생각이 들었고요.(웃음) 그리고 또 실제로 무슨 일이 벌어질까도 생각하게 되었습니다. 이런 과제들을 우선시하지 못한 채 경제적인 교류협력과 인적인 교류협력이 이어지면, 사람들이 갖가지의 이질성들을 대면하면서 여러 갈등이 생겨날 텐데, 이러한 가운데서 어떻게 같이 살지를 고민하는 것이 현실적인 과제가 아닐까 하는 생각이 들었습니다. 미세먼지 같은 문제를 예로 들수 있겠습니다. 미세먼지 문제는 앞으로 10년 이상은 계속될 텐데, 같이 살아가야 하는 문제거든요. 중국은 10억 인구가 더 나은 경제를 누리면서 국민소득 1만 달러 이상에서 살려는 것이고, 우리는 환경문제들을 감당하면서 같이 살아야 하는 것이고요. 이렇게 같이 사는 수준에서의 여러 과제들도 더 생각해볼 필요가 있지 않나 합니다. 그리고 남북문제가 풀렸을 때, 중국에서 동북3성이 제일 낙후된 지역인데 그 지역과 어떻게 같이 살 것인가 하는 문제를 추가해서 고민할 필요가 있는 게 아닌가 싶습니다.

## 동아시아공동체와 복합국가론

마지막으로 동아시아론에서 한반도 수준에서 제기되는 과제가 복합국가론인데요. 복합국가론은 국가를 무정부주의적으로 부정하는 것도 아니고, 그 자체로 정당한 것으로 긍정하는 것도 아닌, 공적 역할을 수행하는 국가의 강점은 살리면서도 국가 자체는 좀더 민주화된 구조의 창안으로 나아간다는 것입니다. 네가지 원칙에 의해서 복합국가를 형성한다는 것인데, 1) 대국주의와 소국주의를 생각할 때 부국강병만을 추구하는 대국주의를 지양하고, 2) 이를 추진하는 주체로서 한민족공동체를 설정하고, 3) 지향으로서 복합국가를 생각하고, 4) 국가만 변하는 게 아니라 생활양식이 바뀌어야 하기 때문에 문명 수준에서도 새로운 얘기가 있어야 한다는 것입니다. 복합국가(compound state) 개념은 기존의 여러 국가들의 연합을 생각하는 국가연합(confederation)이나 연방국가(federation) 같은 것을 다 포용하는 굉장히 외연이 넓은 개념입니다. 여기에 하영선 교수의 '한국형 네트워크 지식국가'나 박명규 교수의 '복합적 정치공동체' 개념이 좀더 결합되어, 일부가 수용되고 일부가 비판되면서 좀더 유연한 경계, 좀더 분산된 권한, 좀더 다층적인 연대라는 원칙 속에서 결합이 이루어지는 것이다 하는 정도로 논의가 진전되어 있습니다.

이런 복합국가를 형성하기 위해서는 또 세가지 정도의 과제와 난제를 넘어서야 하는데, 1) 동아시아공동체 건설에 복합국가가 어느 정도 영향을 줘야 한다, 그러니까 기존의 북한과 관련된 문제, 중국의 양안 문제, 오끼나와 문제 같은 전통적인 국민국가라는 영토와 주권에 대한 문제들에 대해서 좀더 나은 대안적 원칙을 제시하는 복합국가를 만들어야 한다는 것이고요. 2) 폐쇄적인 지역주의가 아니라 열린 지역주의를 만드는 데 복합국가론이 어떤 역할을 할 것인가의 문제인데, 좀더 핵심적인 과제는 미국과 중국의 헤게모니 교체 과정에서 동아시아공동체가 형성되어야 하니까 미국이 완전히 좌지우지 못하도록 균형을 맞춰야 하는 문제가 있고요. 3) 동아시아공동체가 만약에 경제공동체 중심으로 만들어지면 역사상 존재하지 않았던 공룡 같은 무지막지한 공동체가 될 것이기 때문에 부자클럽이 되지 않기 위해서는 북한과 대만 등을 포용할 장치가 필요하다, 그래서 이중적인 주변과의 연대를 염두에 둬서 동아시아지역 내부의 격차가 심해지지 않도록 지역 차원에서도 일종의 균형적 사고가 필요하다는 것입니다.

이 세가지 과제가 복합국가론의 지역적 과제인데, 적극 공감하면서도 역시 만만치 않겠구나 하는 생각이 들었습니다. 이념형으로서는 충분하다고 생각합니다. 그렇지만 현실이 약간씩 변했기 때문에, 변화된 현실을 어떻게 인식할 것인지에 대한 질문을 제기하고 싶습니다. 실제로 한반도 문제가 풀리는 방식이 어느정도 동아시아의 여러 문제에 긍정적인 영향을 줄 거라고는 생각하지만 또 아닐 수도 있기 때문입니다. 그렇기에 실제로 어떤 변화를 줄 것인가에 대해서는 좀더 체계적인 파악이나 전망이 필요하겠다는 생각이 듭니다. 기존의 연구를 참고해서 보면, 유럽은 작은 나라들끼리 뭉쳐서 연합을 만든 것이지만, 한반도 주변의 국제질서는 지구상에 존재하지 않던 초강대국 균형질서입니다. 세상의 어느 나라가 중국·미국·러시아·일본 사이에서 균형을 잡을 수 있겠습니까. 또 이런 질서가 개념화된 적이 있을까 싶습니다. 흔히 4강질서라고도 하지만 신성동맹도 아니고, 콘도미니엄(condominium) 얘기도 하지만 이런 초강대국 사이에서 균형을 잡는 나라가 있을까 하는 것입니다. 한편으로는 너무 힘들었는데 한편으로는 굉장히 큰 행운이기도 한 측면이 있습니다. 우리가 아무리 노력해도 극복할 수 없는 구조이기도 했고, 하지만 우리가 노력한 것에 비해서 또 많은 것을 누릴 수 있는 기회이기도 한 상황이 아닌가 합니다. 그래서 기본적으로 우리가 이론적으로, 이념형적으로 바람직한 방향을 설정하는 것도 필요하지만, 현실적으로 우리 주변의 질서는 초강대국 질서이기 때문에 이 균형을 어떻게 민감하게 인식할 것인가에 대해서 좀더 고민이 필요하지 않을까 합니다.

그리고 역시 복합국가론을 통해서 동아시아공동체를 건설하고 미국 패권에 균열을 일으키는 장기적 변혁을 촉발해야 한다는 문제의식이 설정되어 있었는데, 지금 변화된 상황은 또 어떻게 봐야 하는 것인가 하는 의문도 듭니다. 예를 들어 지난 지방선거(2018.6.13)에서 보수가 거의 스스로 무너졌던 것처럼 대체로 힘센 것들은 자기 힘으로 무너지는 경향이 있는 것 같습니다. 트럼프현상을 저는 트럼프로만 보지 않습니다. 실리콘밸리가 열심히 일하면 일할수록 트럼프는 계속 출현할 것이라고 보고 있습니다. 인공지능이 개발될수록 실업률이 높아질 것이고, 중산층이 몰락할 것이고, 미국은 한번도 그런 것을 경험한 나라가 아니기 때문에, 국가가 거의 역할을 못하고 해결할 수 없을 것이라고 생각하기 때문입니다. 그래서 우익 포퓰리즘이 계속 등장할 수밖에 없다는 생각이고요. 또한 미국 중심의 일극체제는 이미 오래전에 다극화됐고, 유럽에서도 브렉시트나 여러 우익 포퓰리즘이 등장하는 것은 굉장히 과도한 지구화에 대한 반발로 나타나는 포스트지구화(post-globalization) 현상의 일환이 아닌가 합니다. 그러니까 현실에 대한 인식을 다시 체계적으로 논의할 필요가 있다는 것입니다.

논의를 더 복잡하게 만드는 것일지는 모르겠지만, 동아시아에서 근대가 단순히 미국이 모델이었나 하는 문제도 살펴볼 필요가 있을 것 같습니다. 근대 모델에는 소련 모델도 있었고 중국 모델도 있었고 일본 모델도 있었고, 일본 모델이라 하더라도 완전히 서구 모델이 아니라 서구 모델 중에서도 프랑스·독일·영국·미국을 적절하게 조합하고 또 일본의 것 일부와 혼합해 만들어냈다고 생각합니다. 예를 들어 헌병제도는 프랑스, 헌법이나 행정은 독일, 우편제도는 영국, 나중에 교육제도는 미국 것을 받아들이는 식으로 막 섞여 있다는 것이죠. 그래서 우리가 가장 큰 과제로서 설정해야 할 근대의 적응과 극복이라는 논의도 방향성은 충분하지만, 복합국가론이 지향할 어떤 구체적인 목표를 설정하기 위해서는 좀더 정교한 분석을 하고 구체적인 대안을 채워야 하는 게 아닌가 생각합니다. 이것으로 발제를 마치겠습니다.

**사회자** 감사합니다. 두번째 주제는 문명론입니다. 우리 인간의 삶 전체를 이야기하는 시간인데요, 박맹수 교수님께서 발제를 준비해주셨습니다. 박맹수 선생님은 원광대 원불교학과 교수로 계신데, 저희가 원불교에 대한 특강 형식의 발제를 부탁드리자 흔쾌히 수락해주셨습니다. 다시 한번 감사드립니다. 그리고 아시다시피 이번 2기 창비담론 아카데미 모임에 거의 빠짐 없이 청강자로 참여해주셨죠. 아마 이 분야에서는 질의를 하시면 누구보다도 대답을 잘해주실 것 같아요.(웃음)

**발제자2(박맹수)** 안녕하십니까. '이중과제론과 백낙청의 원불교 공부'라는 발제를 준비했습니다. 제가 1974년에 서울에서 고등학교를 졸업하고 익산에 갔을 때 지적·문화적 갈증이 굉장히 심했습니다. 그때 기숙사에 구세주가 있었어요. 『창작과비평』이 딱 꽂혀 있더라고요. 제가 그 책들을 읽으면서 오늘 이 자리에 왔다는 말씀을 먼저 드리고요. 그리고 제가 군에서 제 의지와는 상관없이 가해자 편에서 광주항쟁을 겪고, 직접 총부리를 겨누지는 않았지만 총부리를 겨누도록 하는 데 온갖 뒤치다꺼리를 하는 참담한 체험을 하고 세상에 나와서 휙 돌아버렸죠. 그래서 화염병도 좀 들었습니다. 그러면서 내가 왜 이렇게 됐을까, 왜 이런 광주의 비극이 생겼을까 고민에 휩싸였습니다. 군대에 갔다 와서 한국현대사의 구조적 문제가 광주에서 폭발했다는 것을 야학운동을 하면서 발견했습니다. 그러고 보니까 제가 근현대사에 대해 너무 무지한 걸 깨닫고 대학원에 가서 근현대사를 전공했습니다. 그래서 제 몸은 원불교 안에 있고 신분은 교무지만 제 주전공은 동학(東學)입니다. 동학을 얘기하라면 일주일간 밤낮없이 할 수 있는데 원불교를 얘기하라고 해서 부담이 큽니다.(웃음)

### 개화파와 척사파, 그리고 개벽파

제 개인사를 말씀드린 이유는 제가 천착하고 있는 동학 얘기를 좀 해보기 위해서입니다. 최근에 와서 명료하게 정리됐는데, 근대를 나름대로 적응하고 극복하려는 한국 근현대의 흐름이 그동안 주로 개화파와 척사파 중심으로 얘기되어왔습니다. 물론 동학으로 대변되는 개벽파 얘기가 더러 단편적으로 있었지만 우리의 지식 지형 속에서 상당히 소외되어 있는 상태입니다. 그런 개벽파의 흐름을 계승해서 가까스로 버티고 있는 그룹이 원불교가 아닌가 합니다. 백선생님은 바로 그런 개벽파로 이어지는, 동학-증산교-대종교-원불교로 이어지는 우리 나름의 토착적 근대적응과 근대극복의 흐름으로서 원불교를 보고 있다는 게 저의 판단입니다. 이를 뒷받침하는 내용은 "원불교가 '불법(佛法)으로 주체'를 삼았을 뿐만 아니라 조선 말기 이래의 '후천개벽' 사상을 계승했다는 사실이 중요하다. 사회혁명사상에 다름아닌 동학 등의 후천개벽론을 이어받음으로써 '세상과 맞서 싸우는' 종교의 성격도 아울러 갖추게 되었기 때문이다"(「문명의 대전환과 종교의 역할」 373면) 같은 말씀에서 찾아볼 수 있습니다.

　제가 보는 백낙청 선생은 '동국(東國)에서 동학(東學)을 하는 동인 (東人)이다' 이렇습니다. 물론 이때의 동은 서와 열려 있는 동이고, 서 와 화학반응을 하는 동이라고 말씀드릴 수 있겠고요. 그런 속에서 원불교 공부를 하셨는데, 조사해보니까 이미 1970년대에 접하시고 80년대 후반부터는 인터뷰나 초청강연에 응하시고, 90년대에는 원광 대 개교 50주년, 60주년, 70주년에 연속 기조강연자로 초청되시고요. 1997부터 2006년까지 10년간은 원불교의 기본경전인 『정전(正典)』과 『대종경(大宗經)』 영역사업에 참여하면서 원불교의 교리와 이념에 정 통한 분을 독선생으로 모시고 공부한 셈이었다고 할 정도로 깊이 공 부하셨습니다. 원불교 교도가 아닌 학자로서는 드물게, 그리고 일회 성이 아니라 적어도 30년 이상 원불교 공부를 쉬지 않았다는 점에서 저 같은 교무나 원불교 내부인의 포교론적인 원불교론에서 벗어나 보편적 원불교론을 수립한, 한국에서는 거의 유일한 분이 아닌가 합니다. 그래서 그 성과를 도저히 놓칠 수 없어서 원불교 개교 100주년을 기념해서 낸 총서의 제1권으로 백선생님의 원불교 공부 성과를 모아 『문명의 대전환과 후천개벽』(모시는사람들 2016)으로 일단 정리했습니다.

아무래도 백선생님의 원불교론의 핵심은 '개벽'론에 있는 것 같습니다. 물론 '개벽'은 두가지 면에서 중요한 것 같아요. 하나는 한국의 토착적 근대 적응과 극복의 가능성을 가진 사상으로서 등장했다는 것이고, 다른 하나는 그것을 분석해서 들어가면 문명전환론과 연결된다는 생각입니다. 그리고 원불교는 개교이념을 '물질이 개벽되니 정신을 개벽하자'라고 표현하는데, 개교표어에서 이것을 읽어낸 원불교 내부의 연구자는 한명도 없었습니다. 백선생님이 최초이고 지속적으로 일관되게 강조하면서 원불교 학자들이 이 부분을 놓친 것에 대해서는 아주 날카로운 비판도 하고 계십니다.

그다음에 특별히 주목할 것이 '삼동윤리(三同倫理)'론입니다. 삼동윤리란 모든 종교의 근원은 하나라는 동원도리(同源道理), 인류와 모든 생령이 한가족이라는 동기연계(同氣連契), 세상의 모든 사업이 하나의 목표를 지향하고 있다는 동척사업(同拓事業)을 말합니다. 백선생님이 '삼동윤리'에 주목한 것은 1999년 9월 『월간 원광』의 편집장 박혜명 교무와 「희망의 21세기 어떻게 맞이할까」라는 주제의 인터뷰가 처음이었고, 그후 「통일시대·마음공부·삼동윤리」(2007), 「문명의 대전환과 종교의 역할」(2016) 등에서 지속적으로 '삼동윤리 무서운 줄 알자'고 그 의의를 강조하면서, 그것이 지닌 '탈종교적·탈교단주의적' 특성에 주목할 것을 촉구했습니다. 또 백선생님의 표현에 의하면 원불교는 선천종교가 아닌 후천종교의 어떤 특성, 즉 "종교이면서도 종교가 아닐 수 있는 면모를 지녔는바"(『문명의 대전환과 후천개벽』 80면) 과연 '삼동윤리'를 제대로 해석하고 실천하고 있느냐라는 그런 비판도 하고 계십니다. 이 '삼동윤리'는 1993년 시카고에서 열린 세계종교의회에서 채택한 '전지구적 윤리를 향한 선언' 같은 보편윤리(Weltethik)의 수준이라든지 황금률과도 근본적으로 차원이 다른 "'중정(中正)의 정신'에 대한 깊은 공부와 큰 깨달음"(같은 책, 233면)이라고 하셨는데, 이것은 '유도 아니고 무도 아닌 경지' 그런 어떤 열린 경지까지 가야 실천할 수 있는 것이라고 말씀하면서, 원불교에 대해 끊임없이 탈교단주의적·탈종교주의적·탈선천종교적 방향으로의 노력을 하도록 촉구하고 계십니다.

## 자력양성과 마음공부

제가 2016년에 3개월간 백선생님과의 인터뷰 준비를 하고 4시간 정도 인터뷰를 하면서 끝까지 물고 늘어지려고 했던 게 페미니즘 관련 대목인데요. 그때 제가 자칭 페미니스트라고 하면 사람들이 웃는다고 하니까, 백선생님은 스스로 페미니스트로 자처하지 않는다고 말씀하셨죠. 제가 그분의 글을 그래도 원불교 쪽 연구자로서는 많이 본 편입니다. 그런데 이미 1970년대부터 여성문제에 주목하셨는데 『백낙청이 대전환의 길을 묻다』(창비 2015)에서도 조은(曺恩) 교수님과 불꽃 튀는 토론을 하면서 지속적으로 담론을 전개하고 계시더군요. 그 토론에서는 치고 빠지신다는 인상도 받았지만, 사실은 계속 화두를 던져주고 있는 것 같아요. 그런 점에서 저는 원불교 안의 페미니즘적인 사상, 양성평등 사상을 백선생님이 어떻게 바라보셨는지가 궁금했습니다. 그게 바로 '자력양성(自力養成)'론인데, 이것은 제가 공부가 짧지만 좀더 말씀을 드리겠습니다.

사실 조선 후기 이래 자생적으로 한국적 페미니즘이 싹터 오릅니다. 그것을 동학이 최초로 내칙(內則), 내수도문(內修道文)이라고 하는 것을 통해서 드러냈습니다. 증산교는 증산(甑山) 강일순(姜一淳)이 자기 부인 고판례(高判禮)에게 대권을 넘겼고 고판례는 수부(首婦)라고 불렸습니다. 그러니까 한국 최초의 여성 교주가 증산교에서 나온 거죠. 원불교의 경우에는 1920년에 나온 교리강령에서 '남녀권리동일'로 발표했다가 1943년에 초기 교서를 집대성하면서 '자력양성'으로 바꾸는데, 제가 볼 때는 조선 후기부터 밑에서 올라오는 한국적 페미니즘이 상당히 체계화되고 정리된 형태가 원불교의 자력양성론인 것 같습니다. 백선생님은 '남녀권리동일'은 상당히 구체적이고, 차별 속에서 여러가지로 시달리는 여성의 처지를 드러내는 데는 의미가 있지만, 좀더 보편적인 의미의 차원에서 본다면 '남녀권리동일'이 '자력양성'으로 바뀐 것은 긍정적이라고 평을 합니다.

**백낙청 「희망의 21세기 어떻게 맞이할까」(1999)**

『문명의 대전환과 후천개벽』 162면

애초에 남녀권리동일 조목을 내세운 것은 당시 남녀 불평등이 우리 사회에서 워낙 심각한 문제였고 남녀를 불문하고 자력양성에 심각한 장애가 되는 것이었기 때문이었지만, 세계종교로 발돋움하는 교단의 앞날을 위해 교전을 재정비하는 시점에서는 그 기본 취지인 자력양성을 내세운 것이 적당했다고 생각합니다. 사실 남녀평등을 주장하는 오늘날의 여러

가지 이론 가운데서 아마 가장 힘을 쓰는 이론이 근대 서구에서 나온 개인의 권리 개념인데, 그것이 일면 타당성이 있지만 그에 따른 부작용도 만만치 않아요. 인간 개개인을 하나의 원자화된 알갱이로 설정하고 그 개체마다 이런저런 것을 할 수 있는 동일한 권리가 있다고 규정하는 것이 과연 올바른 인간관인지 의문이지요. 적어도 불교적 인간 인식과는 거리가 있습니다. 남녀의 권리가 부동(不同)한 것이 나쁜 것은 결국 사람은 누구나 자력을 길러서 주인 노릇을 해야 마땅한데 남녀차별이 그에 장애가 되기 때문이지, 무조건 매사에 누구나 동일 권리를 행사해야 된다면 지자본위(智者本位)의 원칙에도 어긋날뿐더러 평등사회가 이뤄질 리도 없는 것입니다.

마지막으로 말씀드릴 것은 '마음공부'론입니다. 제가 백선생님의 원불교론을 읽으면서 가장 탄복하고 공감했던 것이 마음공부론입니다. 마음공부라는 순우리말은 실은 2대 원불교 지도자 정산(鼎山) 송규(宋奎) 종사가 종법사로 재임(1943~62)하실 때 자주 강조하신 용어입니다. 1960년대 초니까 아주 오래전에 그 말씀을 하셨지요. 어떻게 보면 지적 소유권이 그분에게 있다고 볼 수 있습니다. 물론 그전에도 비슷한 말을 썼죠, 동학에서 심학(心學)이라고 해서요. 그러나 그것은 한자어고, 하여튼 마음공부가 대중화될 수 있게, 사회화될 수 있게 전면적으로 제기하신 분은 정산 송규 종사입니다. 그런데 이에 대해서 사람들이 좀 잘못 이해하는 점이 있는 거 같아요. 원불교 마음공부에서 말하는 이 마음은 몸과 마음을 말할 때 그 마음이 절대 아니에요. 몸과 마음이 상호보완적으로 통합되어 있는 그런 마음이에요.

제 표현은 이겁니다. 몸의 안이 마음이고, 마음의 바깥이 몸이에요. 그러니까 몸과 마음은 떼려야 뗄 수가 없어요. 몸을 잘 공부해야 마음공부가 잘되게 되어 있고, 마음공부를 잘해야 몸이 또 영향을 받아서 잘되게 되어 있고, 이런 관계인데 하도 세상이 복잡하고 전문화되니까 마음만 따로 떼어서 마음공부를 하는 책이 수십권 나와 있어요. 원불교 안에도 많이 나와 있고요. 마음수련원 같은 마음공부 전용 수련원도 아주 성업 중이죠. 굉장히 위화감을 느끼고 있습니다.

그런 점에 대해서 백선생님이 1988년 1월에 원불교 청운회라는 단체에서 초청강의를 했어요. 이 시대 원불교 안에서도 그렇고 바깥에서도 마음공부로 고민하는 사람이 하나의 고전처럼 새겨야 할 내용을 이미 그때 설파하셨더라고요. 이런 내용입니다.

"만사의 근본을 마음에서 찾는다고 할 때 조심해야 할 점이 있습니다. 현실세계의 어려운 문제에 당면했을 때 현실 속에서 실질적인 해결의 길을 찾기보다 정신의 문제와 개인의 수양에 국한시켜 생각하는 경우가 많습니다. 특히 이제까지의 종교가 그래왔지요. 그러나 이것은 무책임한 현실도피이고 종교의 근본정신에도 어긋나는 일이라고 믿습니다. (…) 진정으로 통일하는 마음이란 각자가 개인의 수양을 게을리하지 않는 수양인의 마음인 동시에, 통일이 안 된 현실의 모순과 질환을 정확히 인식하려는 연구자의 마음이며, 이 모순과 질환을 제거하기 위해 그날그날의 일을 하고 싸움을 싸우는 실천가의 마음이기도 합니다." (「통일하는 마음」, 1988.1.20, 원불교 청운회 주최 '청운강좌', 같은 책 18~19면)

이와 같은 마음공부론은 「통일시대·마음공부·삼동윤리」에서 거듭거듭 강조되고, 「큰 적공, 큰 전환을 위하여」(2014)에 이르기까지 일관되고 있습니다. 저는 어느 논문에서 원불교 마음공부를 '삼학(三學)을 병진하는 마음공부'라고 강조했습니다. 앞의 인용에서 수양인의 마음, 연구자의 마음, 실천가의 마음 이것이 백선생님이 원불교의 마음공부법인 삼학을 해석한 표현입니다. 이 세가지를 함께한 것이 원불교의 마음공부입니다. 그다음에 저는 '영육을 쌍전(雙全)하는 마음공부' '이(理)와 사(事)를 병행하는 마음공부' '동과 정을 일여(一如)하는 마음공부' '개인의 마음병과 세상의 병을 함께 치유하는 마음공부'라고 말씀드린 적이 있는데, 그런 점에서는 백선생님은 원불교 마음공부론의 핵심을 꿰뚫고 있다고 생각됩니다.

사실은 백선생님의 문명전환론, 통일론을 원불교의 가르침과 연결해 도덕의 통일론, 지혜의 통일론 이렇게 두가지로 더 말씀드리고 싶었지만 제가 아직 역량이 부족해서 그런 부분은 나중에 말씀드리기로 하고, 우선 이 정도로 발제를 마무리하겠습니다.

## 이중과제론과 동아시아론, 백낙청의 원불교 공부
### 토론 정리: 전철희

**발언자1** 지금까지 동아시아론이 제기되어온 맥락을 정리해보자면, 동아시아 협력론이 정치담론으로 부상한 것은 김대중-노무현 정부 때였다. 그 시절이 지나고 2008년 이후로 동아시아의 화해와 협력에 관한 논의가 소강상태로 접어들었다. 이 시대에는 동북아 내부의 균열이 도드라졌다. 그렇게 된 이유는 다음과 같다. 첫째 미국이 중동에서 눈을 돌려 아시아에 적극 개입하게 되고 그것이 아시아에 잠재되어 있던 갈등을 드러냈다. 둘째 남중국해 등지에서 영토를 둘러싼 정치적 갈등이 불거졌다. 셋째 중국을 감당하기 어렵다고 생각한 주변국가 중 일부는 중국과 대립하고 미국과 가까워졌다. 한편 이 시기에는 센까꾸열도/댜오위다오 어선 충돌사건도 있었고, 한국에서는 천안함사건 이후로 중미갈등이 커졌다. 만약 오늘날 동아시아론이 공허하다는 느낌이 든다면, 그것은 지난 10년간 지역 내 협력보다는 갈등구조들이 강화되었기 때문일 것이다.

창비는 동아시아론과 분단체제론을 밀접하게 연결시키려고 노력해왔다. 혹자는 창비가 한반도의 협력과 동아시아공동체의 관계를 강조함으로써 결과적으로 한반도 문제를 과대평가하는 한반도중심주의라고 비판하기도 했다. 오늘날의 현실은 그런 비판이 타당하지 않았음을 증명한다. 한반도 내부의 긴장은 지난 10년간 동아시아 협력을 가로막은 핵심적 요인이었다. 지금 그나마 협력론을 얘기할 수 있게 된 것도 한반도의 정세가 나아진 결과다. 동아시아에서 바람직한 협력체제를 구축하기 위해서는 앞으로도 한반도 내부의 문제에 주목해야 한다.

**발언자2** 최근 리처드 니스벳(Richard E. Nisbett)의 『생각의 지도』(김영사 2004)라는 책을 재미나게 읽었다. 이 책의 저자는 서양/동양 학생들을 놓고 실험을 했다고 한다. 실험 결과에 따르면 동양인(한·중·일)은 집단주의적 성향이 강하고 서양인은 개인주의적 성향이 강하다고 한다. 저자는 그런 차이가 생긴 원인을 설득력 있게 규명하지 못했다. 그러나 동양인들이 서양인들과 구별되는 특성을 지닌 것만은 분명한 사실로 보인다. 그래서 서양체제의 한계를 비판·극복할 때, 동양의 공동체정신이 중요한 자원이 될 수 있다는 발상에 동의한다.

다만 현실적 맥락에서는 동아시아 국가들이 화합하기 쉽지 않아

보인다. 유럽이 하나의 '연합'을 이룬 것은 그들의 특수한 역사적 상황 덕택에 가능했다. 유럽은 근대 이전까지 국경이 불분명했고, 근대 사회가 도래하면서야 국가간 경계가 명확해졌다. 그런데 동아시아는 근대 이전부터 국경이 뚜렷하게 갈라져 있었고, 각 국가들이 꽤 독립적인 정치적 체계를 수립한 상태였다. 또한 동아시아는 자생적 근대화를 이루지 못했던 탓에, 각각의 국가가 서양과 교접하며 근대화를 이룩했다. 이런 역사적 맥락을 감안하면, 동아시아가 협력해야 한다는 말은 당위론으로 느껴지는 면이 있다. 이런 당위적인 면이 어떻게 현실화될 수 있을까에 대해 논의해보았으면 한다.

**발언자3** 한·중·일 동양의 공동체정신, 관계중심성을 강조하면 오리엔탈리즘에 빠질 위험이 있다. 많은 서구인들이 동양에 주체로서의 개인 개념이 없었다는 점을 비판하는데, 그에 맞서 동양의 공동체나 관계 같은 것을 강조하다보면 오히려 서구의 비판을 강화하는 결과가 되지 않을까 한다.

**발언자4** 최근 미국의 세계지배전략은 동아시아뿐 아니라 태평양·인도양을 주요하게 겨냥하고 있다. 동아시아적 관점만 고수하면 미국이 한반도 주변에서 행하는 일들만 보이는데, 미국의 대외정책을 총체적으로 분석하려면 더 거대한 시야를 가져야 한다. 꼭 아시아-태평양을 분석단위로 삼아야 한다는 말은 아니다. 다만 미국이 동아시아 바깥에도 적극적으로 개입하고 있는 상황에서 동아시아 지역만을 강조하면 세계체제의 분석에 허점이 생긴다는 것이다.

**사회자** 국제정치 상황이 변화되었다면, 분석의 범위는 갱신될 수 있다는 지적에 동의한다. 백영서 선생의 동아시아론은 사회과학적인 시각을 견지하며 조직적(정치적)인 문제를 주로 다룬다. 반면 백낙청 선생은 동아시아론을 단순한 체제론(사회분석)으로만 한정하면 안 된다면서 문명론을 강조했다(「다시 지혜의 시대를 위하여」). 문명론을 강조하는 입장과 정세적 분석을 강조하는 입장 사이에 얼마간 시각 차이가 있는 것으로 보인다.

**발언자5** 첫번째 발제에서 주로 거론된 글의 필자로서 제기된 문제들에 대해 논평하겠다. 첫째, 지역/지리 개념은 고정된 것이 아니고, 분석의 목적이나 과제에 따라 변화되어야 한다. 특정 상황에서는 동아시아에 주목해야겠지만, 다른 상황에서는 아시아-태평양이나 일대일로 등을 대상으로 상정할 수 있다. 이번에 텍스트로 삼은 글들은 과거의 구체적 상황에 맞춰 쓰인 것이다. 동아시아론이 지금도 유효한지에 대해서는 차후에 검토하면 좋겠다.

둘째, 동아시아론은 정세론과 문명론의 성격을 겸하고 있다. 동아시아론의 기원에 있는 안중근부터가 정세론과 문명론을 함께 제기했고, 창비는 그런 문제의식을 계승했다. 물론 정세론과 문명론 중 어떤 것을 강조할지는 상황에 따라 바뀔 수 있지만, 어쨌든 창비 필진들은 둘을 함께 조화시키려고 노력했다. 사족이지만, 개인적으로는 지난 몇년 동안 정세론보다 문명론 쪽으로 관심사가 기울어 있었다. 그런데 오늘 토론을 들으면서 앞으로는 정세론에도 신경을 쓰고 균형을 맞춰야겠다는 생각이 들었다.

셋째, 동아시아론이 처음 부각된 시기는 1990년대 초반이다. 당시의 동아시아론은 냉전체제의 종언, 중국 및 소련과의 국교 수립, 민족주의를 비판하는 담론의 대두 등을 배경으로 제출된 것이다. 물론 김대중-노무현 정부 때에 이르러 그것이 정책적 어젠다로 발전되기는 했으나, 이 담론을 처음으로 제기한 것은 인문학자들이었다.

창비가 동아시아론을 정초할 때 백낙청 선생은 분단체제론을 강조하고, 나와 최원식 선생은 동아시아론을 천착했다. 그러다가 차츰 분단체제론과 동아시아론이 결합됐다. 참고로 류준필 교수는 분단체제론과 동아시아론의 결합이 부자연스럽다고 비판했다. 이 문제는 백낙청 선생의 다른 글(「동아시아공동체와 한반도」, 『역사비평』 2010년 가을호)을 참조하면 좋겠다.

나는 동아시아론을 제기할 때부터 이 담론이 한반도문제를 포괄해야 한다고 생각했다. 북한문제를 누락시키면 동아시아론은 속이 비어 있는 도넛처럼 될 위험이 크다. 내가 복합국가론을 제기한 것도 분단체제론과 동아시아론을 결합하려는 노력의 소산이었다. 한반도의 정치적 상황과 동아시아의 협력 중 한쪽만 강조하면 공허하고 폐쇄적인 논의가 되기 쉽다. 그런데 두 문제를 결합시키고 복합국가론(유연한 주권 개념 등)을 이야기하면, 한국뿐 아니라 중국-대만의 양안관계, 오끼나와 문제 등을 설명할 때에도 도움이 되는 개념으로 확장될 수 있다. '핵심현장'이란 발상도 이와 연관된 것이다.

동아시아 담론은 과거보다 중요해졌다. 한반도의 정세 개선이 이중과제론/복합국가론을 현실적이고 설득력 있는 담론으로 부상시켰기 때문이다. 다만 변화된 국제정세에서 동아시아 협력이 어떻게 가능할지는 미지수로 남아 있다. 동아시아 연대를 힘들게 만드는 현실적 조건은 많다. 그러나 국가끼리의 작은 협력마저 불가능할 것이라고 단정할 필요는 없다. 따라서 동아시아에 관한 고민은 여전히 필요하다. 2018년의 상황에서 동아시아론을 어떻게 갱신할지에 대해 함께 고민해보면 좋겠다.

**발제자1** 동아시아론이 처음 제기될 때의 정세는 지금보다 여러모로 낙관적이었다. 동아시아관계나 남북관계에 대해서 희망적인 전망이 공유되던 시절이었다. 그후 비관의 시기가 왔고, 이제는 새로 논의를 시작할 때가 되었다. 오늘날 동아시아론을 갱신하는 작업은 긴요하다. 중국과 일본도 곧 자기들 관점에 따라 동아시아론을 전개할 텐데, 한국도 뒤처지지 않으려면 동아시아에 대한 구상을 내놓아야 한다. 또한 과거의 동아시아론에서 중요하게 다뤄지지 않았던 북핵문제 등에 대해서는 새로운 논의가 이뤄져야 한다.

**발언자5** 분단체제론과 동아시아 담론을 결합시킬 때에는 구체적인 맥락을 고려해야 한다. 국제정치에서 가장 중요한 변수는 결국 열강들의 관계이다. 그래서 동아시아론을 제기할 때에는 세계체제에 대한 분석을 누락해서는 안 된다. 특히 한반도 문제는 국내적 차원과 국제적 차원이 복잡하게 얽혀 있는데, 두 차원을 함께 살펴야 한다.

**사회자** 두번째 발제에 대해서도 질문이 있거나 다른 각도에서 생각해본 것이 있다면 말씀해달라.

**발언자5** 발제에서 "동국에서 동학"을 한다는 것이 어떤 의미인지를 보다 구체적으로 설명해주면 좋겠다. 나는 새로운 보편성에 관심이 있다. 어떤 중국학자는 보편이란 수직적인 관계에서 가장 위에 놓인 것을 지칭하는 개념이라면서 '수평적 보편성'을 대안 용어로 제출했다. 비슷한 문제의식에서 나도 '소통적 보편성'을 말한 적이 있다. 그런데 백낙청 선생은 '보편성'이라는 용어를 쓰는 한 서양의 사고에서 벗어날 수 없다면서 '도' 개념을 강조해왔다. 다만 그렇게 주장하려면 기존의 보편성 논의를 비판하면서 도가 설득력 있는 개념임을 논쟁적으로 주장해야 하는데, 아직 그런 작업이 충분하게 이루어지지는 못한 듯하다.

중국의 중체서용(中體西用)이나 일본의 화혼양재(和魂洋才)에 비해서 흥미롭게도 한국에는 동도서기(東道西器)란 개념이 있을 뿐, 한도서기(韓道西器)란 말이 없다. 미야지마 히로시(宮嶋博史) 교수는 동도서기의 '동'이 동양 전체를 지칭하는 추상어가 아니라, 특정한 국가로부터 매개된 주체임을 강조했다. 나도 거기에 동의하는 편인데, 백낙청 선생은 그런 주장에 동의하지 않고, 동도서기의 '동'은 그냥 한반도를 가리키는 것이라고 말한 적이 있다.

**발제자2** 나도 동도서기의 '동'은 한반도라고 생각한다. 한반도 사람이 '동양'을 말한다면 결국 핵심은 한반도와 그 위에서 살아가는 민중이 처한 현실이 될 수밖에 없다. 또한 '동'이 곧 동아시아를 가리킨다고 추상적으로만 규정한다면, 일제의 대동아공영권 논리 같은 것으로 이어질 위험성이 있다. 참고로 동학에서의 '동'은 분명히 한반도를 뜻한다.

재야학자 채현국(蔡鉉國) 선생에 따르면 과거의 '동'은 방위적 개념이 아니라, 채색되지 않은 본래의 상태를 뜻하는 단어였다고 한다. 그 주장은 아직 충분히 고증되지 않았다. 그러나 과거에 '동'이 오늘날과 다른 의미를 내포했을 가능성은 분명 존재한다. 나는 '동'이 우리의 주체성을 강조하면서도 타자의 주체성까지 포용할 수 있는, 열린 주체성을 내포하는 개념이라고 생각한다.

**발제자1** 백낙청 선생은 「통일시대·마음공부·삼동윤리」에서 성리공부를 강조했다. "성리를 모르면 어린아이다"라는 말이 인용되었는데, 그 말이 무슨 뜻인지 질문하고 싶다. 혹자는 중국의 태평천국운동이 기독교를 기반으로 중국 내부의 문제를 해결하려고 했던 데 반해, 동학은 유불선(儒佛仙)을 융합했다고 평가한다. 이 평가가 옳은 것인지, 옳다면 동학은 어떤 배경에서 그렇게 할 수 있었는지 궁금하다.

**발제자2** 동양의 도(성리)와 서양의 이데아를 비교해보자. 이데아가 실재하는 것이라면 성리는 있으면서 없기도 한 것, 무(無)에 가까운 것이다. 원불교에서는 성리를 보는 행위를 견성(見性)이라고 칭한다. 백낙청 선생은 현실에 핍진하게 접근, 불교 용어로 환언하면 실상(實相)을 드러내고자 노력해왔는데, 그런 것이야말로 견성하는 태도라고 할 수 있다.

동양은 과거에 하나의 제국처럼 운영되었지만 국가마다 다른 법체제를 가지고 있었다. 과거에는 그것이 정실주의·인정주의 때문이라고 평가하기도 했는데, 사실 그것은 국가들 간의 구체적인 상황을 엄정하게 고려한 결과였다. 이렇게 개별 국가들의 특수성까지 사려 깊게 고려하는 태도 역시 동양적 사유와 연결된 것이라고 생각한다.

동학과 태평천국은 근본적으로 다르다. 태평천국은 내부의 타락으로 망하는데, 동학은 12개조 강령을 따랐으며 철저하게 저항적이었다. 동학의 사상적 기원은 유불선 합일, 신라의 대승불교, 도교, 퇴계학 좌파 등이었다.

**사회자** 발제자2는 발표에서 '개벽파'의 위상을 강조했다. 그런데 개화기에는 척사파와 개화파로 양분되었다는 것이 일반적 통념이다.

개벽파는 척사파의 한 조류로 보면 되지 않는가?

**발언자6** 백낙청 선생은 어떤 글에서 '물질이 개벽되니 정신을 개벽하자'라는 원불교 개교표어를 인용했다. 물질문명이 발달한 오늘의 상황에서 이 문장을 강조하는 맥락은 알겠는데, 원불교가 시작되던 당시에 이런 표어가 제출된 정황은 어떤 것이었는지 알고 싶다.

　백낙청 선생은 지자본위(智者本位)라는 개념을 중시하는데 원불교에서 이 개념이 어떤 의미를 갖는지도 묻고 싶다. 그리고 여성문제에 대해서는 이전의 토론에서도 여러차례 논의되었는데, 아직도 모호하게 느껴지는 부분이 있다. 백낙청 선생의 입장은 남자와 여자에게 기회의 평등이 주어져야 하지만, 그렇다고 양성(兩性)이 아무런 차이도 없다는 듯이 호도해서는 안 된다는 것인지 궁금하다.

**발제자2** 나는 근현대사 연구자로서 개벽파가 척사파와 개화파 못지않게 중요했음을 증명하고 싶다. 핵심은 위로부터의 근대화뿐만 아니라 아래로부터의 근대화도 존재했다는 점이다. 동학을 필두로 한 개벽파는 아래로부터의 근대화를 대표하는 세력이었다. 그런데 이후의 역사에서 개벽파인 동학은 일본군의 탄압으로 비극적 결말을 맞았다. 이것은 오늘날 개벽파가 정당한 평가를 받지 못하게 된 까닭이기도 하다. 그러나 결과가 어찌 됐든 당시 상황에서 개벽파가 존재했다는 사실 자체만큼은 분명하다.

　동학운동은 원불교 교조 소태산(少太山)이 네살 때 벌어졌다. 그가 살았던 전남 영광이 동학의 소굴이었기 때문에 그는 성장하면서 동학에 관한 이야기를 자주 들었을 것이다. 동학운동은 기술력, 즉 무기의 차이 때문에 패배했다. 소태산이 '물질개벽 이후에 정신개벽'

이라는 말을 쓴 것은 그런 현실에 대한 자각 때문이었을 것이다.

지자본위는 지우차별(智愚差別)이라는 개념이 변형된 것이다. 지우차별이란 앎으로만 차별하고, 그외의 요인으로는 차별하지 말라는 뜻이다. 지식에 따른 차별은 필요하다. 만약 지식의 위계를 인정하지 않는다면 무정부상태가 도래할 것이다. 다만 소태산은 지식에 의한 차별조차도 특정 상황에서만 정당화될 수 있음을 강조했다. 가령 어떤 분야의 지식이 필요한 상황이라면 그 분야의 지식인이 권위를 가져야 하지만, 상황이 바뀌면 그 권위는 폐기될 수 있다는 것이다.

여성문제에 대한 백낙청 선생의 입장은, 남녀의 근본적 차이를 부정하지 말고 오히려 존중해야 한다는 것이다. 조은 선생과의 대담에서 음양조화를 이야기한 것도 그런 맥락 때문이었다고 본다. 물론 그는 그것이 장기적인 과제이며, 중·단기적으로는 차별철폐라는 시급한 과제가 있음을 인정한다.

**발언자7** 백낙청 선생이 여성문제의 장기적인 과제를 음양조화라고 주장하는 맥락은 이해가 된다. 또한 가부장제 비판을 능사로 여기는 입장에 맞서 자본주의가 지닌 여성차별의 문제를 강조하는 것도 타당하다. 다만 백낙청 선생은 박맹수 교수와의 대담에서 "제가 일단 남자로 태어난 이상 남자로서 어떻게 제대로 살 것인가가 일차적인 목표고, 그다음에 여성들이 자력양성하는 데 어떻게 도움을 줄 것인가도 동시에 추구해야"한다고 말한 바 있다(「물질개혁에 상응하는 정신개벽이 일어나야」). 남성이 성차별을 해소하고 여성의 자력양성을 위해 노력해야 한다는 것은 이해가 되는데, "남자로 태어났으면 남자가 할 일을 열심히 연구하고 실행"한다는 것은 어떤 의미인지? 생물학적 차이 외에 남자의 일과 여자의 일을 구분하는 것이 지금 설득력 있는 전술일지 궁금하다.

또한 궁극적인 목표를 '성의 조화'가 아니라 '음양의 조화'로 표현하는 것이 적실할까? 예컨대 인종차별 철폐의 궁극적 방향을 '인종의 조화'가 아니라 '색(色)의 조화'로 표현한다면 사회적 맥락을 넘어 너무 본질주의적이고 우주론적으로 가버리는 것이 아닐까.

**발언자8** 백낙청 선생은 아마 남녀를 음양으로 설명하는 관점을 포기하지 않을 것이다. 그가 지지한 작가 로런스는 후기로 갈수록 마초적인 기질을 강하게 노정했다. 그래서 일부 학자들은 로런스를 파시스트라고 비판하기도 한다. 그런데 로런스는 성평등이 부르주아적·기계적 평등으로 귀결되면 안 되고, 어떤 종류의 결정적인 순간에는 남자가 남자다운 역할을 해야 한다는 점을 강조했다. 백낙청 선생은 그런 로런스의 주장에 동의할 것이다.

**발언자5** 새로운 논점을 던지고 싶다. 오늘은 문명전환론에 대해 제대로 다루지 못했다. 그런데 백낙청 선생은 문명의 대전환을 이야기하면서 종교의 역할을 강조한다. 토론자들이 이런 방법론에 어떤 느낌을 갖는지 묻고 싶다.

**발언자9** 동도서기의 '동'과 동학의 '동'은 조금 다른 것 같다. 동학은 서양이 들어온 이후에 정초된 것이고, 따라서 거기서의 '동'은 서양에 대한 대결의식을 내포하고 있다. 근대 이전의 사회에서는 정교일치가 가능했고 근대사회에서는 정교분리가 이루어졌는데 백낙청 선생은 정교동심(政敎同心)을 강조한다. 정교동심론은 단순히 정교일치로 회귀하자는 주장이 아니며 근대의 병폐를 극복하자는 구상의 일부이기 때문에 이중과제론과 연결하여 설명되어야 한다.

**발언자6** 나는 백낙청 선생이 원불교를 종교로서 받아들인다고 생각하지 않았다. 종교의 근본 특질은 기복성(祈福性)인데, 그는 원불교를 기복적인 신앙으로서가 아니라 일종의 사상이나 철학으로 참조하기 때문이다.

**발언자3** 원불교는 기복적인 종교가 아니다. 또한 모든 종교는 기복적인 측면을 없애는 쪽으로 발전해나가야 한다. 그리고 원불교가 종교냐 철학이냐를 따지는 것은 서구적인 이분법이다. 서양에서는 종교와 철학이 구별되었지만, 동양에서는 둘 사이의 경계가 본래부터 명확하지 않았다.

**발언자8** 정교동심이라는 말에 공감이 간다. 민주주의는 구성원들의 정신적인 수준이 뒷받침되지 않으면 좌초되기 쉽다. 따라서 신성한 것에 대한 외경을 중심으로 사람들이 스스로의 정신을 수양하게 만드는 구심점이 필요하다.

**사회자** 아쉽지만 이것으로 논의를 마치고, 부족한 논의는 다음차 백낙청 선생의 강평과 토론에서 계속하겠다.


## 정리자 종합

1) 미국은 태평양·인도양 주변의 국가들로 패권을 확대하고 있는

상황인데, 여전히 동아시아론은 유효한가. 이 질문은 두개의 질문으로 세분화될 수도 있을 것이다. 첫째, 동아시아에서 벌어지는 일들을 주요한 분석단위로 상정할 때 미국의 국제정책을 충분히 총체적으로 설명할 수 있는가. 둘째, 동아시아의 협력체제는 미국 중심의 세계질서에 균열을 일으키는 구심점이 될 수 있는가.

2) 통일운동에 대해 토의할 때에는 시민운동의 역할이 강조됐는데, 6회차 모임에서 동아시아 협력을 이야기할 때에는 주로 정책적인 방향에 대해서만 논의가 이루어졌다. 동아시아 협력을 할 때 시민들의 참여는 어떤 방식으로 가능하며 그것이 얼마나 중요한지에 대해서도 이야기를 나눠보면 좋겠다.

3) '보편성'을 어떻게 봐야 할까. 수평적 보편성, 소통적 보편성, 매개적 보편성 등의 용어도 거부해야 할까. 만약 그렇다면 보편성을 대체할 개념어는 어떤 것이 있을까. 그리고 이와 관련하여, 동도(東道)는 어떻게 이해해야 하는가. 토론에서 제기되었던 쟁점은 아니지만, 이중과제론은 동도서기와 다른 것인지, 다르다면 어떻게 다른지를 논해볼 수 있겠다.

4) 정교동심이 필요하다면, 종교는 현대사회에서 어떤 역할을 해야 하는가.

**백낙청** 반갑습니다. 여러분도 그사이에 2주를 걸렀기 때문에 오랜만에 서로 뵙는 것 같고, 학교에 계신 분들은 종강은 했겠지만 아직 방학은 안 한 바쁜 시기인 것 같아요. 그럼에도 나와주셔서 고맙습니다. 우선 머리발언을 할 텐데, 오늘은 좀 길어질지도 모르겠어요.

먼저 전회에 대한 토론 정리문과 발제문을 읽어봤는데 두 발제 모두 내용이 알찼지만 이번에도 하루에 소화하기에는 너무 큰 주제였던 것 같습니다. 게다가 서로들 사용하는 개념과 용어가 엄밀하지 못하고 이해도 부족해서, 그렇지 않아도 짧은 토론 시간에 진도가 좀 느려진 면도 있는 것 같아요.

전에 내가 대학과 관련해서 '게릴라전' '유격전'이라는 표현을 쓴 적이 있는데, 지금 우리가 무슨 '정규전'을 벌여서 대학을 바꿀 처지가 아니라는 뜻이었지요. 그런데 최근 세교포럼(「북미정상회담과 지방선거 이후 한반도, 그리고 시민의 역할」 2018.6.15)에서는 좀 다른 어법으로 그람시(Antonio Gramsci)가 말하는 '기동전'과 '진지전'을 이야기한 바 있습니다. 기동전이라는 것은 그야말로 적진에 쳐들어가 싸워 무찌

르는 것이고, 진지전은 서로 진지를 구축해놓고 장기적으로 대치하는 싸움입니다. 우리가 이 모임에서 하는 작업이 전면전이냐 유격전이냐 하면 유격전이 맞고, 또 기동전과 진지전으로 비교한다면 진지전을 해나가고 있는 걸 거예요. 우리 사회에서 기동전이라고 하면 적폐청산처럼 당장 여기저기 수술할 곳을 수술하는 건데, 우리가 지금 하는 게 그런 작업은 아니잖아요? 그러니까 더 길게 보면서 공부하는 진지전이라고 할 수 있습니다. 그런데 학문세계의 진지전에서 승리하려면 결국 학문적으로 더 우수해야 한다고 봅니다. 다시 말해서 더 넓고 깊게 보면서 학적으로 더욱 엄밀해야 한다고 생각합니다. 그런 취지로 오늘 머리발언에서는 두 발제에 대해서 약간씩 논평을 한 뒤에 개념 정리에 치중해볼까 합니다.

## 이중과제론과 동아시아론에 대하여

지난 모임의 첫 발제, '이중과제론과 동아시아론에 대한 질문들'은 2008년 백영서 교수의 논문 「동아시아론과 근대적응·근대극복의 이중과제」를 주로 다뤘더군요. 발제의 제목에 '이중과제론과 동아시아론'이라고 되어 있으니까 처음부터 그에 해당하는 내용을 딱 잡아서 집중적으로 다루는 것이 효과적인 논술전략일 수는 있습니다. 그렇지만 우선 우리 창비담론 아카데미의 주제에 비춰서 그것을 처리하는 방식이 있고, 또 가령 발제의 첫부분에서 타께우찌 요시미, 쑨거 등을 거론하는데 정작 논의를 보면 타께우찌 논의가 좀 있고 쑨거는 타께우찌를 한국 담론계에 끌어들였다는 정도밖에 얘기하지 않은 채 주로 백영서 선생 얘기를 하고 있어요. 하지만 기왕에 거명했으면 이 사람들을 비교·검토하는 작업이 더 필요하지 않았을까 하는 생각이고요. 또 이 아카데미의 성격상 나의 동아시아론하고도 대조했어야 하지 않느냐, 특히 『역사비평』 2010년 가을호 기고문 「'동아시아공동체' 구상과 한반도」는 원래 우리 필수 독서목록에는 안 들어 있었습니다만, 동아시아 논의를 할 때 이것도 읽자고 말했었는데 모든 사람이 다 읽을 필요는 없을지 몰라도 발제자는 그것도 다뤄줬어야 하지 않나 생각합니다.

타께우찌에 관해 길게 논의할 일은 아닌데, 발제문에 보면 타께우찌가 1940년대에 근대초극론을 제시했다고 표현했던데 이건 혼란스러운 표현이에요. 1942년에 근대초극론을 펼친 것은 일본의 쿄오또 학파였고 그때 유명한 심포지엄이 있었습니다. 타께우찌는 1959년에 가서 그것을 평가하는 논의를 합니다. 당시에 대부분의 논자가 1942년의 논의가 일본 파시즘에 동조하는 거였다고 일축하고 마는데, 타께우찌가 그렇게 간단하게 볼 일은 아니라면서 근대초극론을 다시 정리하는 논의를 벌인 것이 1959년이었던 것으로 기억합니다. 그리고 이 논의를 나는 본격적으로 받아서 하지는 못했지만 「민족문학론·분단체제론·근대극복론」(1985)의 각주에 좀 길게 언급한 것이 있습니다.•

타께우찌가 '방법으로서의 아시아'라는 것을 제창했는데, 이것이 그 나름의 고뇌의 소산이고 또 굉장히 생산적인 논의였던 건 사실입

---

• 백낙청 「민족문학론·분단체제론·근대극복론」, 『흔들리는 분단체제』, 창작과비평사 1998, 127면 각주 16. "그러나 1940년대 초 쿄오또(京都)학파에 의한 '근대의 초극' 논의 자체를 곧바로 파시즘과 연결시키는 데는 의문을 느낀다. 나는 일본 지성사의 문맥에 무척 어둡지만, 오늘날 일본의 진보적 지식인들이 겪는 일반 국민정서로부터의 고립과 그로 인한 무기력을 타개하기 위해서도 예컨대 '근대초극' 논의에 대해 일찍이 타께우찌 요시미 같은 이가 보여준 좀더 자상하고 내재적인 비판이 요청되지 않는가 한다. 竹内好, 「近代の超克」(1959), 『日本とアジア』, ちくま學芸文庫, ちくま書房 1993 참조."

니다. 그후로는 '방법으로서 무엇'이 일종의 유행이 되기도 했습니다. 그런데 자칫하면 그게 '내용'은 빼고 그냥 '방법'만 얘기하는 것으로서, 어떻게 보면 '내용'의 문제를 회피하는 면이 있습니다. 그래서 제가 난바라 시게루(南原繁)라는 사람을 잠시 언급한 적이 있는데, 이 사람은 토오꾜오대 초대총장이고, 그러니까 타께우찌라든가 마루야마 마사오(丸山眞男) 같은 이들의 스승 급입니다. 정치학자이고 일본 파시즘에 대한 아주 준열한 비판자고 전후의 민주주의 건설에 기여한 사람인데, 그가 일본을 얘기할 때는 옳든 그르든 아주 구체적인 내용이 있어요. 그게 뭐냐 하면 '우리가 일본 파시즘을 극복하고 민주주의를 건설해야 하지만 서양식으로 가지 않고 일본식으로, 아시아식으로 가려면 일본공동체의 상징으로서의 천황을 중시하고 그것을 중심으로 무엇을 건설해야 한다' 이런 얘기를 합니다. 그러니까 천황론을 지지해서가 아니라 그 사람은 리버럴한 민주주의론과 천황제라는 것을 결합한다는 구체적인 '내용'을 가지고 있는데 타께우찌는 '방법으로서의 아시아'라는 것을 일본 담론계에 던지면서 그런 게 안 나오는 거죠. 사실 타께우찌가 난바라처럼 천황제를 들고 나올 수는 없는 것이었고요. 다만 '방법'을 말할 때 그게 '내용'의 문제를 회피하는 결과가 되어서는 안 되겠다는 이야기입니다.

한국 내 동아시아론의 궤적도 발제문에서 좀더 보완할 필요가 있어요. 백영서 선생이 2008년 이전에도 이미 동아시아론을 중요하게 제기하기는 했지만 창비로 볼 때는 1993년 봄호(79호)에 '세계 속의 동아시아, 새로운 연대의 모색'이라는 특집을 했고, 그때 최원식 선생이 「탈냉전시대와 동아시아적 시각의 모색」이라는 글을 발표해서 동아시아론에 대한 본격적 논의를 시작했다고 할 수 있습니다. 그런 최원식 선생의 논의에 비해서 백영서 선생의 논의는 어떻게 달랐고

어떤 점을 계승했으며 어떤 차별성을 갖는가 하는 논의가 있어야만 백영서 동아시아론에 대한 논의도 더 충실해질 수 있죠. 그리고 또 하나 사람들이 많이 기억을 못하는데 1985년에 『전환기의 동아시아 문학』(창작과비평사)이라는 여러 사람의 글을 모은 책이 임형택·최원식 공편으로 나왔어요. 그때 임형택 선생이 머리말을 쓴 것으로 기억하는데 1980년대에 우리가 분단에 대한 논의가 꽉 막혀 있으니까, 동아시아론을 통해 우회해서 분단문제를 제기하는 그런 의도를 가지고 있었습니다. 본격적인 논의는 아니지만, 최원식 선생의 논의나 또 백영서 선생도 애초에 이 논의를 시작할 때는 한반도 분단체제에 대한 이야기가 빠져 있었어요. 지금은 백영서 선생이 문명론과 정세론을 결합해야 한다는 것을 강조하고 있는데, 그런 결합에 대한 발상을 애초에 보여준 예로 임형택 선생의 입장도 기억할 만합니다. 또 임선생이 그 얘기로 끝낸 것이 아니라 그런 문제의식을 그분 나름으로 견지해왔기 때문에 '동아시아론'이란 제목을 안 썼더라도 그분이 동아시아의 역사라든가 한반도의 근대에 쓴 글들이 다 연관됩니다. 그런 넓은 맥락 속에서 백영서 선생의 논리를 자리매김할 필요가 있을 것 같습니다.

발제에서는 동아시아론의 중·장기 과제에 적극 공감하면서도, 우리가 가진 실천적 역량에 비해 다소 과제가 과중한 것은 아닐까라고 의문을 품습니다. 그러면서 우리가 당면한 과제들은 지역 내에서 교류협력이 지속될수록 이질적인 사람들과 '어떻게 같이 살 것인가' 하는 문제가 아닐지 물었는데, 우리 자신의 실천적 역량이 과연 충분한가 하는 질문은 누구나 던져볼 만한 것입니다. 그런데 자신을 가다듬자는 뜻에서 실천적 역량의 미흡한 점을 반성하고 실행을 어떻게 해가겠다 하는 것이 아니고, 아무리 생각해도 그런 과제는 우리한테

과한 것 같다는 생각이라면 '중·장기 과제에 대한 적극적인 공감'은 일종의 레토릭이 아닌가 하는 거죠. 그리고 교류협력이 지속될수록 이질적인 사람들이 같이 사는 문제가 중요해지는 것은 틀림없는데, 단기적으로 같이 사는 문제가 과제라는 말은 동아시아론과 동일한 차원에서 이를 비판하겠다는 이야기인지 아니면 동아시아 논의를 이질적인 사람들이 '같이 사는 문제'라는 전혀 다른 차원의 논의로 바꾸는 것인지, 그런 것은 스스로 살피면서 진행할 필요가 있겠죠.

## 이중과제론과 원불교 공부에 대하여

다음으로 '이중과제론과 백낙청의 원불교 공부'라는 두번째 발제를 살펴보겠습니다. 발제문에서 얘기하듯이 내가 원불교의 정신개벽론을 중시하는 것은 사실이지만, 나는 특히 그것이 **물질개벽에 상응하는** 정신개벽'이라는 점을 늘 강조해요. 왜냐하면 '정신개벽'이나 또 그 비슷한 얘기는 종교 하는 분들이 거의 누구나 하는데, 물질개벽 시대에 대한 과학적인 인식을 바탕으로 거기에 상응하는 정신개벽이 어떤 것이 되어야 하느냐는 논의는 비교적 덜 되고 있는 것 같아요. 가령 동학이나 증산도가 전부 '정신개벽'이라는 용어를 쓰지는 않지만, 조금씩 다른 표현으로 다 정신개벽을 강조하는데, 그래서 후천개벽 사상의 틀 안에 들어가는데, 선행 사상들과 원불교의 구별이 가능해지는 지점이 바로 이것 같아요. 물질개벽 시대에 대한 과학적인 인식에 부응하는 정신개벽을 하자. 여기에 다들 얼마나 동의할지는 모르겠지만 저의 원불교 해석은 그렇고, 그래서 제가 원불교 얘기를 자꾸 하는 거예요. 물론 원불교가 동학이나 증산도하고 차별되는 또 하나는 원불교는 불법(佛法)을 주체로 삼겠다는 것을 처음부터 표방하고 나온 것이죠. 유불선 3결합을 추구하는 것은 세 종교가 다 똑같지만 그중 원불교는 불교를 특히 중시했다는 점에서 차별성이 있죠.

그리고 태평천국에 대한 이야기도 토론에서 나왔던데요. 태평천국과의 비교에도 이런 식의 이중과제론적 관점을 적용해보면 어떨까 하는 생각이 들었고, 그다음에 한말의 개화파·척사파·개벽파 얘기가 나왔죠. 원래는 우리가 근대사를 해석할 때 개화파와 척사파 그리고 개벽파라는 말보다는 동학이란 말을 써서 3대 흐름을 얘기하다가 주류학계의 논의에서는 슬그머니 동학 쪽 이야기가 줄어들고 개화파와 그에 정면으로 맞섰던 척사파라는 구도로 갔습니다. 그것은 절대적으로 개화파에 유리한 구도 같아요. 그런데 개벽파라는 용어를 통해서 3자구도를 다시 복원시키는 것은 대단히 중요하다고 생각합니다. 이 세가지 흐름을 평가하는 기준이 여러가지가 있겠지만 나는 여기도 이중과제론을 한번 적용해보면 어떠냐 하는 생각입니다.

가령 개화파라는 것은 이중과제론 입장에서 보면 근대극복보다는 근대적응에 주력한 그룹이죠. 그중에는 급진파가 있고 온건파가 있겠지만 기본적으로는 근대적응파입니다. 척사파는 근대거부파죠. 근대에 적응하면서 극복하자는 것이 아니고 그냥 거부했던 것이죠. 그렇게 보면 개벽파가 거의 유일하게 근대적응과 근대극복의 이중과제에 어느정도 부합하는 흐름이었다고 볼 수는 있습니다. 그러나 현실적으로는 당시 개벽파가 근대적응의 능력이 어느 정도였고, 근대에 대해 얼마나 이해하고 근대극복을 위해서 어떻게 노력했으며 어떤 비전을 가지고 있었느냐 하면, 그 관점에서는 높이 평가하기 어렵지 않은가 합니다. 한말의 시점에서는 실패한 게 사실이고요.

사상적으로는 다시 원불교 얘기가 나오는데, 개벽파의 흐름이 한편으로는 불교와 결합하고 다른 한편으로는 물질개벽 시대의 현대 과학문명에 대한 인식이 더 깊어지면서 물질개벽에 상응하는 정신 개벽 운동을 벌이자라고 했을 때 적어도 이중과제 수행의 기본적인 골격은 갖춰졌습니다. 현대 원불교 교단이 그걸 얼마나 생각하는지에 대해서는 나중에 말씀을 들어봤으면 합니다.

"삼동윤리 무서운 줄 알자"라고 내가 말한 적이 있는데, 그 발언을 상기시켜주셔서 고맙습니다. 그런데 삼동윤리는 탈교단주의만이 아니고 어떤 면에서는 탈종교적 사상이에요. 그러니까 사실은 조직화된 종교의 하나임에 틀림없는 원불교에서 이런 탈종교적 교리를 내세웠다는 것이 패러독스라면 패러독스라고 할 수 있어요. 그것을 진지하게 받아들이면 원불교 교역자들로서는 굉장히 무서운 얘기가 되는 것이죠. 아무튼 저는 탈교단적·탈종교적 사상이라고 하는 그 점을 중시하고 있고요.

문명전환을 위한 종교의 역할에 대해 발언자5가 질문을 던지고 발언자9와 발언자6의 반응이 있었는데, '탈종교적 교단이 과연 가능한지' 이런 것은 더 논의해볼 문제인 것 같습니다. 원불교 교단이 이미 삼동윤리를 제대로 실현하고 있으면 여기에 대한 일정한 답이 나온 셈이고요. 모든 사람들에게 다 적용되는 답이 될지는 모르지만 하나의 범례가 제공된 셈일 텐데, 반면에 원불교조차 그 문제로 고전하고 있다면 이것은 굉장히 어려운 문제다 하는 것을 더욱 실감하겠죠. 페미니즘 관련해서 발제나 토론이 나왔는데 그것은 뒤에 다시 논하기로 하겠습니다.

## 동아시아에 대한 개념 정리

　이제 지난번 공부에서 쓰인 여러가지 용어 중 몇가지를 좀더 엄밀히 파악하고 정확하게 사용하자는 말씀을 드리고자 합니다. 현 상황에서 동아시아론이 유효한가 하는 것을 발제자도 그렇고 토론 정리자도 물었는데, 그에 앞서 그렇게 묻는 사람들은 '동아시아'가 어디서부터 어디까지라고 보는지를 스스로 밝혀둘 필요가 있다고 생각합니다.

　발언자5의 지적대로 동아시아는 주제와 시기에 따라 그 내포와 외연이 달라집니다. '동아시아체제론'이라는 것이 있는데, 나는 개인적으로 '동아시아체제'는 그다지 엄밀한 개념일 수 없다고 생각합니다. 물론 '분단체제'는 엄밀한 개념이냐 하는 소리도 많이 듣고 살아왔습니다만,(웃음) 상대적으로 동아시아에 비하면 분단 한반도는 훨씬 체제에 가깝죠. 그런데 동아시아는 지금 말대로 주제와 시기에 따라 그 내포와 외연이 달라지니까 이것을 가지고 체제론을 벌이기는 참 어렵다는 생각이에요.

　그리고 동아시아라는 표현이 있고, 동북아시아가 있고, 아시아, 아시아-태평양 등 여러 개념들이 있는데 내용상 이것들이 다 중첩되는 것이지 배타적인 것은 아니죠. 그리고 재미있는 것은 사전상의 의미로만 따지면 동북아시아는 동아시아 중에서 북쪽의 절반쯤 되는 것 아니겠어요? 그런데 사실은 그렇지 않죠. 실제로 동북아시아라고 하면 여전히 중국이 들어가니까. 물론 중국 사람들은 이 단어를 별로 안 쓰죠. 자기들은 동북(東北) 그러면 동북3성이지 어떻게 중국이 동북아시아에 들어가느냐 하지만, 우리나라뿐만 아니라 일본에서도 동북아시아 또는 북동아시아 얘기할 때 당연히 중국이 들어갑니다. 그래서 동아시아의 북쪽 절반만 들어가는 것이 아니라 중국이라는 큰 덩어리가 들어가고 또 대개 동북아시아 얘기하면 러시아가 들어가요, 6자회담에도 들어가고요. 그래서 이게 굉장히 유동적입니다. 부분적으로 중첩되는 개념이고요.

최근에는 '인도-태평양'이라는 개념도 나오는데 이것은 처음부터 중국을 배제하기 위한 개념·구상 같아요. 적어도 아직까지는 그런 것 같습니다. 그래서 지리적으로 말할 때 태평양이라고 하면 중국도 들어가지만, 그것과는 조금 다른 구상인 것 같고요. '지역협력의 현장을 이루는 지리적 범주'와 관련하여 「21세기 한반도의 발전전략을 위해」(2004)라는 글에서도 언급한 바도 있고, 또 지역적 정체성의 다원성에 관해서도 앞에 말한『역사비평』의 글(「'동아시아공동체' 구상과 한반도」 235~36면)에 나옵니다.

---

### 백낙청 「21세기 한반도의 발전전략을 위해」(2004)

『한반도식 통일, 현재진행형』 260~61면

끝으로 지역협력의 현장을 이루는 지리적 범주에 대해, 이는 그때그때 사안에 따라 신축적으로 정할 일이며 어느 한가지 명칭이나 정의에 집착할 까닭이 없음을 강조하고 싶다. 예컨대 동아시아문명의 유산을 활용한다고 할 때는, 지리적으로나 정치적으로 동북아에서 큰 비중을 차지하는 러시아가 한(=한반도)·중·일은 물론, 동남아에 속하는 베트남보다도 역할이 작기 쉽다. (그러나 이 경우에 특히 유념할 점은, 딜릭이 경계한 '문화의 사물화'라는 함정에 빠지지 않으려면 과거에 특정 문명권에 속했던 지역과 오늘날 그 문명의 유산을 동원하는 활동의 소재지를 동일시해서는 안 된다는 점이다.)

다른 한편, 북핵문제 해결을 위한 6자회담이 보여주듯이 역내의 안보나 평화체제 구축이 문제될 경우에는 러시아를 빼놓을 수 없고 역내 국가가 아닌 미국도 엄연한 '역내 권력'으로서 참여하게 된다. 그런가 하면 '아세안+3' 같은 범동아시아 차원의 경제협력에서는, 장차 북한이 포함되는 '아세안+4'로 확대할 필요성은 절실하지만 러시아가 정회원 자격으로 참여하는 것이 반드시 필요하달 수는 없다. 또, 동북아로 되돌아와 '환황해권' —— 또는 앞서 언급한 좌담에서 김석철 교수가 주창한 '황해도시공동체' —— 을 말할 경우는 한반도의 동남부 산업 및 물류 중심지대나 일본의 세또나이까이(瀨戶內海) 일대까지 당연히 지역범위를 확대해야겠지만, 러시아의 연해주(沿海州)나 일본의 칸또오(關東) 지방은 (중국대륙의 내륙지대나 남중국해 연안과 마찬가지로) '환황해권'에 직접 들지는 않는 외곽의 중요한 변수로 설정되는 것이 옳지 싶다.

이런 다양한 지역 개념들을 어떤 맥락에 채택하며 구체적으로 어떤 윤곽을 부여할지는 전문적인 식견을 갖춘 이들에게 맡길 일이다. 다만 지역 간 협력에 관해서도 여러 규모, 여러 차원의 협력을 동시에 수행할 필요가 있으며 이 또한 시간상의 장·중·단기 전략을 차별적이면서도 일관되게 구사해야 한다.


그런데 분단체제론이나 저의 입장에서 사회분석의 기본단위는 어디까지나 세계체제입니다. 따라서 정리자의 질문1 중에서 "동아시아에서 벌어지는 일들을 주요한 분석단위로 상정할 때"라고 한 것은 세계체제론 및 분단체제론의 대전제에 어긋나는 어법이죠. 다만 '동아시아' 개념이 세계체제 속 특정 지역의 현실을 이해하고 대응하는 하나의 전략적 도구일 수는 있다고 봅니다.

따라서 그에 이어지는 물음 "동아시아의 협력체제는 미국 중심의 세계질서에 균열을 일으키는 구심점이 될 수 있는가" 하는 것은 충분히 논의할 만한 주제인데, 일반적으로 이렇게 남한테 반론성·반박성 질문을 던질 때 처음부터 질문 자체로 상대방을 옭아매놓고 하는 것은 페어플레이가 아닌 것 같아요.(웃음) 동아시아의 협력체제가 미국 중심의 세계질서에 균열을 일으킬 수 있느냐 없느냐 하는 게 질문의 요지인데, 거기서 더 나아가 '구심점'이 될 수 있느냐고 물어보면 대답하는 사람이 굉장히 곤란해지죠. 그냥 균열을 일으키는 것이 아니라 구심점이 되는 것까지 입증해야 하니까요. 그래서 구심점이 될 수 있느냐 없느냐로 논의를 좁히지 말고 **어떤** 동아시아의 **어떤** 협력체제가 **얼마만큼의** 균열을 일으킬 수 있을지를 검토하는 것이 바람직하다고 봅니다.

질문2 "동아시아 협력을 할 때 시민들의 참여는 어떤 방식으로 가능하며 그것이 얼마나 중요한지"에 대해서는 동아시아 차원의 국가연합 또는 복합국가가 적어도 상당기간 불가능하다는 현실인식에서 출발하는 것이 좋을 것 같습니다. 하지만 바로 그렇기 때문에 오히려 시민참여의 중요성을 높이는 면도 있음을 검토해볼 필요가 있겠는데, 그에 관해서는 앞서 말한 『역사비평』의 기고문을 참조해주시기 바랍니다.

## 백낙청 「'동아시아공동체' 구상과 한반도」(2010)

『역사비평』 2010년 가을호, 238면

동아시아에서 지역적 유대를 형성하는 작업은 기존의 어떤 구상보다 담대하고 창의적일 필요가 있다. 유럽의 선례를 참고하되, 우리도 언젠가는 유럽 같은 국가연합을 만들 수 있다는 허황된 기대를 접어야 하고, 유럽연합보다 저급한 공동체로 만족할 수밖에 없다는 체념도 벗어던져야 한다. 국가가 기본단위로 통합하는 공동체가 불가능하다는 사실이야말로 도리어 지역주민 위주의 접근으로 전환할 수 있는 절호의 기회이다. 정부를 제쳐두고 시민들만으로 문제를 해결할 수 있다는 말이 아니다. 정부가 자유무역협정 같은 다양한 쌍무적 또는 다자적 협약을 통해 지역공동체 형성을 촉진하는 일은 필수적이다. 그러나 국가 차원의 연합을 통해 안보, 경제, 문화 등 여러 분야의 유대를 일거에 강화하는 대신, 분야마다 지역의 현실에 가장 부합하고 주민들의 생활상의 이익에 충실한 형태와 수준의 협력관계를 다양하게 구현해가자는 것이다.

## 복합국가 개념에 대한 문제제기

그다음 복합국가라는 개념은 요즘 백영서 선생의 트레이드마크처럼 되어 있고, 지난번 논의에서도 많이 나왔죠. 이 이야기가 한국 담론계 논의에서 처음 나온 것이 1972년인가 73년인데, 그 무렵에 천관우(千寬宇) 선생이 그 얘기를 처음 했어요.• 그분은 저널리스트고 한국사 연구자이지 정치학자가 아닌데, 당신이 어디서 정치학 책을 들취보니까 복합국가라는 말이 연방제니 연합제니, 즉 단일형 국가가 아닌 온갖 국가를 포괄하는 개념이더라 그러셨어요. 그런데 내가 정치학자들 얘기를 좀 들어본 바로는 어떤 학자는 그것을 별로 인정 안 하더라고요. 그만큼 학계에서도 그다지 보편화된 개념이 아니에요. 천관우 선생이 그 얘기를 할 때는 북에서는 고려연방제 제안을 했고 남한은 주야장창 인구비례에 의한 남북한 총선거를 주장하던 때여서 연방 비슷한 얘기만 했다간 큰일 나는 거예요. 그래서 이분이 복합국가라는 말을 어디서 찾아내서 쓰신 겁니다. 당시의 역사적인 맥락에서는 아주 적절한 문제제기였다고 할 수 있습니다. 그런데 지금 한반도를 보면 이미 연방제·연합제 얘기도 많이 나왔고, 요즘은 연방제 얘기를 해도 종북좌파로 몰리긴 하지만 잡혀가지는 않아요. 그런 데다가 2000년에 이미 남북정상이 남측의 연합제 안과 북측의 낮은 단계의 연방제 안이 서로 공통점이 있다고 합의를 봤기 때문에, 이제는 낮은 단계의 연방제와 연합제는 어떻게 다르며, 공통점이 있다지만 어느 쪽에 더 치중할 것인가 같은 점을 살펴봐야 할 때입니다. 나는 개인적으로 당연히 연합제가 당면과제라고 생각하는데, 임동원(林東源) 선생의 회고록 『피스메이커』[**]를 보면 김정일 위원장도 그때 실질적으로 동의한 것으로 나옵니다. 그런데 지금 형편으로는 연합제도 낮은 단계, 높은 단계로 쪼개서 '낮은 단계의 연합'이 당면과제가 아닌가 싶어요. 이렇게 아주 더 구체적인 논의로 들어갈 시점인데, 복합국가라는 말은 그런 논의를 회피하는 결과가 될 수 있어요.

한반도에 국한하는 얘기가 아니라 동아시아 전역에 대해서 얘기할 때는 나라마다 상황이 워낙 다르기 때문에 복합국가라는 더 포괄

---

[*] 천관우 「민족통일을 위한 나의 제언」, 『창조』 1972년 9월호.
[**] 임동원 『피스메이커: 남북관계와 북핵문제 25년』(개정증보판), 창비 2015.

적인 용어가 편리한 면이 있습니다. 그런데 현실을 보면 동아시아가 가령 유럽연합 같은 복합국가를 만들 가능성은 당분간 거의 제로이고, 그렇다고 중국이 남북연합 같은 그런 복합국가로 나아갈 건가 하면 그 가능성도 거의 없습니다. 그러니까 복합국가가 딱 적용되는 경우가 그렇게 많지 않아요. 아니 거의 없다, 드물다고 할 수 있습니다. 그런 점을 인식하면서 복합국가라는 말을 사용할 필요가 있고요.

　다음에 동학, 동도서기, 보편성, 종교 등 여러 개념이 나왔는데, 동학(東學)의 '동'을 나도 옛날엔 동양의 '동'이라고 생각하다가, 동학의 동은 한반도의 동이라는 박맹수 교수의 주장을 읽고 일찌감치 승복했습니다. 그런데 동도서기(東道西器)는 이른바 온건개화파 유생들의 개념이거든요. 그 사람들이 무슨 후천개벽의 진원지로서 '한반도＝동'이라고 했을 리는 없을 것 같아요. 발언자5가 이런 말을 했어요. "백낙청 선생은 (…) 동도서기의 '동'은 그냥 한반도를 가리키는 것이라고 말한 적이 있다"라고. 내 기억으로는 이건 사실무근입니다.(웃음) 그런데 일본에서는 화혼양재(和魂洋才)라는 말을 썼고, 중국에서는 중체서용(中體西用)이라는 말을 썼는데, 둘 다 자국중심주의적인 표현이죠. 그에 비해 한반도에서는 동도서기라는 말을 쓸 때 그 동이 한반도가 아니고 중국을 포함하는 동아시아라고 하면 이것은 적어도 자국중심주의에서는 벗어나 있고, 어떤 점에서 유교적 보편주의를 주장했다고 할 수 있습니다. 동도서기론에 대해서는 『흔들리는 분단체제』243면에서 약간 언급한 바가 있고, 또 도와 기의 구별과 합일 문제는 『분단체제 변혁의 공부길』에서 말한 바가 있습니다.

## 백낙청 「세계시장의 논리와 인문교육의 이념」(1994)

『분단체제 변혁의 공부길』 252~53면

인류 전체의 생존과 보람있는 삶을 위해서도 '우리 것'이 어떻게 필요한지가 분명해져야 하는데, 진리에 대한 다수 서양 지식인들의 신념 상실을 보나 현대 기술문명이 초래한 인류 파멸의 위험을 보나, 옛날처럼 서양인들의 '서도서기(西道西器)'에는 아무런 문제가 없고 우리가 '동도서기(東道西器)'를 하느냐 마느냐만이 문제이던 시기는 지났음을 알 수 있다.

그렇다고 이제야말로 '동도서기'를 새로 할 때라는 말은 아니다. '동'과 '서'가 비교적 분명히 구별되던 시절 자체가 이미 지났고, 지금은 기술문명을 두고도 '서기'라 부르는 것이 역사적인 연원을 따지는 것 이상의 의미를 갖지 않는다. 요는 동서를 막론하고 '기'만 남고 '도'는 사라지다시피 한 상황인데, 여기서 오늘의 기술문명을 이끌어줄 새로운 진리 내지 '도'가 필요한 것이며 그런 의미의 새로운 '도·기 합일(道器合一)'이 세계체제 자체의 현실에 의해 요청되고 있는 것이다.* 예컨대 푸꼬가 종전의 인문주의자와 같은 '보편적' 지식인보다 정치의식을 지닌 핵물리학자 오펜하이머(R. Oppenheimer)와 같은 '특수'(specific) 지식인을 이야기할 때, 일종의 현대판 '도기합일'에 대한 구상이 연상되기도 한다.** 다만 푸꼬에게는 '도'의 개념은 물론 과학이나 형이상학의 'truth'가 아닌 그 어떤 진리에 대한 개념도 없기 때문에, 그의 이 발상은 진정한 도기합일을 촉진하기보다 전문적 지식인의 세계지배를 합리화할 가능성이 크다. 실제로 그가 '특수 지식인'을 근년의 대학 속에 이미 자리잡은 존재로 파악하고 있는 것도 그런 인상을 더해준다. 진리 개념의 부정이라는 면에서 푸꼬는 물론 극단적인 예다. 그러나 일반적으로 서양의 '진리'는 비록 그 자체가 나름의 '도'를 구현하는 방편이었다고 해도 '도'로부터는 너무나 오래, 너무나 멀어진 것이기에, 오늘날 '도기합일'에 해당되는 그 무엇이 요청되고 있다면 아직도 '도'의 개념이 얼마간 살아 있는 동양의 인문적 전통과 한국인의 주체적 실천에서 배울 필요가 절실한 것이다. '우리 것'이 우리만의 특수한 관심사로 그치지 않을 가능성이 여기서 열린다."

* '도기합일'이라는 표현은 '현대의 학문체계' 공동연구 중 이성규(李成珪) 교수의 발제(1992.9.25)에 힘입었다. 다만 본고에서는 그 원뜻보다 필자의 문맥에 맞춰 임의로 적용한 것이다.
** Michel Foucault, "Truth and Power" *The Foucault Reader*, ed. P. Rabinow, Pantheon 1984, 68~69면.


그다음에 보편성 문제인데 정리자의 질문3은 이렇습니다. "'보편성'을 어떻게 봐야 할까. 수평적 보편성, 소통적 보편성, 매개적 보편성 등의 용어도 거부해야 할까." 나는 굳이 '거부'할 것까지는 없지만 '보편성'에 자꾸 이런저런 수식어를 붙이는 것 자체가 '보편성'에 대한 자신감이 결여된 것이 아닌가 하는 느낌이 들어요. 그리고 '도'와 '보편성'의 차이에 대한 얘기가 나왔는데, '도'라는 것은 문자 그대로 '길'이죠. 가파르게 올라가는 길도 있지만 일단 '길'은 수평적인 개념입니다. 또 길은 사람이 걸어가는 공간이라는 개념입니다. 사람이 걸어감으로써 길이 되기도 하고 길이 있어서 사람이 가기도 하고, 그런 개념이기 때문에 '도'는 처음부터 수평적이면서 실천적인 개념이에요. 그에 비해서 보편성은, 물론 여러가지 보편성이 있겠지만, 최초의 사례는 지난번 발제에도 나왔지만 플라톤의 '이데아' 같은 것이 아닙니까? 플라톤의 이데아는 저 천상에 있는 것이고 하느님 아버지도 저 하늘 높은 데에 계신다고 생각하고, 그래서 올라가야 지 닿는 진리라는 개념이 있기 때문에 '도'와 '보편성' 간에는 그런 차이가 있다고 생각합니다.

종교 얘기가 나오면서 종교의 기복성 문제가 거론됐는데, 복을 비는 일에 대해서 약간 첨부하고 싶은 말이 있습니다. 진리나 그런 것과 상관없이 자신의 세속적 이익을 탐하는 마음으로 믿는 종교를 '기복종교'라고 하죠. 그런 의미에서 "원불교는 기복적인 종교가 아니다"라는 발언자3의 말씀은 옳고, 고등종교라는 개념이 좀 애매하긴 합니다만 모든 고등종교의 본질도 기복성을 뛰어넘는 것이 사실입니다. 종교의 본질은 그렇지만, 현실에서 기복성 쪽으로 기울어질 위험은 원불교를 포함한 모든 종교에 해당한다고 생각합니다.

그런데 제가 여러분과 함께 생각해보자 하는 것은 일체의 기복행위를 백안시하는 태도는 또 얼마나 타당하냐는 점도 성찰을 요하는 문제라는 겁니다. 기도가 없는 종교는 생각하기 어려운데 복과 은혜를 빌지 않는 기도가 가능할까요. 그런 의미의 '기복'마저 배격하는 것은 서구 진보주의자들의 세속주의를 진보의 표준으로 삼는 일종의 근대주의·서구중심주의가 아닐까요? 서양에서는 특히 진보사상이, 과학이나 진보적인 정치사상이 종교와 싸우는 데 굉장히 많은 정력을 쏟았고, 프랑스혁명에서는 가톨릭교회와 혁명세력의 치열한 대결이 있었죠. 맑스도 바로 그런 전통에서 '종교는 민중의 아편이다'라는 유명한 말을 남겼고요. 서양의 맥락에서는 그것을 수긍한다고 하더라도 우리는 꼭 그런 종교가 없었잖아요. 요즘 와서 프랑스혁명기의 반혁명적인 가톨릭교에 비견할 만한 종교가 이 땅에도 생겨났다고 볼 수 있지만, 전통적으로 우리나라 종교는 그런 성격이 아니었죠. 하여튼 종교문제도 우리 식으로 한번 생각해봐야 할 텐데, 근대주의·서구중심주의에 입각해서 종교를 봐서는 안 될 것 같아요. 불교 용어로 하면 탐(貪)·진(瞋)·치(癡)를 여읜 깨끗한 염원과 기원이 있을 것 같습니다. 복을 빌고 은혜를 빌더라도 그것이 자기의 탐욕이라든가 또는 누구에게 성내는 마음이라든가 아니면 어리석음에 입각하지 않은 깨끗한 기원과 기복도 있을 수 있는데, 그런 것을 생활화하는 것도 이중과제 완수에 필요한 마음공부가 아닐지 한번 문제를 제기해봅니다.

정교동심에 관해 발언자9, 발언자8 등이 공감했는데, 이 정교동심이 그렇게 간단한 문제가 아니라고 제가 논문에서도 말했습니다. 이것이 실현되려면 정치도 바뀌고 종교도 바뀌어야 비로소 가능하지, 그러지 않고 정교동심을 말하고 말면 그냥 멋있는 구호지 실현은 참 어렵게 되어 있습니다. 정교동심을 말씀하신 원불교의 정산 종사는 물론 원불교가 진리적 종교라고 믿고 그 말씀을 하신 것이고, 장차 세워질 국가는 민주주의와 공화주의에 입각한 국가라야 된다는 전제로 그 둘이 동심관계에 있을 것을 기대했고요. 내 논문에서 잠시 인용하는 간디도 '올바른 종교와 올바른 정치의 결합'을 주장했습니다. 그래서 올바른 종교를 신봉하는 사람들이 당연히 정치도 해야 하는데, 다만 다른 종교를 차별하지 않는다 하는 것을 다른 데서 그는 세속주의라고 표현했어요. 정교일치도 아니고 정교분리도 아니고 사실 정교동심과 비슷한 것입니다. 그래서 이것은 정치의 대개혁과 종교의 대쇄신을 전제로 하는 대단히 어려운 과제라는 것을 우리가 기억할 필요가 있습니다.

## 페미니즘과 음양조화론

마지막으로 페미니즘 얘기를 하고 끝내려 합니다. 두번째 발제에서는 백아무개가 스스로 페미니스트라고 자처하지 않는다고 했는데, 부연설명을 해야겠어요, 나도 살아야 하니까.(웃음) 아디치에(Chimamanda Ngozi Adichie)라는 나이지리아 출신 작가가 쓴 『우리는 모두 페미니스트가 되어야 합니다』(창비 2016)에서는 여성에 대한 부당한 차별을 반대하는 것이 곧 페미니즘이다, 그러니까 누구나 페미니스트가 되어야 한다고 주장했지요. 그런 의미로는 백아무개도 분명히 페미니스트라는 점을 이 자리를 빌려 여러분께 말씀드리는 바입니다.(웃음) 반면에 성차별 철폐를 중·단기적 과제를 넘어 인간 역사의 궁극적 목표로 설정하는 것을 페미니즘이라고 생각하는 사람도 있는데, 상당수가 그렇게 설정하고 있는데, 그런 '페미니즘'하고 제가 거리를 두고 있는 것은 사실이에요. 발언자8이 얘기하신 대로 내가 '남자로 태어난 인간의 남자다운 역할'을 중시하는 것도 사실이고요. 이게 페미니즘에 정말 어긋나는 건지는 모르겠지만, 보통 페미니즘 논의에서 쉽게 수용하지는 않을 것 같습니다.

그래서 궁극적인 의미에 대해서 나는 성차별 철폐보다는 '음양조화'론이 낫지 않겠느냐고 얘기했다가 엄청 많이 얻어맞았고요.(웃음) 그러나 음양조화론을 시도 때도 없이 내걸고 나오지 않는 이상 당면의 성차별 철폐운동과 양립 가능하다는 것이 저의 입장입니다. 여기에 대해서 발언자7이 "궁극적인 목표를 '성의 조화'가 아니라 '음양의 조화'로 표현하는 것이 적실할까? 예컨대 인종차별 철폐의 궁극적 방향을 '인종의 조화'가 아니라 '색(色)의 조화'로 표현한다면 사회적 맥락을 넘어 너무 본질주의적이고 우주론적으로 가버리는 것이 아닐까"라고 했는데, 저는 이 질문은 좀 이해가 안 돼요. '색'이라는 것은 물리적 현상이고 '음양'은 우주적 원리이긴 하지만 '이데아' 같은 '본질'이 아니거든요. 게다가 남녀로 환원되는 것도 아니에요. 보통 남자가 양이고 여자가 음이다 이렇게 말하지만, 동시에 음양론에 따르면 남녀 개인의 신체 내부에도 음이 있고 양이 있고 그것이 조화가 돼야지 그 사람이 남자로서든 여자로서든 건강하게 생존하게 되어 있습니다. 그렇다고 할 때 일반적으로 말해서 양의 원리가 더 승하게 태어나는 남자, 대다수 남자가 그렇죠, 안 그런 남자도 있지만, 그런 남자의 경우 그렇게 태어났으면 그에 걸맞은 음양조화를 추구할 책무가 주어진다는 것은 원론적으로 가능한 입장인 것 같아요. 물론 구체적 내용으로 들어가면 논란의 여지가 많겠지만요. 결과적으로 '너무 우주론적으로 가버릴' 위험이 아주 없달 수는 없어도 신체의 의학적 진단 같은 차원을 포괄할 만큼 구체적이기도 하다는 점을 상기하고자 합니다.

음양조화론은 요즘 세상에 나 같은 노년의 남성이 제기하는 것이 좋은 처세법이 아니어서 자중하고 있습니다.(웃음) 그러나 음양론 쪽이 오히려 남녀의 차이를 인정하되 절대화하지 않는 미덕이 있어요. 예컨대 음양이 특정 개인에게 어떻게 투영되는가에 따라서 남자·여자 외에 제3의 성도 얼마든지 가능합니다. 그리고 태극에서 음양이 동격으로 되어 있어요. 어떤 사람은 '동격이라고 하지만 태극기 봐라, 양이 위로 올라가 있지 않냐, 그게 뭐 동격이냐' 그러는데, 우리 국기는 그렇게 고정되어 있지만 태극이라는 것은 옆으로 놓을 수도 있고 거꾸로 놓을 수도 있고 여러가지 방향으로 그릴 수 있습니다. 어쨌든 태극론에서 음양은 반반씩이고 동그랗게 서로 머금고 있는 것인데, 그걸로 알 수 있듯이 음양론에서 음과 양은 본질상 동격으로 설정되어 있습니다, 현실사회에서는 또다른 문제겠지만요. 그래서 본질상 평등주의적 지향을 갖기 때문에 장기목표로서의 적합성이 있고 중·단기적으로도 성차별 철폐, 여성혐오 척결 운동에 기여할 가능성이 있지 않나 하는 점은 연마해볼 만하다고 생각됩니다. 한편에서는 지금 성차별이 이렇게 심한데 성차별부터 철폐해놓고 그다음에 장기목표를 생각하자고 할 수도 있지만, 그건 일종의 근대주의적인 단계론이에요. 근대적응과 근대극복, 이렇게 이중과제론으로 괜히 문제를 복잡하게 하지 말고 먼저 근대부터 성취하고 나서 근대극복을 하자, 그것은 근대주의적 단계론이며 이중과제론과는 다른 발상입니다.

오늘날에는 그냥 여성차별이 아니라 여성**혐오**가 굉장히 큰 문제가 돼 있습니다. 오늘날 만연된 여성혐오는, 내가 처음 하는 말은 아니지만, 여성권리의 신장을 역설적으로 반증하는 현상입니다. 하지만 그만큼 여성들에게 세상이 더 험해졌다는 뜻이기도 하지요. 전근대적 가부장사회는 남존여비를 제도화·관습화하고 있기 때문에 여성비하가 아닌 여성혐오는 오히려 적었을 것 같습니다. 누가 실증연구를 해봐야겠지요. 저는 그렇게 생각합니다. 남녀의 법률적 평등이 원리상으로 인정되고 현실적으로도 여러 분야에서 여성의 진출이 확대될 때 '사내 못난 것들'의 여성혐오가 심해지고, 또 자본주의체제의 본질적 속성 중 하나인 성차별과 결합하여 여성혐오가 더욱 맹위를 떨치게 되는 것 같습니다.

가부장제를 옹호할 의도는 없지만, 여성비하와 여성혐오는 백짓장 하나의 차이는 있다고 보는데 그 차이가 비교적 안정되게 유지되었던 것이 전근대적 가부장제였어요. 그것하고 여성혐오를 양산하게 되어 있는 근대의 성차별주의를 구별할 필요가 있다고 생각합니다. 그리고 전근대 가부장주의도 서양의 고대와 중세가 다르고, 동아시아에서도 유교권과 유교권 바깥이 다르고 또는 유교사회 확립 이전이 다르고, 유교권 내에서도 나라마다 다르게 구현되어왔습니다. 우리나라의 경우에는 여성억압이 유교적 가부장제보다는 상당부분 일본 천황제, 일본 제국주의 잔재에 해당하는 것이 많다고 봐요. 그런데 일본은 완전히 유교사회가 정착된 나라가 아니었거든요. 일본의 전통사회는 그 사회 나름의 성차별이 있었고 이게 군국주의로 가면서 굉장히 심해졌고, 그것이 한반도에도 상당부분 이식되어서 현재의 우리나라 성차별주의에는 그런 것들이 다 섞여 있는 것 같아요. 천황제의 유산, 유교의 유산, 또 자본주의 특유의 성차별주의, 그런 것을 좀 식별해볼 필요가 있죠. 물론 활동하기에 바쁜 사람더러 이런 것을 다 연구해보라고 하면 괜히 김 빼는 수작이 되겠지만 연구하고 담론을 펼치는 과정에서는 그런 노력이 필요하다고 봅니다.

서양의 형이상학적 사고를 가부장제의 기본원리로 설정하는 일부 여성학 이론도 있습니다, 서양에서 특히. 그렇다면 서양의 형이상학적 사고 바깥에서 진행되어온 역사를 가진 동아시아에 이게 얼마나 적용될지도 점검해볼 문제라고 생각합니다. 이런 것도 학문적 '진지전'의 일부가 아닐지 하는 물음을 던져봅니다. 오늘 이야기가 좀 길어졌는데, 일단 이것으로 마치겠습니다.

그럼 토론을 시작하지요. 지난번에도 두분 발제자의 이야기부터 들으면서 시작했는데 먼저 첫번째 발제를 하신 김학재 선생부터 말씀해주시기 바랍니다.

## 동아시아론에 추가할 현재적 과제

**발제자1(김학재)** 감사합니다. 일단 타께우찌와 쑨 거랑 비교하고 또 백낙청 선생님이 쓰신 글을 다 비교하며 읽었으면 좋았겠다는 생각이 들면서, 앞으로 할 숙제를 주시는 거구나 하고 생각합니다.(웃음) 앞으로 공부를 더 해보고 싶고요. '방법으로서의 아시아'나 난바라 시게루 같은 문제에 대해서도 공부할 필요가 있겠다는 생각도 듭니다. 동아시아론의 궤적에 대해 제가 대학원에서 배울 때는 1993년 최원식 선생님 글 「탈냉전시대와 동아시아적 시각의 모색」부터 읽으면서 배웠는데, 지난 발제에서는 이런 궤적에 대한 얘기를 충분히 하지 못한 것 같습니다.

중·장기 과제에 대한 말씀에 공감하면서도 제가 '같이 사는 문제'를 당면한 과제로 언급한 것은 기존 동아시아론을 비판한 말도 아니고 논의의 차원을 완전히 바꾸자는 것도 아니었습니다. 동아시아론이 2000년대 초중반까지 진행된 거니까 지금 2018년의 변화된 상황을 어떻게 해석할 수 있고, 그것과 관련해서 어떤 추가적인 과제를 발굴할 수 있을까라는 생각에서 의견을 보태는 것이었습니다. 어떻게 보면 동아시아론이 굉장히 추상수준이 높은 이론으로서 비판적인 관점에서 앞으로의 중·장기적 과제들을 설정하는 것이기 때문에, 예를 들어 재작년부터 계속된 사드 배치 이후 롯데의 철수 문제, 제주도에 밀려드는 예멘 난민 문제, 또 완전히 다른 차원이지만 미세먼지가 공동의 문제가 된 상황 등 서로 긴밀하게 얽히면서 생활 속에서 생긴 문제들도 논의의 틀 안에 들어와야 하는 게 아닌가 싶어서 드린 말씀이었습니다.

그다음에 동아시아가 어디서부터 어디까지인가에 대해서 저도 체계적으로 생각해보진 않았지만 막연하게는 한·중·일을 포함한 6자회담 국가들을 중심으로 생각해오지 않았나 하는 반성이 들고요. 그런 측면에서 동남아시아나 몽골이나 대만을 충분히 시야에 넣지 못했구나 하는 생각을 하고 있습니다.

미국 중심 세계질서 변화와 관련한 부분에 대해서는 어떻게 보면 이미 그 질서가 무너지고 있는 상황에서 어떤 변화가 거기에 영향을 줬고, 또 그것은 우리한테 어떤 영향을 주는가 하는 새로운 현실들을 좀더 파악할 필요가 있지 않나 하는 차원에서 드린 질문입니다. 전에 커밍스(Bruce Cumings) 교수가 쓴 저서는 미국이 대서양에서 시작해 태평양을 향해 성장했고 대외적으로도 팽창하고 있다는 내용이 핵심인데,* 실제로도 미국 도시의 성장이 달라지고 있습니다. 유럽에서 이민 간 사람들이 동부 연안에 자리를 잡았다가 서부개척을 하더니, 아시아의 시대에 와서는 미국에서 인구가 늘어나는 도시는 다 서쪽 도시들이라는 것입니다. 기본적으로 아시아를 향해 있는 도시들만 성장하고 있고, 미국 자체가 유럽과 계속 불화를 겪고 있고, 아시아에 더 영향력을 유지하면서 좀더 눈을 맞추려는 상황이 있다는 점에서 이미 균열이 발생하고 있기 때문에, 그후에 일어나는 문제들을 좀더 이론화할 필요가 있지 않나 생각했던 것입니다.

그리고 늦었지만 백낙청 선생님의 『역사비평』 기고문을 봤는데, 모든 페이지에 밑줄을 그으면서 열심히 읽었습니다.(웃음) 저널들이 나오면 바로바로 봐야 하는구나 반성하면서 여러 질문을 떠올리고 앞으로 해보면 재밌을 것들을 생각해봤습니다. 계속 동아시아론과 분단체제론이 어떻게 중첩되는지가 화두였던 것 같은데, 백영서 선

---

• Bruce Cumings, *Dominion from Sea to Sea: Pacific Ascendancy and American Power*, New Haven: Yale University Press 2009.

생님이 주목한 일본과 그 나머지 사이의 균열 문제와, 아시아가 냉전으로 편입되면서 생긴 분단체제로 표현되는 냉전의 균열들이 어떻게 중첩되고 있는가 하는 점이 흥미로웠습니다. 그리고 글의 뒷부분에는 문명권 개념까지 나오는데, 문명권에 해당되는 균열들이 훨씬 더 역사적인 어떤 지점일 텐데, 우리가 지금 한반도와 동아시아에 누적되어 있는 역사적인 균열들을 지도로 겹쳐서 파악해보고, 동아시아 분단의 아틀라스 같은 것을 시기별로 그리면서 앞으로 '동아시아 평화와 통일의 아틀라스'가 어떻게 그려지는 게 좋을지를 구상해보면 재밌겠다는 생각이 들었습니다.

말씀을 듣고 제가 새롭게 알게 된 것들도 많습니다. 김석철 선생이 황해연합, 황해도시공동체를 얘기하셨다는 것을 제가 처음 알아서 이것을 바로 읽어봐야겠구나 하는 생각이 들었습니다. 혹시 백선생님께서 황해연합이나 황해도시공동체의 개념에 대해 더 아시는 것이 있다면 좀 설명해주시면 좋겠습니다. 국가단위가 중요하긴 하지만 우리가 시민사회 단위에서 생각하려면 기본적으로 출발점은 도시인 것 같은데, 항구가 있는 도시들, 연결되어 있는 도시들이 특히 앞으로 더 중요해질 것 같습니다. 기술이나 교통, 인프라 들이 발달할수록 도시들이 작은 단위로 서로 연결될 수 있을 텐데, 김석철 교수의 도시공동체는 그 점을 어떻게 사고하는지 궁금합니다. 기존 분단체제의 특징은 남한이나 북한이나 굉장히 중앙집중화된 국가시스템이라는 것일 텐데, 그게 앞으로 변화한다면 서울이나 평양 중심적인 사고가 아닌 다른 사고를 적극적으로 할 수 있을지, 물론 백영서 선생님이 이중적 주변의 시각과 오끼나와 같은 핵심현장들을 사고하셨지만, 한편으로 현실적인 시민사회가 연결된 도시의 고리를 어떻게 그려나갈지 구상해보면 좋겠다는 생각입니다.

또 비종교적인 시민사상 얘기를 사까모또 요시까즈(坂本義和) 선생님이 해주셨다는 얘기도 처음 알게 되었습니다. 혹시 한국에서 이런 비종교적 시민사상을 진지하게 이해하면서 발전시켜온 사례가 있는지, 아니면 문제의식이 있는지 워낙 제가 문외한이기 때문에 여쭤어보고 싶습니다.

원불교에 대해서도 이 '물질이 개벽되니 정신을 개벽하자'라는 논의를 다른 것들과 비교해봤을 때 어떻게 생각할 수 있을까 궁금증이 들었습니다. 현재 한국이나 중국은 세계에서 가장 돈을 중시하는 물질주의적인 국가로 분류되어 있습니다. '월드밸류즈 써베이'(World Values Survey)라고 그 사회가 얼마나 비물질적인 가치를 추구하는지 매년 조사하는 기관이 있는데, 거기서 한국과 중국이 굉장히 물질주의적이라는 결과를 내놓은 겁니다. 북한도 만약 조율되지 않은 개혁개방을 한다면 정말 급속하게 물질주의적으로 가지 않을까 우려되는 징후들이 있는 것 같습니다. 이런 문제의식은 중요하겠다고 생각하는데, 과연 정신개벽의 문제의식이 다른 데에는 없었을까, 그것들과 비교했을 때 원불교의 정신개벽론은 어떻게 다르고 앞으로 어떤 점이 중요할까에 대한 궁금증이 들었습니다. 정신개벽론은 기본적으로 계몽주의로 일종의 정신을 새롭게 만들어야 한다는 얘기인 것 같습니다. 그렇게 본다면 유물론과 다른 관념론, 서양철학의 전통도 새로운 정신을 추구했고, 또 낭만주의 사상도 급속한 근대화에 대한 문제점을 지적하는 사조에 영향을 받았고, 프로테스탄티즘도 돈을 추구하는 것을 극도로 혐오하는 어떤 경향이 있었던 것으로 알고 있는데, 선생님이 이중과제론적 입장에서 한편으로는 물질개벽에 적응하면서도 그것을 넘어서는 정신개벽을 추구하는 것이라고 한다면, 혹시 다른 사상과 비교해서 원불교의 어떤 점을 좀더 내세울 수 있는지를 말씀을 들어보고 싶습니다.

**백낙청** 지난번에는 대학 논의와 문학 논의를 분리해서 대학 논의는 간단히 마치고 주로 문학 논의에 치중했는데, 이번에는 그럴 필요가 없을 것 같습니다. 두 주제가 훨씬 더 긴밀하게 연결되기 때문에 두번째 발제를 하신 박맹수 교수님 말씀 듣고 섞어서 진행하면 될 것 같아요. 그리고 지금 제기하신 문제 중에 상당부분은 나보다도 발제자께서 더 답을 잘해주실 성질인데, 한가지 김석철씨 얘기에 대한 질문은 아주 구체적이니까 답을 드리면요. 이일영 교수가 김석철 교수와 2007년에 『창작과비평』 대담을 했습니다.• 김학재 교수가 그때는 다른 공부를 하느라고 바빠서 모르셨을 수도 있지만, 김석철 교수는 창비 지면에는 익숙한 분입니다. 도시공동체에 대해서 얘기했고 한반도 단위의 그랜드 디자인을 구상한 분인데, 아깝게도 2016년에 작고하셨죠. 그분이 대담에서 한 얘기는 도시공동체를 중심으로 네트워크를 만드는 것이었고, 남북연합 외에 다른 나라들과 무슨 복합국가를 만들자는 것은 아니었어요. 그밖에 여러가지 질문을 하셨는데 우선 박맹수 교수님 말씀 듣고 자연스럽게 얘기하다가 또 필요하면 나도 개입해서 얘기하겠습니다.

## 물질개벽에 상응하는 정신개벽

**발제자2(박맹수)** 우선 진지전과 관련된 말씀은 좀 새겨야 할 것 같습니다. 저희들이 더 넓고 깊게 엄밀하게 독서하고, 사유도 그렇게 하고,

---

• 김석철-이일영 대담 「새로운 한반도 공간전략을 찾아서: 도시설계가 김석철에게 묻는다」 『창작과비평』 2007년 봄호; 김석철 『한반도 그랜드 디자인』, 창비 2012.

실천도 그렇게 하고, 다시 그것을 피드백해서 성찰하는 식이 되었으면 합니다. 구체적으로 지적해주신 말씀에 대한 답을 간단히 드리겠습니다.

물질개벽 문제하고 관련이 되는데, 저의 생각은 역사적으로나 사상적으로나 원불교가 동학, 증산교적인 흐름을 자연스럽게 수용하고 있는 것 같아요. 거기에서 등장한 의미있는 것들, 그게 개벽인데, 그 흐름을 자연스럽게 수용하고 있는 것 같습니다. 그런데 동학, 증산교, 원불교를 비교해보면 종교가 흔히 가질 수 있는 기복성 부분에서 차이가 있는 것 같습니다. 주술적 성격이 동학과 증산교에서는 착종되어 나타나고 있어요. 교리에서도 그렇고 실제의 신앙과 수행, 조직 속에서도 그렇고요. 특히 증산교에 그런 것이 농후하게 등장합니다. 그래서 그런 주술성과 더불어 또 하나는 정신주의를 지나치게 강조하는 듯한 요소도 많은 데 비해서 원불교의 경우는 초기부터 그것을 강하게 극복하고 나오죠. 원불교는 '인도상요법(人道上要法)을 중심으로 한다' 이런 표현이 나오는데, 현실에 대한 합리적 대응, 학문하는 사람들이 말하는 과학적 대응이라는 요소가 특이하게 강조되고 있어요. 그런 흐름 속에서 소태산의 어록에 보면 지금 저희들이 이해하는 식의 자본주의에 대한 과학적인 이해는 아니지만, 지금 저희들의 언어와 인식으로 놓고 볼 때 이것은 명확하게 자본주의적인 병폐에 대한 말씀이라고 하는 내용이 나옵니다. 수운(水雲) 최제우(崔濟愚) 선생이나 해월(海月) 최시형(崔時亨) 선생이나 증산 강일순 선생의 어록과 비교해보면 현저한 차이가 날 정도로 굉장히 과학적인 지적을 하고 계시거든요. 그런 부분을 원불교 바깥에서는 제가 알기로는 거의 유일하게 백선생님이 정확하게 보고 계십니다. 그런 점에서 저도 전면적으로 공감하고 있고요. 원불교도 100년이 되어가는 도중에, 내부에서 바라보면 정신주의적·기복적 경향이 짙어지는 부분이 있어요. 이런 부분들을 원불교 2세기에 들어와 쇄신해야 한다는 문제의식하에서『문명의 대전환과 후천개벽』작업을 시도했습니다. 선생님이 늘 강조하신 '물질개벽에 상응하는 정신개벽', 물질개벽에는 자본주의에 대한 명확한 인식이 전제되어 있다는 것을 정확히 파악하셨다고 이해하고 있고요.

문제로 지적해주신 개화파·척사파·개벽파를 이중과제론적으로 더 엄밀하게 분석해봤으면 좋겠다는 지적은 저의 과제로 삼고, 후속 연구를 통해서 구체적으로 노력해보겠습니다. 원불교, 개벽파와 연관지어서 백낙청론을 완성하는 게 저의 꿈이거든요.(웃음)

삼동윤리와 관련해서 과연 현재의 원불교 교단이 그런 공감을 할 수 있을 정도의 실천적 사례를 보여주고 있느냐 하면, 겸사(謙辭)로서 드리는 말씀이 아니라 솔직히 부족하다고 봅니다. 절대평가 기준에서 보면 부족하지만, 그러나 삼동윤리를 탈교단주의 정도가 아니고 탈종교적 사상이라는 차원에서 그것을 끊임없이 구현하려고 하는 내부의 흐름과 노력은 유지되고 있다고 생각합니다. 포교활동이나 사회적 실천과 관련해서는 종교들이 모여서 무슨 일을 할 때 꼭 원불교가 끼어야 일이 잘된다 하는 것은 거의 정설로 정착되어 있습니다.(웃음) 그것에 대해 자화자찬하는 것은 안 될 일이지만 지금까지는 그런 방향에서 상당히 중요한 전통을 쌓아온 것 같습니다.

그다음에 오늘 저의 최대 소득은 백선생님이 페미니스트라는 것을 확인한 점입니다. 사실 느낌으로는 그 점을 저도 알고 있었죠.(웃음) 그러니까 제가 그때 백선생님과 대담할 때도 좀더 토론을 깊게 들어가기 위해서 조은 교수님 편에 서서 계속 공격성 질문을 드렸습니다. 그리고 어떤 의미로 페미니스트를 자처하지 않으시는지 감은 잡왔어요. 그런데 오늘 정확하게 그걸 해명해주셔서 백선생님은 페미니스트구나라는 제 짐작을 확인하는 결론에 도달했습니다.(웃음)

이어지는 음양조화론의 문제인데, 백선생님이 늘 그런 말씀을 하셨잖아요. 동아시아적 전통 속에서 자본주의의 문제라든지 현재 세계체제가 안고 있는 문제, 서양의 형이상학적 사유가 가진 문제들을 극복할 수 있는 실마리나 단서가 없겠느냐는 말씀을 일관되게 강조하는데, 그중의 하나가 음양론이라는 생각이 들어요. 그런데 이것을 전근대적 사유의 산물인 것처럼 생각하는 경향이 있어서 저도 조심스럽긴 합니다. 하지만 이 음양론은 동아시아 사상 차원에서 더 나은 새로운 문명을 만들어갈 때 깊이 성찰해야 할 소중한 유산 중 하나라는 생각을 하고 있고요. 제가 공부한 자료 중에 권하고 싶은 것은 범부(凡父) 김정설(金鼎卨) 선생이 남긴 글 가운데 「최제우론」과 「음양론」이라는 글입니다. 『풍류정신』(정음사 1987)이라는 책에 들어 있는데 어렵기는 하지만 그나마 이해할 수 있는 언어로 풀어놓은 글로는 이 「음양론」을 뛰어넘는 게 현재까지 없지 않나 싶거든요. 그런 부분을 참고해서 이 음양론 문제가 좀더 깊이 논의되면 좋겠다는 생각을 했고요.

끝으로 기복성의 문제입니다. 백선생님 말씀과 글에서 종교에 몸담고 있는 사람도 놀랄 만한 표현이 많아요. 어떻게 보면 스님들의 법문에 가까운 말씀인데요. "불교 용어로 하면 탐·진·치를 여읜 깨끗한 염원과 기원이 있을 것 같습니다. 복을 빌고 은혜를 빌더라도 그것이 자기의 탐욕이라든가 또는 누구에게 성내는 마음이라든가 아니면 어리석음에 입각하지 않은 깨끗한 기원과 기복도 있을 수 있는데, 그런 것을 생활화하는 것도 이중과제 완수에 필요한 마음공부가 아닐지." 그런 점에서 백선생님이 말씀하신 종교는 우리가 이해하고 있는 종교, 기존의 종교를 뛰어넘고 있다는 생각을 해봅니다. 기복성의 문제도 바로 종교를 뛰어넘는 종교 차원의 기복성이라는 면에서 생각해보면 도움이 되지 않을까 합니다.

**백낙청** 아, 김학재 선생이 제기한 질문 중에 일본의 사까모또 선생이 비종교적 시민사상이라고 그랬나요? 그런 것을 말씀하셨는데, 사까모또 선생은 저보다 연세가 많으시고 저와 친분도 있었고요. 그런데 내가 보기에는 그분 역시 서구주의나 근대주의가 상당히 강한 분 같아요. 비종교적 시민사상을 말할 때는 종교적인 차원이 완전히 제거된 사상을 말씀하신 것 같은데, 그러다보면 결국은 서구의 휴머니즘 쪽에 많이 의존할 수밖에 없는 것 같아요. 그런데 내가 원불교에 관심을 갖는 것도 원불교의 그런 종교적이면서도 비종교적인 측면 때문이고, 그래서 시민사상도 종교적인 측면이 없지 않으면서도 전통적인 종교사상은 아닌 사상, 사까모또 선생이 아실 리는 없지만 한반도 전통 속에서는 그런 것에 대한 의식이 꾸준히 있었고 지금도 있다고 봅니다.

**발언자8** 아까 한말의 개화파·척사파·개벽파에 대해서 백선생님도 말씀하셨지만 동학, 개벽파에 대한 관심이 지식인 사회에 부족한 것은 분명한 사실 같습니다. 제가 어려서 처음 역사시간에 동학란(東學亂)으로 배웠죠. 태평천국의 난과 하등 다를 바 없고 그것보다 못한 것으로 배우다가 점점 바뀌면서 동학혁명, 동학농민전쟁, 갑오농민전쟁… 지금도 확립된 역사학계 용어가 없지 않나 싶은데, 용어에 따라 각각 다른 입장이 있는 것으로 압니다. 하지만 저는 동학이나 증산도, 원불교의 사상적인 성취들을 제대로 이해하고 우리 것으로 하는 일이 중요하지 않나 하는 생각을 과거부터 가져왔습니다.

『문명의 대전환과 후천개벽』을 통독하고『대종경』도 읽다보니까 흥미롭게 느껴졌던 것이, 대개 고등종교는 창시자가 탄생한 날을 중요한 기념일로 삼고 있는데 원불교는 소태산 대종사가 깨달은 날을 기념하고 있지 않습니까? 차이가 있죠. 또 하나 백선생님 글에서 흥미로웠던 게 소태산 대종사가 깨달음과 동시에 바로 선천시대를 보내고 후천시대가 열리는 것이 아니라, 물질이 개벽되니 정신을 개벽하자, 너희들 하나하나가 다 부처가 될 때 세상이 바뀐다 하는 것처럼, 후천시대의 시작을 동학하고 다르게 규정한다고 말씀하셨죠. 최제우의 동학도 창시자인 최제우가 깨달은 날을 기념하지만 후천시대가 그날부터 열리는 것으로 되어 있는데, 원불교는 그것과는 좀 다르죠. 그러니까 소태산 대종사가 동학과 비교했을 때 근대 물결에 대응했던 방식에서 훨씬 더 깊이가 있다는 생각을 하게 됐습니다.

또다른 각도에서 말씀드리자면, 저도 서양을 공부하는 사람이라 부지불식간에 개화파를 중요시하는 경향이 많은데, 사실 주요한 개화파 문헌들을 보면 동학 쪽은 그냥 몽매한 농민, 도적들이죠. 아주 극명한 사례가 평생 영어 일기를 썼던 개화파 윤치호(尹致昊) 같은 사람의 일기에 동학 쪽의 흐름은 완전히 외계인 취급을 하는 표현이 많습니다. 그래서 저 개인으로서는 근대의 이중과제와 연관해서 원불교『정전』의 존재가 큰 수확이 아닐까 생각해봤습니다.

## 동아시아 사상에서 '정신'의 의미

**백낙청** 또 말씀하실 분? 생각하시는 동안 내가 두가지만 얘기할게요. 아까 개화파·척사파·동학, 이 3자구도로 보는 논의가 한때는 굉장히 왕성했으나 지금은 아닌 것 같다고 했는데, 그게 1980년대 운동권이 승할 때였어요. 그런데 그때 동학은 동학농민전쟁이었고, 많은 분들이 동학농민전쟁은 종교의 외피를 쓴 농민전쟁이었다고 말했는데 그런 80년대 운동권 조류가 쇠퇴하면서 동학이 빠지고 척사파와 개화파가 남으니까 이것은 개화파에 굉장히 유리한 구도가 되어버렸어요. 그게 사실 우리 사회의 현 논의사항을 잘 반영하죠. 근대주의의 승리 같은 것이죠.

아까 발제자1이 얘기하신 것 중에 원불교 정신개벽론에 견줄 만한 여러 흐름들이 서양에도 있지 않았느냐는 부분이 있었습니다. 내가 여러분에게 『정전』을 읽으라고 권한 이유 중의 하나는 삼학공부 때문이에요. 『정전』에 보면 삼학 얘기를 하면서 첫째 항목이 정신수양이죠. 거기서 정신을 어떻게 규정하느냐면, 물질이냐 정신이냐 이렇게 보지 않아요. 정신은 "마음이 두렷하고 고요하여 분별성과 주착심이 없는 경지"라고 했습니다. 정신이냐 물질이냐의 이분법을 벗어나 있고 정신이라는 것이 하나의 실체라기보다는 어떤 경지이자 능력이에요. 그런 차원에서 본다면 서양에서 물질이 아닌 정신을 강조한 이런저런 흐름이라든가 자본주의에 대한 비판이 과연 그런 경지에 대한 사유를 했는가, 개인적으로 그런 경지에 다다른 사람들이야 많았겠지만 그런 경지에 대한 생각을 핵심적인 공부과제로 제시했는가 하면 별로 그렇지 않은 것 같거든요. 오히려 나는, 다른 표현을 구사했지만 하이데거(Martin Heidegger) 같은 사람에 와서 비로소 그런 경지에 대한 사유가 본격적으로 이루어졌다고 봅니다. 그렇기 때문에 하이데거가 동아시아의 특히 노자사상에 깊은 관심을 가지기도 했죠. 정신에 대해서는 그 정도로 말씀드리고, 또다른 질문이나 의견을 듣도록 하겠습니다.

**발언자10** 지난번 저희들끼리 공부할 때는 동아시아론과 문명론이란 주제가 너무 방대하고 함께 다루기 어렵다고 생각돼 나눠서 토론했는데, 오늘 말씀을 들어보니까 연결되는 것 같기도 합니다. 저도 백낙청 선생님의 『역사비평』글을 보고서 이게 문명·종교 문제까지 연결되는 거구나 하고 생각하게 됐습니다. 그런데 저는 사회과학을 하니까 아무래도 민도가 낮아서(웃음) 인문학이나 종교·문명을 다루는 것이 쉽지 않은데, 저 같은 사람들이 더 많을 거라고 생각해봅니다. 1기 때도 그런 말을 했는데, 저는 이것을 주로 어떻게 단순화하고 세속화할 수 있겠느냐 하는 쪽으로 계속 생각해보는 중입니다.

선생님이 동아시아를 말씀하실 때 무조건 동아시아끼리 어울리는 것이 아니라고 하신 부분은 저도 무릎을 치게 된 부분 같습니다. 사실 사회과학자들이 동아시아를 연구한 것은 1990년대 들어 냉전체제가 무너지고 나서부터인 것 같아요. 냉전체제라는 게 글로벌주의가 두개로 나눠져서 심화된 것, 즉 블록 안에서 통합되었던 것들이 80년대 말, 90년대에 오면서 그 체제가 해체된 거죠. 그게 해체되면서 두가지 흐름으로 나타난 듯합니다. 그야말로 진영을 뛰어넘는 글로벌주의가 나타났고 또 지역주의라는 형태로 나타나거든요.

1990년대 우리에게 충격을 줬던 것이, 그전에는 우리가 53년체제에 갇혀서 세계와 조우했던 경험이 없었는데 그때 변동하는 세계체제에 직면하게 된 것입니다. 사회주의권의 붕괴, 글로벌화의 진전 등에 어떻게 대응해야 하느냐 이런 게 있었고요. 당시 우리가 잘 몰랐지만 나중에 그 중요성이 드러나는데, 90년대 초에 아세안(ASEAN, 동남아시아국가연합)이 일종의 자유무역지대를 만드는 게 동아시아에서는 중요한 계기였습니다. 북미 쪽에서는 나프타(NAFTA, 북미자유무역협정)가 만들어졌어요. 그래서 정책적으로 지역주의 담론들이 나오기 시작했습니다. 그때부터 우리도 어떻게 세계 속에서 존재해야 되느냐에 대한 고민을 하게 되었습니다. 그러면서 동아시아라는 얘기가 등장하는데 백선생님이 말씀하신 국경선과 반드시 일치하지 않는 공간에서의 유대 형성이라는 것, 그것을 우리가 주체형성이라는 측면에서 생각해볼 수 있게 된 시공간을 그때부터 확보하지 않았나 생각됩니다.

백선생님은 꿈을 크게 꾸라고 하셨는데, 큰 꿈이 무엇인가를 되새겨봅니다. 공통의 문명유산을 향유하는 지역으로서 동아시아 얘기를 하고 문명의 대전환을 구상하는… 사실 그 부분이 굉장히 어려운 영역이어서 저는 어떤 문명을 보편화시켜서 공동체를 형성할 수 있을까 하는 게 약간 아득하고 난감하다는 생각이 들기도 합니다. 그냥 제 영역에서 동아시아를 상상해본다면, 여태까지 정책적으로 사회과학적으로 해본 것은 무역·투자·금융 부분이었습니다. 그런 것 이외에 '비교역적 가치'를 공유하는 어떤 공동의 영역을 만들어가는 방식으로 조금씩 변화나 변혁의 경험을 누적해가는 것을 생각해봅니다. 그저 지리적으로 동아시아 멤버여서 다 같이 하는 것이 아니고 그런 가치를 지향하는 의제들의 공동체나 네트워크를 쌓아가는 것이죠. 저는 동아시아에서 태평양까지 더 나아가야 한다고 생각합니다. 말하자면 동아시아-태평양 네트워크를 생각해보는 게 어떨까 하는 아이디어를 이번 공부를 통해서 얻은 것 같습니다.

**백낙청** 비교역적 가치를 공유한 공동체라는 얘기를 하셨는데, 백영서 선생은 인식공동체로서의 동아시아 같은 얘기를 했죠? 그런데 인식이라고 하면 너무 지식인들의 공동체 위주가 될 수 있는데… 그야말로 종교적이면서도 종교적이지 않은 더 넓은 가치공동체 같은 것을 생각해볼 필요가 있을 것 같아요.

**발언자1** 인식공동체에 대해서는 저도 좀 생각을 해봤고, 보통 유럽 통합과정에서 나온 개념을 가져다 쓰면 epistemic community라고 하는데 유럽적 맥락에서는 상당히 전문적이고 기술적인 성격이 강해요. 이념이 다른 집단들이 그래도 기술적인 측면에서는 서로 공통성을 쉽게 만들 수 있다는 기능주의적 접근의 색채가 강하죠. 그런데 백영서 선생님이 쓰신 인식공동체는 그런 개념과는 다른 차원의 문제가 있고, 그것을 어떻게 동아시아에서 구성할 것이냐를 고민할 때, 종교적 영역도 좀더 발전시킬 필요가 있을 것 같아요. 그냥 유럽통합이라는 맥락에서 논의된 인식공동체를 동아시아 논의에 그대로 적용하면 오해를 초래하거나 사유가 잘못된 방향으로 흐를 수 있을 듯한데 그 부분을 백영서 선생님이 얼마나 의식하고 계신지 궁금합니다.

**발언자6** 제가 지난 공부모임의 토론 정리자로서 질문으로 추렸던 문제들에 대해 자상하게 답해주셔서 감사합니다. 제가 종교는 다 기복적인 것이 아니냐고 물었던 사람인데,(웃음) 그 질문이 파문을 일으켰다는 생각을 하면서도 거기에서 파생된 이야기가 많이 나와 여러가지를 배우게 되었습니다.

오늘 이야기까지 듣고 보니까 선생님이 생각하시는 종교의 역할은 문학의 역할과도 비슷할 수 있겠다는 생각이 들었습니다. 백선생님은 1960년대에 쓴 글에서 영국의 비평가 매슈 아놀드(Matthew Arnold)를 언급하며 문학이 문명의 보완재 역할을 해야 한다는 요지의 표현을 한 바 있습니다. 그런데 여기서 보완재란 단어는 약간 애매한 의미를 가질 수도 있을 것 같습니다. 문학이 문명의 단점들을 반대해야 한다는 것인지, 아니면 문명이 할 수 없는 일들을 보조해야 한다는 것인지가 명확하지 않기 때문입니다. 이 부분에 대해서는 좀 더 의견을 듣고 싶습니다.

페미니즘에 대해서도 저번에 그 주제로 이야기를 나눌 때보다 이번 시간에 더 구체적인 이야기가 나온 것 같습니다. 1970년대에 백낙청 선생님이 당시의 여성주의 학자분과 대담을 한 적이 있습니다. 그 대담에서 어떤 분이, 아마 이효재(李效再) 선생님이셨을 겁니다, 반쯤 농담투로 이런 말을 했습니다. '이제 남녀평등이 되고 나면 여성적인 게 없어질 건데 지금이라도 '여성적'인 억척·근성 가지고 남녀평등을 위해 뭔가 해야 되지 않겠나.' 생각해보면 70년대에는 박완서(朴婉緖) 선생도 양성차별을 이야기하면서 동시에 '여성성'을 가지고 뭔가 의미있는 일을 해보자는 식으로 이야기했던 적이 있습니다. 저는 그런 말이 나왔던 당시의 여성주의와 지금의 래디컬한 페미니즘 중 어떤 것이 더 나은지를 평가할 수 없습니다만, 어쨌든 당시의 자료를 찾아보면서는 막연한 이물감을 종종 느껴왔습니다. 오늘 이야기를 들으니 좀더 논점이 명확해져서 이후에 개인적으로라도 공부를 더 해보고 싶다는 생각이 듭니다.

## 궁극적 목표로서의 음양조화론

**백낙청** 내가 오늘 페미니즘 얘기를 한 것에 대해서 남자들이 자꾸 공감하는 게 조금 불길한 조짐이에요.(웃음) 그러니까 그 얘기 나온 김에 다른 분들이 먼저 얘기하고, 백영서 선생이 나중에 동아시아론에 대해서 말씀하시는 게 낫겠네요.

**발언자11** 특별히 문제제기를 하려는 것은 아니고, 말씀하신 것 중에서 여성혐오와 여성비하를 구분하신 게 재미있게 다가왔습니다. 이 부분은 확실히 비교해서 연구할 주제가 아닌가 하는 생각이 들고요. 성차별 철폐와 음양의 조화에 관해서도 여러 이야기가 오고 간 바 있는데, 여기서는 성차별 철폐를 궁극적인 목적으로 설정하는 페미니즘과 성차별 철폐도 중요하지만 그 이상의 궁극적인 목표로 음양의 조화를 설정하시는 백선생님의 견해를 대조시키고 있지요. 제 생각에도 성차별 철폐 그 이상을 생각하지 않는 어떤 경향, 혹은 생각하더라도 그 이상의 경우는 페미니즘의 과제가 아니라고 생각하는 경향, 그런 것들이 분명히 있는 것 같아요. 그런데 그와는 별개로, 이러저러한 것이 궁극적인 목표다,라고 명시하지는 않지만, 운동의 과정에 암묵적으로 어떤 것이 궁극적인 목표로 전제되는 경우도 있는 것 같습니다. 제가 보기에는 그럴 때 대개는 성차나 음양의 구분이 아니라 개별성만이 존재하는 상태, 숱한 개별성 내지 단독성, 말하자면 순수한 차이만이 존재하는 상황이 일종의 궁극적인 목표로 설정되어 있습니다.

따라서 음양의 조화를 말씀하실 때는 성차별 철폐라고 하는 것만 상대항으로 다룰 일이 아니라 개별성만이 존재한다고 보는, 또 그런 것이 바람직한 상태라고 보는 입장을 상대편으로 놓고 말씀하시는 게 필요하지 않나 생각이 듭니다. 그렇게 한다면, 가령 음양의 조화로 보면 남녀의 차이를 인정하면서도 절대화하지 않는 이점이 있다고 하신 이야기에 대해, 개별성이나 단독성에 초점을 두는 입장에선 음양을 이야기하더라도 그 배합 정도에 따른 무수한 차이들을 단독성으로 볼 수 있지 않은가, 만약 그렇다면 그런 무수한 배합의 차이를 굳이 음양이라는 범주로 묶어서 이야기할 필요가 있는가 하는 반문을 제기할 수도 있을 것 같습니다. 그렇기 때문에 이런 입장과도 대립구도를 세워 사고할 필요가 있다는 생각입니다.

**발언자7** 지난번에 음양조화론에 대해서 문제제기를 했던 사람이고요. 백선생님이 성차별 철폐운동과 음양조화론이 양립 가능하다는 입장을 제시하셨는데, 저도 둘이 양립 불가능하다고 전혀 생각하지 않고 얼마든지 양립 가능한 개념이라고 생각합니다. 방금 발언하신 분과 약간 궤를 달리할지도 모르겠지만, 저도 '조화'라는 것이 궁극적 목표라는 것에 전적으로 찬동을 하고요. 그런데 '음양'으로 표현을 해야 하나, '음양'까지 나아가야 되느냐 하는 겁니다. 그러니까 '성 조화'면 되지 왜 '음양조화'인지 의문이 있습니다. 제가 음양론은 본질적이고 우주론적이라고 말씀드렸는데, 음양이 나오면 오행도 나오고 태극도 나와야 하고,(웃음) 여러가지 그야말로 본질적인 개념들이 돌출하게 되어 있습니다.

정말로 어떤 궁극적인 목표라고 하면, 예수가 말한 사랑이나 석가의 자비도 궁극적 목표라고 할 수 있는데, 우리가 실은 현실적인 사회운동이나 변혁운동에서는 그렇게까지 나아가지 않거든요. 물론 종교성이나 영성 등을 강조하시기 때문에 거기까지 생각해야 한다는 차원에서는 이해가 됩니다. 하지만 그렇게 본다면 예컨대 환경운동의 궁극적인 목표는 뭘까? 여성운동의 궁극적인 목표가 음양조화라면, 환경운동의 궁극적인 목표는 기(氣)의 선순환이랄까 그런 것을 제시해야 할까? 이런 의문이 들어서 어떤 차원의 문제는 그 차원의 적정선에서 정의해주는 게 더 필요하고 적실하지 않은가라는 생각을 했던 것입니다.

**발언자3** 아까 음양에 관한 얘기 중에 개체성·개별성·단독성·차별성을 말씀하셨는데 유교 경학에 따르면 음과 양은 태극이라는 어떤 절대의 경지에서 이원화된 것으로 결국 음과 양이 뭉치게 되면 반드시 어떤 개체가 형성되고 그 각각의 개체마다 다를 수밖에 없다는 게 음양론에서 말하는 핵심이거든요. 그런데 태극은 다르다는 거죠. 태극은 절대의 경지인데, 한국 유학자들 경우는 각각의 다름에도 불구하고 그 안에 평등과 동일성이 있을 수 있는 것은 절대경지가 내재되어 있다는 의미라고 강조하거든요. 그러니까 음양조화로만 얘기하면 그 사회를 지배하는 정치이데올로기 같은 것에 휩쓸리면서 그것이 조화로 받아들여지겠지만, 백선생님이 태극의 입장에서 음양이 동격이라고 말씀하신 것은 어떤 절대경지를 통한 음양의 조화를 뜻하신 게 아닌가 그렇게 이해했습니다.

**발언자5** 우선 제게 주어진 주제 하나와 말씀드리고 싶은 것 하나, 그리고 질문 하나 하면서 짧게 말씀드리겠습니다.

먼저 제가 인식공동체를 얘기한 것은 가치공동체라는 말을 쓸 경우 이른바 자유진영의 가치동맹, 뭐 이런 식으로 들릴까봐 그게 싫어서 인식공동체라는 말을 썼고요. 또 하나의 이유는 시민운동 차원에서 쓴 거와 일본의 지식인들이 중일 간의 '지(知)의 공동체'라는 작업을 해왔어요. 그런데 '지'라는 글자 하나는 중국어로 성립이 안 돼요. 그래서 제가 한·중·일로 넓힐 때는 인식공동체로 하자, 지식은 너무 정보처럼 들리니까 인식공동체라고 했던 것입니다. 예를 들어 한류 같은 것을 통해서 대중문화가 교류되고 있는 이 상황에 지식인이 어떻게 개입할 건가, 대중문화는 수동적인 소비문화라는 식으로 보지 않고 대중이 생활세계에서 서로 섞이고 갈등하는 과정에 지식인이 어떻게 개입할까라는 식으로 적극적으로 관심을 갖고 그 밑바탕에 깔린 감정의 구조나 가치의 문제에 대해 생각할 때 인식공동체가 형성되는 것이지요. 그러한 지적 긴장을 유지하자는 뜻에서 인식공동체를 거론했다고 말씀드리고 싶고요.

두번째로는 백선생님이 복합국가 항목에서 말씀하신 것과 관련해서, 선생님께서 복합국가가 포괄적인 개념이어서 유용할 수도 있겠으나 지금의 현실에 대한 적합성에 대해서는 회의적이라고 하셨는데, 저는 유용하다는 것에 주목하게 됩니다. 왜냐하면 한국에서 지금 낮은 단계의 국가연합 같은 얘기가 나오는 그 경험하고, 다른 지역과 개별국가에서 예컨대 오끼나와의 고도의 자치운동이라든가 홍콩·대만에서 제기되는 '독립' 논의와 중국대륙과의 관계 등 이런저런 국가의 성격 문제들을 비교하거나 상호연관 관계를 설명할 때, 국가연합이나 연방제 등 국가간 결합을 가리키는 다양한 개념들 위에 좀더 포괄적인 우산 같은 개념으로 복합국가를 상정하고 그 안에서의 다양한 발현 형태의 차이나 연관관계를 설명하는 것이 효율적이지 않을까 생각하기 때문입니다. 이럴 경우 남북연합의 경험을 동아시아 차원으로 넓혀 비교하고 연계시키는 데 유용할 수 있다는 것이지요. 제가 중국을 얘기할 때 예전 식으로는 제국에서 국민국가로의 변화를 근대의 특징으로 설명해왔는데, 지금 오히려 중국은 국민국가를 넘어 제국 담론을 당당하게 얘기하거든요. 그 문제를 제국이냐 국민국가냐의 이분법을 넘어 설명하기 위해서도 복합국가라는 개념이 유용하지 않을까 합니다. 그들의 제국담론에 비판적으로 개입하는 데서요. 그래서 복합국가 개념을 좀더 발전시키고 현상분석도 하면서 주권이 어떻게 유연화되고 있는가를 잘 설명하는 것으로 가면 어떨까 싶습니다. 그건 바로 한국인의 역사적 경험을 동아시아 공동의 사상적 자산으로 삼는 것의 하나가 아닐까 생각하고요.

세번째로는 질문이자 백선생님께 제안드리는 건데요. 이 '도'의 문제와 관련해서 선생님과 광저우에 세미나를 갔을 때 그쪽에서도 얘기가 많이 나왔어요. 수평적 보편성이니 뭐니 하니까 선생님이 말씀하셨죠, 보편성이라는 단어를 써서 어떠어떠한 보편이라고 하는 것 자체가 보편성의 틀, 서구적 인식체계에 얽매이는 것이라고요. 그래서 도라는 말을 쓰자고 했고, 이번 발제에서는 수평적·실천적 그리고 있으면서 없기도 한 것, 이렇게까지 말씀하셨는데요. 저는 선생님께서 하실 일이 많지만 이 문제만큼은 정리를 해주시면, 중국이 대안적 보편성을 주장하는 데도 활용할 수도 있고, 우리가 비판적으로 그들 논의에 개입하는 데 활용할 수 있는 중요한 자산이 될 것 같습니다. 이를 서양의 보편성 논의하고 연관시켜 설명해야지 우리의 토착적 개념만 가지고 하면, 이미 음양론과 태극 개념도 오염됐다고 할 수 있는데 도 역시 그럴 수 있거든요. 중국 측에 도 얘기를 하면 '무슨 소리야, 그거 가지고 뭐해?' 이런단 말이죠. 그러니까 선생님이 하실 일이 이런 게 아닌가, 오늘도 좀더 들려주시고 이거 하나는 매듭을 지어주시면 상당히 도움이 되겠다 그런 생각이 듭니다.

**백낙청** 예, 그 당부는 마음에 새기되 오늘 여기서는 얘기를 안 하겠습니다.(웃음) 공부도 더 필요하고요. 중요한 문제라고 각인시켜주신 것은 감사드립니다.

복합국가론 얘기를 들으면서 한편으로는 오끼나와든 대만이든 홍콩이나 티베트·신장이든 복합국가로 갈 가능성은 거의 없지 않은가 생각이 돼요. 국가연합보다는 자치권의 대폭 확대가 문제고, 지금 류우뀨우 독립론도 나온 것으로 압니다만 오끼나와 운동의 주류는 더 큰 자치권을 추구하는 것이라 복합국가하고는 좀 다르잖아요. 거기다 복합국가론을 적용하는 것이 꼭 개념을 정리하는 데 도움이 될지는 자신이 없고요. 반면에 과거의 중국제국을 얘기하시니까, 그것은 근대 이전의 현실이라서 근대 정치학의 국가 개념을 적용하기는 무리가 있지만, 조금 범위를 넓혀보면 사실은 과거의 중국제국이 근대국가 이전의 복합국가였죠. 그 구성요소가 나라여서 국(國)이라고 했지요. 그래서 치국평천하(治國平天下)라고 할 때, 자기가 속한 나라, 지금 같으면 하나의 성(省)이 될 수도 있는 지역인데 그것이 국이었고 그런 국이 여러개 모여 있는 것을 천자가 다스리는 그것이 중국제국의 형태였잖아요. 그것도 일종의 복합국가였던 것은 맞는데 우리가 '장기적인 안목에서 중국이 근대 세계체제에 어울리는 새로운 복합국가를 만들어라' 이렇게 말할 수는 있지만, 당분간 중국공산당은 죽어도 그것은 안 하려고 할 겁니다. 왜냐하면 어렵게 만들어놓은 통일이 와해될 위험을 항상 느끼고 있고 또 실제로, 중국 측의 피해망상증적인 측면도 없지 않지만, 외부세력 중에서 중국 통일이 와해되기를 노리는 세력이 많잖아요. 그래서 당분간 그것이 현실적인 이야기는 아니라는 생각이 듭니다.

음양론에 대해서는 남성들만이 지지해주는 것은 별로 바람직한 현상은 아닌데, 여성이신 발언자11께서 반쯤은 인정해주는 것 같아서 큰 힘이 됩니다.(웃음) 아, 반도 아니라고요? 한 20퍼센트라고 합시다.(웃음) 발언자7도 얘기를 했지만 음양론 나오면 오행론도 나오고 태극도 나오고 골치 아프다고 그러는데, 여러분들 개별성·차별성 얘기를 시작하면 헤겔도 나오고 스피노자도 나오고 들뢰즈도 나오고 그러잖아요. 그것은 골치 아픈 게 아니라 내 공부가 부족한 거라고 생각하면서, 왜 음양론 얘기만 나오면 '아이구, 골치 아파서 이걸 어떻게 하나'라고 할까요. 그 자체가 우리가 근대주의 교육에 물든 것이라고 생각해요. 그렇다고 해서 지금에 와서 동양사상을 깊이 공부해라 그런 건 아니고요. 물론 사회운동 차원에서 그게 적절한 표어가 아니고 골치 아픈 문제만 야기할 우려가 있다는 말은 맞아요. 그래서 내가 이건 중·단기 목표가 아니라고 못박았잖아요.

발언자11의 말씀에 따르면 숱한 개별성과 단독성과 차이들의 존재가 페미니즘의 궁극적인 목표일 수 있다는 거니까, 한마디로 '성차별 철폐를 궁극적인 목표로 삼는 것이 페미니즘이다'라고 단정한다면 제가 과장한 얘기가 되죠. 내가 좀 지나친 말을 했는지 모르겠다는 생각은 들고요. 실은 내가 더 겨냥했던 것은 그 뒷대목에서 하는 얘기, 우선 성차별 철폐운동이 급하니까 그것부터 해놓고 궁극적인 목표 얘기는 다음에 하자는 흐름이 꽤 강하잖아요. 그런데 그것은 근대주의적인 단계론이다, 이중과제론은 아무리 복잡해도 궁극적인 목표와 중·단기적인 목표를 동시에 생각해야 한다는 것이 내 주장의 기본입니다. 궁극적인 목표를 숱한 개별성과 단독성과 차이들의 존재로 두는 페미니스트들도 많이 있을 거라고 생각하는데 좀더 논의가 됐으면 좋겠고요. 그러면 됐지 굳이 음양론 끌어들일 필요가 있는가 하는 것도 토론해볼 문제입니다. 나도 모든 사람들이 음양론을 채택하라는 얘기는 아니지만, 아까 발언자3께서 잠깐 얘기하셨듯이 음양의 배합이라는 것은 개체마다 다르게 되어 있어요. 그리고 그것을 의학적으로 진단한다고 해봐요. 동양의학에서는 오장육부의 어디가 안좋아서 어느 부위가 어떻고 균형이 어떻다, 그렇게 음양으로 풀면 사람마다 조금씩 다르게 되어 있어요. 그래서 사실은 숱한 개별성과 단독성과 차이들의 존재를 전제하는 것이 음양론입니다. 그런 점에서는 서양식 사고보다 오히려 그런 존재를 생각하는 사람들에게 친화성이 있는 발상이 음양론인데 왜 굳이 그것을 마다하겠다고들 그러는지…(웃음) 그런데 앞일은 모르겠어요. 음양론 얘기한다고 자동적으로 남성우월론자다 이렇게 보지는 않으시겠지요.(웃음)

**이남주** 자, 그럼 오늘은 여기서 마치고 다음주에 마지막 8회차 공부모임을 기약하겠습니다.

제5부

현실에 발을 딛고
담론을 본다

**참가자**  강경석 김명환 김성경 김학재 박종호 백낙청 백영경 백영서 백지연
손종도 양경언 염승준 염종선 윤동희 이기정 이남주 이일영 이종현
이지영 이하림 전성이 전철희 최시현 한영인

**백낙청** 여러분 반갑습니다. 오늘 마지막 시간은 예정대로 여러분의 3분 발언을 듣는 것으로 시작하겠습니다. 3분 발언이라는 건 많이 안 해보셨겠지만, 되도록 모든 사람의 얘기를 듣기 위해 시간 엄수를 부탁드립니다. 우리가 토론회나 심포지엄 같은 데 가면 시간들 잘 안 지키잖아요. 발제를 하면서 시간을 안 지키고서 나중에는 "아, 준비를 너무 많이 해와서 시간 내 못 끝냈다"라고 하는데, 내가 가르칠 때 대학원생 발표에서도 그런 친구들이 있었어요. 준비를 너무 많이 해서 시간 내 못 끝내겠더라고 해요. 그래서 내가 "그건 준비를 반밖에 안 한 거다. 20분짜리인데 40분짜리를 준비했으면 20분짜리로 줄이는 준비를 마저 했어야지, 하다 말고 온 거 아니냐" 이런 얘기를 했지요. 3분이 너무 빡빡할지 몰라서 여기 오신 분 가운데 일반 수강자에 해당하는 분들은 3분 정도로, 4분은 절대로 안 넘기는 것으로 해주세요. 운영위원들이나 실무자들은 나중에 발언 기회를 드리죠.

　3분 발언을 하자고 한 취지를 다시 한번 말씀드리겠습니다. 우리가 1기 아카데미에 변혁적 중도주의로 시작해서 그것의 이론적 기반

이 되는 분단체제론까지 다뤘는데, 나중에는 그것이 당장의 촛불정
국이라든가 현 시국과 얼마나 관련이 있는 담론이냐 하는 것을 검증
하는 것으로 끝냈습니다. 그리고 이번 기에는 추상수준을 더 높인다
고 할까, 이중과제론과 문명전환론 같은 거대담론을 해왔는데, 시작
하는 단계에서 분단체제론과 이 담론들을 연결시키려는 노력이 있
었고 계속 염두에 두어왔다고 생각합니다. 마지막 8회차 공부모임에
서 하고자 하는 것은 이렇게 한껏 높여놓은 거대담론도 과연 우리가
현 정세를 정확하게 이해하고 제대로 대응하는 데 도움이 되는 것인
지를 점검해보자는 거예요.

분단체제론과 정세판단의 연관성은 그동안 우리가 상당부분 확
인하지 않았나 싶어요, 아직 회의적인 분도 계시겠지만.(웃음) 그리
고 여러분한테 나눠준, '촛불항쟁 국제토론회'에서 제가 기조발제한
「촛불항쟁의 역사적 의미와 남겨진 과제」* 내용은 바로 분단체제론
과 촛불혁명에 대한 인식이 얼마나 밀접하게 관련되어 있는지를 내
나름으로 설파하려는 노력이었죠. 그래서 분단체제론까지는 어느정
도 되어 있는데, 그 분단체제론에서 추상수준을 더 높여서 '근대의
이중과제론'이나 '문명의 대전환론'까지 나왔을 때, 이것을 우리가
사는 현장에까지 얼마나 끌어내려서 활용할 수 있는가 하는 것이 제
가 오늘 여러분에게 듣고 싶은 얘기들이에요. 그래서 그런 데 초점을
맞춰 간단히 소감을 얘기해주시고, 그다음에 되도록이면 그와 관련
된 질문을 부탁합니다.

누구부터 시작하실까요? 시작은 자원자가 있으면 좋겠어요… 없
으면 이쪽 끝에 앉으신 분부터!(웃음)

---

• 백낙청 「촛불항쟁의 역사적 의미와 남겨진 과제」, 자료집 『촛불항쟁 국제토론회: 광장민주
  주의와 사회변화 전망』, 퇴진행동기록기념위원회·민주화운동기념사업회, 2018.5.24.

**발언자1** 이번 공부가 1기 때보다 추상수준이 높았다고 하는데 오히려 구체적인 사안에 대한 이야기는 2기에 더 많이 나온 것 같습니다. 사실 저는 북한이나 분단체제 문제에 크게 관심을 가지고 있지 않았지만, 토론에 참여하면서 백선생님과 참가자분들이 사회문제를 대할 때 학문적 양비론을 피하려고 노력한다는 점을 인상 깊게 보았습니다. 만약 학문적으로 사태를 접근한다면 지금 통일문제가 잘 해결되고 있는지 아닌지를 객관적으로 분석하면 그만일 것입니다. 그러나 여기에 계신 분들은 어떻게든 상황에 개입해서 긍정적인 국면을 만들고자 노력하는 것 같다는 느낌을 받았습니다. 그렇게 실천적인 태도를 보면서 많은 자극을 받았습니다. 그리고 대학에 몸을 담고 '학문적'으로 살고 있는 저 자신에 대해서도 반성하게 되었습니다.

지엽적일 수 있는 질문 하나를 드리고 싶습니다. 지난 4~5회차 공부모임에서 궁금했는데 시간이 없어 물어보지 못했던 것입니다. 그때 백낙청 선생님의 평론 「황석영의 장편소설『손님』」이 문학비평의 형식으로 분단체제론과 이중과제론의 문제의식을 녹여낸 글이라는 이야기가 나왔습니다. 그런데 저는 이 글이 분단체제론과 관련된 것일 수는 있겠지만, 어떻게 이중과제론과 연결되는 것인지는 이해할 수 없었습니다. 그에 관해 설명해주시면 감사하겠습니다.

**백낙청** 3분도 안 걸리고 잘 마치셨네요.(웃음) 상당히 중요한 질문인데 4회차 공부모임에서 '이중과제론과 백낙청의 문학평론'을 발제하신 분이 아직 안 보이네요. 그분이 있으면 떠넘길까 했는데.(웃음) 답변은 나중에 몰아서 하겠습니다. 우선 다른 발언을 더 들어보겠습니다.

**발언자2** 저는 시민단체에서 과거에 북한도 많이 다니며 일했던 사람이어서, 추상성을 높인다는 것이 저한테는 다른 차원에서 여러 의미를 줬다고 생각합니다. 제가 일하는 단체 혹은 남과 북의 일을 하는 단체들은 '상대방이 있는 게임이다'라는 식의 이야기를 많이 합니다. 우리가 아무리 하고자 하는 일이 있어도 북쪽에 가서 그들과 대화하면 우리의 의도나 의지와 상관없이 완전히 다른 차원으로 진행되는 일이 참 많아요. 그러면 아주 낙담할 때도 있고, 실망할 때도 있고, 화가 날 때도 있죠. 그럴 때 추상성을 높이면서 우리가 할 일들이 뭔지에 대해 아주 큰 틀에서 고민해야겠다는 생각을 하게 된 기회였습니다. 이중과제론을 공부하면서 특히 적응과 극복 같은 표현은 이전에는 생각해보지 않았던 고민거리를 받았다는 느낌입니다.

여전한 고민은 앞으로도 남북관계가 쉽지만은 않을 것 같다는 점이죠. 남북의 정상이 앞으로 더 잦은 만남을 이어갈 것이고 스포츠 교류도 활성화되겠지만, 이런 이벤트적인 부분으로 모든 게 해결될 건 아니고 더 깊숙하게 들어가면 결국 우리의 생각과 다른 북쪽의 생각도 나름대로 존재할 것입니다. 그런 점에서 많은 줄다리기가 있을 수밖에 없지요. 시민들의 참여와 관련해서, 시민들이 남북관계 개선이나 여러 과정에 참여할 수 있어야 하는데, 그 구체적인 방법이나 제도화에 대한 고민이 많습니다. 이것은 남쪽만의 문제는 아니죠. 남쪽에서는 투표 등의 행위를 통해서 정치에 참여할 수 있지만, 북쪽에는 그것이 어떻게 적용될 수 있을지 모르겠습니다. 현실화되지 않는 이야기일 수도 있지만, 북쪽에 우리의 입장을 잘 설득해낼 수 있을까 하는 문제와 연관될 것 같기도 하고요.

또 하나는 이후에 통합의 길에서 남과 북이 가까워지는 과정에서 우리 남쪽 사회가 준비해야 할 것이 뭔지에 대한 것입니다. 크게 보자면 포용이라는 식의 이야기는 할 수 있을 것 같아요. 제주도의 예멘 난민 문제도 우리가 중요한 문제로 삼고 풀어야 하는데, 예멘 난민은 부분적이지만 그보다 훨씬 대규모인 북쪽 사회는 우리가 어떻게 받아안을까 하는 고민도 해야 할 것 같습니다. 포용이라는 부분에서 우리 사회가 훨씬 더 많이 준비돼야 하지 않을까 생각합니다.

**발언자3** 저는 지난번에 얘기했던 개화파·척사파·개벽파 얘기를 문학작품에 대입해서 생각해보면 어떨까 하는 생각을 했습니다. 올해 2018년이 김수영 시인 50주기이고 2019년은 신동엽(申東曄) 시인 50주기인데, 김수영이 모더니스트로서 개화파라면 신동엽은 척사파는 당연히 아니고 개벽파 시인인 것 같습니다. 사실 김수영은 너무 얘기가 많다 싶을 정도로 한국 최고의 현대시인으로 평가되는데, 물론 당연하다고 생각합니다. 그만큼 훌륭한 시인이니까요. 반면에 신동엽은 젊은 학생들이 아예 모를 정도로 잘 읽히지 않는다고 합니다. 제가 공부모임을 준비하면서 신동엽 시인의 「금강」이라는 서사시를 다시 읽어봤어요. 동학농민전쟁을 그린 시인데, 많은 분들이 「금강」을 읽고 감동을 받으면서도 이게 서사시라기보다는 서정시라고 합니다. 백선생님은 서사시까지는 못 올라가고 서정시에 머물렀다는 얘기는 서정시적인 대목이 아주 탁월하다는 뜻으로 바꿔서 받아들여야 한다는 평가도 어딘가에서 하셨지만, 어쨌든 서사시로서는 좀 미흡한 부분이 있습니다.

 그것은 제가 볼 때 무언가 개벽의 차원, '물질이 개벽되니 정신을 개벽하자' 했을 때의 정신개벽 차원까지는 못 간 어떤 아쉬움이 있다는 데서 기인하는 것 같습니다. 가령 허구적인 인물이지만 신하늬라는 주인공이 나오는데, 그 주인공의 행적을 보면 굉장히 흥미로운 점도 있지만, 그는 결국 전주성을 점령하는 길로 그냥 서울까지 바로 치고 올라가지 못한 것을 가장 큰 문제로 인식하는 인물입니다. 그 신하늬의 인식에 신동엽 시인도 동조하기 때문에 동학농민전쟁의 객관적인 모습을 정말 냉정하게 그려내는 데는 실패하지 않았을까 생각해봤습니다. 한편으로 김수영 시인의 얘기만 많이 하다보면, 신동엽 시인의 성과를 이어받아서 어떻게 개벽파 시인이 우리 현대시에 등장해야 하는가 하는 문제의식에 소홀해지지 않을까 하는 생각을 해봤고요. 이것을 달리 보면 민중과 민중문학이 우리의 관심사로서 소홀해지는 측면을 꼬집는 효과도 있죠. 이제 한반도 평화체제를 만들어가는 이 과정에서 민중과 민중문학에 대한 관심은 더 중요해지리라고 봅니다. 남북연합 과정이 남과 북의 민중이 더 살기 좋아지는 방향으로 가야 하고 그들의 역량이 최대한으로 발휘되는 방향으로 가야 하기 때문입니다.

어떤 분들은 현재의 국면이 결국 북의 자본주의적 발전과 개방으로 가는 것이 아니냐는 이야기를 합니다. 심지어 트럼프가 이런 말을 했다고 하죠. "북한에는 굉장히 아름다운 해안선이 있다." 이 말은 곧 트럼프의 리조트 건설 같은 게 이뤄지리라는 시니컬한 얘기인데, 그런 얘기까지는 아니더라도 남한의 자본주의가 지닌 여러가지 문제들이 개선되지 않은 채로 북한이 자본주의화로 포섭될 것이라는 불안감은 큰 것 같습니다. 방금 예멘 난민 문제 얘기도 나왔지만, 최악의 상황에서는 상당수 북한 주민들이 남쪽으로 탈출해서 난민 비슷하게 되어 얼마든지 남북관계가 어려워질 수도 있다고 봅니다. 별별 일이 다 벌어질 텐데, 그럴 때 남북 민중의 역량이 최대한 발휘되도록 하는 동시에 그들의 삶이 개선되는 방향으로 어떻게 할 것인가를 깊이 고민해야 하지 않을까 합니다.

**발언자4** 이중과제론을 다루는 이번 2기와 지난 1기의 차이가 추상도의 차이라고 했을 때, 지금 이 자리에서는 현실문제에 이중과제론을 적용해서 어떠한 문제해결의 태도나 자세를 가질 것인가를 살피는 게 중요하다는 생각을 했어요. 지금 제가 제주에 살고 있고 앞서 여러분이 난민문제를 계속 말씀하고 계시는데, 저도 그 문제를 머리 아프게 계속 고민하고 있습니다. 그래서 이 난민문제를 이중과제론의 시각으로 봤을 때 어떤 접근이 가능할까 하는 생각을 해봤습니다. 제가 생각해본 것이 한계가 있기 때문에 제 생각을 먼저 말씀드리고 의견을 듣고 싶습니다.

이중과제론의 대상이 근대와 근대성의 문제라고 했을 때 난민이라는 것도 그와 긴밀한 관계가 있다고 생각합니다. 식민주의와 제국주의에 연관된 문제도 있고, 세속화와 종교에 관련된 문제도 있고, 여성인권 문제도 있고, 내셔널리즘 문제도 있고, 세계 차원에서 난민이 생성되는 과정에서 근대 혹은 근대성이 작용한 결과도 있을 것이고요. 난민이 분단체제에 있는 한국에 왔을 때 한국에서 반응하는 태도에도 문제가 있을 텐데, 저는 예멘 난민들에 대한 알레르기적인 반응을 보면서 이것은 분단체제가 낳은 민감한 감수성의 효과가 아닐까 하는 생각을 했습니다. 분단체제가 그동안 작동해왔던 적대정치에서 그 적을 매카시즘적으로 취급했다면 이제는 분단체제가 동요되고 흔들리면서 이슬람이라는 새로운 적으로 나타났는데, 그 두가지가 공통적으로 가진 특징이 우리의 안전을 위협하고 존망에 영향을 주는 세력이라는 것입니다. 예멘 난민들이 들어오면 우리가 이슬람화된다는 주장에서 체제 안전에 대한 과도한 위협이 눈에 띄었는데, 그게 한국적 근대 혹은 한국적 내셔널리즘의 특징이 아닐까 하는

생각도 했습니다. 그래서 그 한국적 내셔널리즘이 국가공동체, 민족
국가의 안전에 대한 위기의식을 기반으로 하고 있다면 그것을 극복
하는 의미에서 세계시민주의 같은 얘기를 하잖아요. 소수이긴 하지
만 우리가 그 난민들을 받아들여서 열린 사회로 함께 나아가자는 얘
기들이죠. 이런 것들이 지금 맞부딪히는 상황에서, 이중과제론은 이
런 대립되는 것들을 풀어가는 데 어떤 시사점을 줄 수 있을지 등을
고민해보면 좋지 않을까요.

**발언자5** 이중과제론이 지닌 추상성에 대한 이야기가 나오는데 우리
가 공부하고 있는 시기 자체가 현장감 있는 논의가 진행될 수밖에 없
는 상황인 것 같아요. 그래서 추상성 있는 담론 이야기를 하더라도
그것을 어떻게 변화하는 시대에 활용할 수 있는가에 대해 생각할 수
밖에 없는 모임이었기 때문에 이중과제론을 주제로 한 공부가 굉장
히 시의적절했구나 하는 생각을 해보게 됐습니다.

촛불정국 이후에 이중과제론을 공부하는 과정에서 계속 생각한
것은 촛불이 가져온 혁명적인 변화가 어떻게 생활에서 이뤄질 수 있
는지에 대한 것들이었고, 그 고민들을 이 공부 자리에서 많이 나눴습
니다. 백낙청 선생님이 사회적 체질을 바꾸는 문제에 대해 우리가 더
적극적으로 생각해볼 필요가 있다고 말씀해주신 바도 있고, 이중과
제론에서 배운 바를 태도로 삼아 촛불정국 이후 생활의 변화를 대하
는 문제에서도 이전과는 다른 방식의 속도가 필요하며 그 속도에 맞
춰 생활들을 꾸리는 것이 중요하겠다는 배움을 얻었습니다. 이를테
면 촛불 이후에 굉장히 급속하게 이런저런 변화가 벌어져서 사람들
이 놀라기도 하고 뭔가 새로운 것들이 마련되려나보다 하고 기대하
는 바가 있지만, 사람들이 살아가는 데는 관성적인 게 분명 있고, 분

단체제가 만들어낸 악성적인 버릇들이 몸에 남아 있는 것도 사실입니다. 앞에서 제기됐던 난민문제에 대한 대응도 분단체제가 낳은, 타인을 경계하는 방식이나 자기방어적인 방식의 관성이 드러나는 과정에서 일어나는 것 같습니다.

세월호참사 등 사회적인 재난과 관련해서도 아직 마무리되지 않은 문제가 많은데, 마치 그것들도 일시에 다 해결되는 것처럼 끝까지 마무리짓지 않고 넘어가려는 방식 등에 대해서 이중과제적 접근이 도움이 될 것 같습니다. 그러니까 변화하기 위해서는 지루하더라도 좀 길게 바라보면서 견디는 태도가 필요하다는 것이 이중과제론에서 말하는 것이 아닐까, 갈등을 단순화하지 않고 정교화하는 과정 자체를 견디는 방식이어야 하지 않을까 싶습니다. 그렇게 되면 이전의 자본주의에서 요구하는 속도와는 다른 방식으로 변화라는 것을 대해야 하고, 우리가 함께 배운 마음공부도 지금 사람들이 변화에 대응하는 데에서, 변화과정에서 자기 체질을 바꾸고 그것을 견디는 데에서 필요한 것이라는 생각이 듭니다.

**발언자6** 제가 제일 흥미롭게 생각하고 많이 배웠던 것 중에 하나는 창비의 여러 텍스트들 사이의 관련성입니다. 창비의 텍스트를 이것 저것 많이 보기는 했는데 제가 하는 것과 연결해서는 『창작과비평』에서도 최근 관심을 두고 있는 '커먼즈'(commons)와 이중과제론의 관련성 부분에 주목하고 싶습니다. 커먼즈라는 것이 국가와 시장을 넘어 어떤 다른 영역에 관한 얘기를 하는데, 그것이 꼭 창비담론과 연결될 것 같다는 생각을 그전에는 해본 적이 없었습니다. 처음에 이일영 선생님이 커먼즈를 국가적인 공공성을 넘어선 영역이라고 하며 창비에서 주목해야 할 개혁의 방식과 연결하는 것을 보면서 흥미

롭다고 생각했는데, 어떤 것을 적용하면서 넘어서는 이 문제도 이중
과제론을 적극적으로 활용해볼 수 있다는 생각이 들었습니다.

소설 『손님』 얘기도 있었지만, 그것과 연결해서 당시에 되어야 했
던 토지개혁에서 이중과제론적인 접근은 무엇이었을까 하는 생각도
해봤습니다. 개화파·척사파·개벽파로는 설명되지 않는 어떤 다른
길이 있었을까 고민해봐야 할 지점인 것 같습니다. 지금 이 시점에서
이루어져야 할 토지개혁의 문제, 그리고 남북관계의 진전 속에서 떠
오르고 있는 북한 개발 담론과도 연결되는 그런 중요한 숙제를 받아
들었다는 생각입니다.

그러면서 느끼는 것은 이중과제론이라는 것이 흥미롭기도 하지만
또 너무 급하게 적용하면 안 되고 창비 얘기를 너무 쉽게 따라가도

안 된다는 것입니다.(웃음) 그런 얘기를 저만 하는 게 아닌 듯한데요, 특히 여성문제에 대한 창비의 입장이 무엇인가는 고민스러운 바가 있습니다. 여성이라는 용어를 모두가 공유해서 사용하는 것 같지만, 음양이라는 얘기도 했고 음양은 사람마다 다른 배합을 가지고 있으면서도 남자의 몸, 여자의 몸, 혹은 그 중간의 몸을 받은 사람도 있고, 그것을 둘러싼 지식도 있고 담론도 있는데 사실 그 다양한 양태를 둘로 갈라서 통치하려는 지식과 실천의 체계도 있습니다. 이런 통치체제가 있는데, 그 층위를 구분하지 않고 여성문제를 곧바로 사상 차원의 문제로 가져가는 것에 대해서는 경계하는 편입니다. 그래서 현실의 여성문제를 극복하는 과정에서 동양사상을 참조할 바가 없는 것은 아니나, 체제적이기도 하고 현실적이기도 한 문제들을 바로 사상의 문제로 해결하려고 하는 것은 경계해야 한다고 봅니다. 그렇게 보면 이중과제론은 물론, 여성문제에 대한 이야기를 포함해 여기 창비담론 아카데미에서 나온 이야기들 역시 너무 빨리 수용하지 않고, 그 자체를 적응과 극복의 문제로 받아들여야 하지 않을까 하는 생각을 했습니다.

**발언자7** 개인적으로 이중과제론과 여성문제를 연관시켜서 생각할 때 많은 공부가 되었습니다. 여성이 보편적인 개인으로서 평등을 추구할 때의 그 평등이 획일적으로 관철되는 평등이 아닐 텐데, 실제로 많은 담론이나 문학작품 연구에서는 성별의 이분법적 구도에 여성을 위치시키고 분석하는 시각이 여전히 압도적인 듯합니다. 이중과제론은 여성과 근대의 관계를 사유할 때 폭넓은 시야를 열어줄 수 있고 아무리 좁은 영역의 성별문제를 다룰 때도 그것이 왜 섬세하게 현실과의 연동을 따져야 하는지를 고민하게 합니다.

그리고 백낙청 선생님의 '황석영의『손님』론' '신경숙의『외딴방』론' '배수아의『에세이스트의 책상』론'에서 느낀 건데요. 선생님께서 이야기하는 음양조화론보다도 실제 작품비평을 하실 때 성별문제나 여성문제가 훨씬 더 구체화되는 느낌을 받았거든요. 오히려 이론에서는 추상적이고 때로는 동의하기 어려운 맥락도 느껴지는데 작품비평 속에서 생생한 설득력을 가지고 다가와요. 여성인물의 재현이나 페미니즘적 의미를 전체적인 작품비평 속에 녹여놓는 지점이 인상 깊습니다.『손님』론에서도 단순히 여성인물 형상화 문제가 아니라 이 작품의 리얼리즘적 의미라는 맥락 속에서 흥미롭게 연결되지요. 작품을 총체적으로 바라보는 비평방식 속에서 페미니즘 시각이 결합되는 지점, 그런 것들에 대해 관심이 더 많이 생겼습니다.

**발언자8** 근대 적응과 극복의 문제, 동아시아 문제를 공부하면서 여러 가지 큰 문제를 복합적으로 고민할 수 있었고 그것들이 남북과 동아시아를 아우르는 책임성을 사고하는 시선에서 나오는 이야기들이었다는 것을 깨닫게 됩니다. 그리고 마음공부라는 것이 얼마나 중요한 것인지 계속 절감하는 시간이었고요. 지난 시간에 원불교와 황해공동체에 대해 들은 것은 저에게 엄청난 기회가 됐습니다. 인문사회학적인 통찰과 도시계획이 어우러지는 큰 한반도 구상을 몰랐던 것이 좀 부끄럽기도 하고 얼마나 아름다운 꿈이었나 저 혼자서 큰 감동을 받았습니다.

이와 더불어 대학의 문제를 얘기할 계기도 있었고 남북교류나 통일과 평화구축의 시대에 대학과 고등교육이 어떤 역할을 해야 하는가에 대한 논의도 있었습니다. 그 부분들이 앞으로 더 많은 관심과 함께 좋은 방향으로 풀려나가길 바랍니다.

오늘 다른 토론회에서 나온, 남북관계에 앞으로 남은 과제들에 대한 몇가지 얘기가 있어서 공유해드리고 싶습니다. 남북정상의 판문점선언이 앞으로 어떻게 제도화되어야 하는가에 대해서 통일헌법 전공하는 분이 몇가지 제안을 해주셨는데, 국내법적인 절차에서 훨씬 탄탄하게 제도화하려면 국무회의 심의를 거치고 정식으로 공표되는 것이 좋고, 또 그것을 실행하는 조치를 별도의 법으로 만들어서 국회 비준을 받는 것이 가장 완벽한 제도화라는 얘기였습니다. 그런 부분들을 챙겨서 해나가는 것이 앞으로 남북관계가 문제없이 힘을 받는 데 도움이 되겠다는 생각이 들었습니다. 오히려 천안함사건 후 이명박정부의 5·24조치가 법적인 효력이 없는 것이라는 말씀도 들었기 때문에 올해 겨울 되기 전에 쌀 같은 것이 북에 들어가면 훨씬 좋지 않을까 하는 상상도 해봤습니다. 이번 아카데미는 첫 아카데미보다 좀더 익숙해지는 기회가 되었지만 아무튼 좀더 마음공부를 하는 계기가 됐다는 말씀을 드리고 싶습니다.

**발언자9** 2회차 공부모임에서 제가 발제한 부분이기도 한데 세계체제론과 분단체제론의 관계와 미래에 대한 질문을 하나 드리고자 합니다. 그때 창비담론 아카데미가 진행되면서, 남북관계 속에서 한국사회를 봐야 한다, 세계적 차원에서 한반도를 봐야 한다는 분단체제론의 통찰이 현실로 다가오는 것을 우리가 경험하고 있다는 말씀을 드린 바 있습니다. 세계체제론의 구성체계를 받아들여서 분단체제론이 확립됐지만, 제가 생각할 때 세계체제론이 중심부의 따뜻한 시각을 가진 지식인의 세계해석이라면 분단체제론은 거기서 틀을 가져왔다 하더라도 주변부의 치열한 지식인의 고뇌가 담긴 운동론으로 대별될 수 있을 것 같습니다.

그런데 운동론으로서 비전을 얘기할 때 질문드리고 싶은 것이 분단체제론의 해석과 미래전망에 대해서입니다. 남북의 분단체제가 흔들릴 때 결국은 그 상위질서인 자본주의 세계체제에 동요를 가져올 것이고, 자본주의의 극복까지는 아니더라도 이 체제에 균열을 가하면서 새로운 경로를 모색하는 계기가 되는 것, 이것이 분단체제론이 운동론으로서 갖는 미래비전이라고 생각됩니다. 세계적인 차원에서 한반도를 바라봐야 한다는 분단체제론의 통찰을 우리가 현실에서 분명히 파악했고 그 느낌이 확실히 왔다는 점에서 공허함이 많이 걷어진 것은 사실인데, 문제는 이 현재의 상황이 또 분단체제론의 비전에 대해서 또다른 회의적 질문을 던지는 것 아닌가 하는 생각이 드는 것이죠.

과연 자본주의 세계체제의 하위체제로서 분단체제의 동요가 미국 중심의 자본주의체제에 균열을 가하는 어떤 계기가 될 것인지에 대한 전망은 상당히 모호한 상태 아니냐는 겁니다. 여러 선생님들이 말씀하셨지만 오히려 미국 중심의 체제가 적당히 절충되고 봉합되면서 더욱 공고해지는, 하나의 하위체제로서의 균열요소를 깔끔하게 막아버리고, 앞으로 어떻게 될지는 모르지만 새로운 대안을 모색하는 형태라기보다는 오히려 상당히 자본주의적인 방식의 미래형을 만드는 것이 아닐까 하는 질문을 갖게 합니다. 여기서 어떤 행동적 대안을 통해 우리가 이 회의적인 상황을 극복할 수 있는지 여쭤보고 싶습니다. 혹시 그것이 말씀하신 시민참여형 통일의 경로와 연관지을 수 있는 것인가, 그 부분에 대해서 여쭈어보고 싶습니다.

**발언자10** 두번째 아카데미인데 그 과정에서 제 나름대로 쓸데없는 생각은 안 하는 것이 중요한 공부방법이자 마음공부가 아니겠나, 이런 생각을 좀 하게 된 것 같습니다. 그런데 온갖 쓸데없는 생각과 우려들이 왜 자꾸 생기나, 그게 생기는 마음의 원리일지 심리의 원리에 대해서 다시 생각해보게 됐습니다. 그게 어떤 생각의 줏대를 세워가는 과정 속에서 생기는 일인 것 같다, 생각의 줏대가 바로 서면 쓸데없는 생각이 많이 줄어들게 되지 않나 이런 생각을 하게 됐고요. 그게 우리 아카데미의 공부방법과 연결된다는 생각도 들었습니다. 줏대를 세우는 길이라는 게 적응과 극복의 이중과제라는 것과 무관하지 않은데, 적응도 하고 극복도 하는 게 모순 같기도 하지만 줏대를 가진 모든 행위자들의 행위가 다 그렇게 구성되어 있잖아요. 저희가 계속 얘기한 촛불혁명이 기존 질서를 그대로 수긍하면서 가는 것 아니냐는 회의론도 있었지만, 그게 바로 적응과 극복을 동시에 보여준 아주 확실한 사례였던 것 같습니다. 거기에서 시민 주체성이라고 할지 그런 것들이 너무 뚜렷해서 이런 개념을 분명하게 해주는 것 같습니다. 이번 2기 아카데미에서 다룬 이중과제론과 문명전환론도 저는 거대담론으로 크게 생각하는 것보다 쓸데없는 생각을 덜 하고 생각의 줏대를 바로 세워가는 길과 밀접하게 연관되어 있다고 여겨집니다. 단순하게 표현한 것이지만요.

사실 특별하게 질문을 준비한 게 없었는데, 아까 발언자3께서 좋은 말씀을 해주시는 바람에 질문거리가 생겼습니다. 말씀 중에 문학 쪽에도 개화파와 척사파가 있는데 개벽파가 주류가 되지 못한 게 아쉽다고 했는데, 이런 것들이 지난 공부모임 때도 언급되었습니다. 그때 발언할 시간이 없어서 넘어갔는데, 제 생각에는 개화파와 척사파보다 개벽파가 한국문학에서는 주류인 것 같습니다. 제가 느끼기에는 김수영 시인도 개벽파로 봐야 할 거라고 생각되고요. 그 개벽파라는 게 지금 말씀드린 이중과제 또는 적응과 극복의 사고의 줏대라는 것과 밀접하게 연결되어 있는 것처럼 보이고, 사상적으로든 문학적으로든 개벽파가 주류인 것 같다는 생각입니다.

**발언자11** 이번 아카데미에서 굉장히 즐겁게 공부했고, 또 이 시간들은 알게 모르게 제가 생각하는 방식에 많은 영향을 미친 것 같습니다. 그런데 앞서 말씀하셨지만 요즘 정세와 관련해 드는 생각이 분단체제론과 세계체제론의 관련인데요. 지금 상황이 분단체제가 극복될 수 있는 굉장히 중요한 모멘텀이 되겠다는 긍정적인 해석도 가능하지만, 지금 이 국면이 만들어지는 과정이나 전개방식을 볼 때 그렇게 낙관할 수만은 없지 않을까 생각해보게 됐습니다. 미국의 주도세력들이 그렇게 반대를 함에도 트럼프 대통령이 김정은 위원장을 만나고 비핵화를 논의하고 하는 방식 자체가 어떻게 보면 자본과 세계체제적인 생각을 기본으로 두고 있는 것이 아닌가 싶어서 우려스러운 점들이 있고요. 남한정부도 한반도 신경제지도뿐만 아니라 남방정책 등 여러가지 시도와 정책을 쏟아내고, 한반도에 H라인을 그린다 뭐 다 이런 얘기를 많이 하는데, 그것들도 여전히 값싼 자원과 노동력을 가지고 경제동력을 만든다, 아시아은행을 만든다 하는 등의 방식인 것 같습니다. 그런 부분에 대해 고민할 필요가 있겠습니다.

　그리고 저는 이중과제론을 적용하는 데서 굉장한 무게감을 느끼고 있습니다. 이중과제론이 모든 것을 맥락적으로 보는 인식방법이라 여겨지는데, 그래서 최근의 여러 정세들을 더 복잡하게 사고하게 하는 것 아닌가 하는 생각도 듭니다. 아울러 너무 긍정적인 말을 쏟아내고 있는 지식인들과 희망적인 이야기를 많이 하고 있는 우리에게 지금 뭐가 필요할까 하는 질문들도 가지고 있습니다.

　마지막으로 한가지만 더 말씀드리면, 최근에 어떤 연극을 함께 기획한 적이 있습니다. 남한과 북한의 분단, 대만·중국·말레이시아에서의 공산주의 혁명, 빨치산운동 이런 것들을 같이 다루는 연극이었습니다. 그때 제가 느낀 것은 아시아적인 공통분모, 그리고 그런 맥락에서 단순히 한반도의 지형변화뿐만 아니라 아시아의 지형변화들도 함께 고려해야 한다는 것이었습니다. 제가 실은 아카데미 모임에서 동아시아 관련한 공부를 할 때 불참해서 그 부분은 따라가지 못한 것 같은데, 그 부분에 대해서 좀더 설명해주시면 크게 공부가 될 것 같습니다.

**발언자12** 저는 4회차 때 '이중과제론의 시각에서 본 인문학과 대학'을 주제로 한 백영서 선생님 말씀을 듣고, 그다음 5회차에서 백낙청 선생님의 강평을 들으면서 내내 이것을 '이중과제론과 중·고등학교 혹은 교육'으로 바꿔 생각했습니다. 짧게 말씀드리고 질문을 해보겠습니다.

현재 우리 사회에서 중·고등학교는 누가 봐도 대학입시 준비기관으로 되어 있습니다. 아시다시피 공론화위원회의 논의도 수학능력시험과 학생부종합 비율의 문제라든지 고교학점제라든지 내신과 절대평가를 둘러싼 논란 같은, 사실은 모두 대학 가는 데 필요한 요소 중에서 어떤 것에 우선권을 두느냐는 문제로 흘러가고 있다고 생각합니다. 또 하나는 수월성 교육, 백낙청 선생님은 탁월성으로 표현해야 한다고 지적하셨는데요, 어쩌면 지난 10년 혹은 제가 교사로 지내온 30년 동안 중·고등학교 교육현장에서 가장 문제가 된 것은 이 탁월성 교육을 둘러싼 논란 같습니다. 잘 알다시피 자사고·일반고·외고의 문제가 이 문제에 아주 밀접하게 관계되어 있고요. 또 이게 학교평가·교사평가와 함께 얽히면서 이른바 신자유주의적인 평가 흐름들이 중·고등학교를 휩쓸게 됐고요. 폐허가 된 대학이라는 말씀을 하셨는데 저는 거의 확실하게 고등학교가 폐허가 될 수 있게 된 데에 는 탁월성 논란의 흐름이 함께해왔다고 생각합니다. 이러한 고등학 교 제도 안에 몸담고 있는 사람인 저 같은 교사들의 노력이 매우 중 요하다고 지적하셨는데요. 저는 적어도 중·고등학교까지의 교육은 아이들이 어른이 돼서 제 앞가림을 하고 살아갈 수 있도록 하는 힘을 길러줘야 한다고 생각합니다. 그것은 어쩌면 지금은 더이상 가르치 지 않고 있는 지혜를 아이들이 깨닫게 할 수 있는 그런 교육이지 않 을까 싶습니다. 예를 들면 언젠가 백선생님도 말씀하셨던 노작교육 (勞作敎育) 같은 것이 고등학교까지는 중요하게 다뤄져야 하는 게 아 닌가 싶은데요.

제 질문은 이것입니다. 고등학교에서 입시와 관련해 계속 문제가 일어나고 있는데 이에 대한 어떤 해결방안은 없는 것일까? 대안 문 제만큼이나 쉽지 않을 것 같은데 정말 없는 것일까? 창비교육에서 얼마 전에 출간한 이기정 선생님의『입시의 몰락』처럼 입시가 몰락 하면 사라지는 것일까? 그런 질문을 해봅니다.

**백낙청** 자연스럽게 이기정 선생한테 공을 넘기셨네요.(웃음)

**발언자13** 네, 우선 저는 이중과제론의 방법론을 제가 서 있는 학교현 장에서 구체적으로 적용할 수 있을 것 같아 매우 좋았습니다. 금방 발언하신 분과도 얘기를 했는데, 제가 이중과제론 공부를 하면서 책 한권을 쓰고 싶다는 생각을 했습니다. 백낙청 선생님이『2013년체제 만들기』를 쓰신 다음에 제가 교육에서의 2013년체제론 격인『교육대 통령을 위한 직언직설』(창비 2012)을 냈는데 이번에는 '교육에서의 이중과제론'을 쓰고 싶다는 생각을 했습니다. 최근 10년 사이에 초·중등교육의 문제가 너무 복잡해졌습니다. 그래서 이중과제론적인 시각으로 접근할 때 문제가 잘 정리되는 게 많아졌습니다.

하나만 예를 들면, 우리는 보통 입시경쟁에서 학생들이 과도한 학습에 시달린다고 보고 이 문제를 해결해야 한다고 얘기합니다. 하지만 실제 교실에 가보면 절반 이상 학생들의 실제 학습량은 하루에 한시간도 안 됩니다. 1교시부터 마지막 교시까지 놀고, 집에 가서도 놉니다.(웃음) 이 아이들은 입시경쟁에서 스스로 빠져나온 학생들인데요. 단순히 입시경쟁에서 빠져나온 것이 아니라 아까 말씀하신 자신의 앞가림을 하는 데 필요한 지식과 지혜를 공부하는 데서도 완전히 일탈해 있는 겁니다.

그러니까 우리는 두가지 과제가 동시에 있어요. 과도한 입시경쟁을 완화시켜서 아이들의 과도한 학습의 짐을 덜어주는 과제도 있지만, 수많은 아이들이 입시와 공부에서 벗어나 있기 때문에 이 아이들이 어떻게 하면 더 공부를 하게 할 것인가 하는 과제가 새로 생겼단 말이죠. 대개 우리 진보진영은 하나의 과제에만 몰두하고 있습니다. 그래서 새로운 문제가 계속 심화되고 있는 것을 몰라요. 입시경쟁 하나만 보더라도 이중과제론적 시각에서 접근해야지 문제가 정리되는 게 있단 말이죠. 이것만이 아니라 또다른 많은 문제들이 이중과제의 방법론을 적용했을 때 정리되고 해법이 생긴다는 것을 생각했습니다. 그래서 제가 '교육에서의 이중과제론'을 한번 썼으면 한다는 생각을 했습니다.(웃음) 하여튼 이중과제론을 가지고 교육문제를 깊이 바라보고 체계화해볼 좋은 기회였습니다.

**발언자14** 저는 소감을 간단하게 말씀드리겠습니다. 1기에서 2기에 이르기까지 텍스트에서 또는 모두발언에서 말씀해주셨던 공부법을 배울 수 있었던 게 무척 의미 있었고요. 그리고 동아시아가 가진 도(道)나 진여(真如) 등의 개념이 자본주의체제가 낳을 수 있는 여러가지 부작용을 극복할 사상적 자원이 될 수 있다는 얘기는 듣기가 쉽지 않은데 창비담론 아카데미에서 들을 수 있어 무척 좋았습니다. 1993년엔가 백선생님이 원불교 교단의 오늘의 형태를 보더라도 근대극복을 위한 구체적인 의지와 경륜이 뚜렷하지 않다, 근대주의에 함몰된 면이 있다고 말씀하셨습니다.* 정작 사상적 자원을 가지고 있지만 실천하고 있지 못한 것이 많은 듯한데요. 토론 당시 국학자 김명호 교수가 노장사상·민중불교·토속종교에 대해 경계하시더라고요. 그런데 25년이 지난 지금에도 학계라든지 일반적 차원에서도 도교의 도를 얘기하고 불교의 진여를 얘기하면 매우 생소하고 낯설어하는 상황이 다르지 않은 것 같습니다.

**백낙청** 지금 여덟시가 됐습니다. 제가 처음에 5분 이상 썼으니까 우리가 상당히 준수하게 3분 발언을 마친 셈입니다. 여러분도 쉬고 싶겠지만, 저도 한숨 돌리면서 이 많은 질문을 분류해서 어떻게 소화할지 생각해야겠습니다. 10분 후에 다시 시작하겠습니다.

---

• "원불교의 경우는 그 창시자가 '물질개벽'을 얘기한 것이 사실은 맑스가 자본주의가 발전하면서 모든 단단한 것이 연기처럼 사라진다고 했을 때의 철두철미 근대적인 사물인식과 통하는 것이라고 생각합니다. 그리고 교단의 오늘의 행태를 보더라도 근대극복을 위한 구체적인 의지와 경륜이 뚜렷하지 않아 근대주의에 함몰된 면이 있을지언정 미신적인 종말론과는 거리가 멀다고 봅니다."(백낙청 「근대성과 근대문학에 관한 문제제기와 토론」[1993], 『통일시대 한국문학의 보람』, 창비 2006, 121면)

## 이중과제론의 현실 적용에 대한 공부

**백낙청** 여러분이 내놓으신 좋은 질문들에 모두 답하려고 하면 이후 토론이 거의 불가능하지 않을까 싶어서 나야말로 3분은 아니지만 최대한으로 압축해서 얘기할까 합니다.

우선 그동안의 우리 논의가 이중과제론이나 문명전환론의 높은 추상수준에도 불구하고 상당히 구체적인 얘기를 많이 했다는 평가를 해주서서 고맙게 생각합니다. 그게 나의 노력이기도 했고 여러분의 노력이기도 했죠. 너무 추상적인 거대담론으로 빠지지 말고 항상 우리 현실과 연결시키면서 얘기하는 공부를 하자고 했고, 그게 얼마간 이행됐다는 이야기일 테니까요.

이중과제론의 추상수준과 관련해서 모든 행위자에 해당되는 얘기를 하신 분도 있고, 좀더 구체적으로 중·고등학교 교육에서의 이중과제론 얘기를 하신 분도 계십니다. 특히 이기정 선생은 처음에는 '적응과 극복의 이중과제'라는 게 형용모순 아니냐 하셔서 내 마음에 상처를 주셨는데,(웃음) 이제 그것을 완전히 치유해주셨습니다. 그런데 이중과제론의 추상수준이 높은 이유는 이것이 **근대**적응과 **근대**극복의 이중과제이기 때문이지 일상생활의 수많은 이중과제로 보면 추상수준이 높다고 할 수는 없어요. 근대라는 것이 우선 역사적인 시기로 보더라도 분단 한반도의 역사보다 훨씬 길고 지역적인 범위도 굉장히 넓잖아요. 그런 대상에 대해서 이중과제론을 얘기하니까 추상수준이 높은 이야기가 될 수밖에 없는 겁니다. 따라서 그런 이중과제론, 근대에 대한 적응과 극복의 이중과제라는 걸 염두에 두고 이것이 얼마나 구체적 현실에 적용 가능할까 점검하면 답변이 그렇게 쉽게 나오지는 않을 거예요.

구체적 사례와 차원을 맞춰서 잘 적용하는 그것 자체가 하나의 훈련이라고 생각되는데, 발언자2가 말씀하신 것 같은 남북사업을 하다 보면 상대방이 있어서 여간 힘든 게 아니죠. 그런데 그때 이중과제하고 굳이 맞추려고 할 필요는 없어요. 잘 맞지도 않을 것 같고요. 그런 경우는 오히려 발언자10이 쓸데없는 생각 하지 말자 할 때의 쓸데없는 생각 중 하나가 이중과제론일 수 있어요. 중·고등학교 교육문제하고는 좀더 연관성이 있을 텐데 이것도 자칫하면 견강부회가 될 우려가 있어요.

난민문제의 경우는 어떤 차원으로 접근하느냐에 달려 있습니다. 분단체제론하고는 상당히 쉽게 연결되는 부분이 있어요. 우리가 분단시대를 살면서 형성해온 감수성·관습이랄까 이런 것과 분명히 관계가 있죠. 난민에 대한 배척, 특히 지금 청와대 게시판에 난민 반대하는 청원이 굉장히 많이 들어와 있다고 하는데, 내가 듣기로는 이게 상당부분 보수 기독교에서 조직적으로 하는 거래요. 그러니까 한 20만명 동원하는 건 그 사람들에게 문제도 아니죠. 물론 전적으로 그들 탓이라고 봐서는 안 되겠지만요. 어쨌든 천주교의 강우일 주교가 우리 민족이 온갖 지역에 난민으로 가서 거기서 정착하고 지금 한민족 디아스포라가 몇백만이라고 할 정도인데 그런 민족이 예멘 사람 500명 들어왔다고 그렇게 떠드는 게 도리냐고 말씀하셨죠. 그런 걸 생각하면 우리가 옛날에는 외국인 배척감정이 더 있었을지는 몰라도, 지금처럼 개방사회 유지하고 한민족네트워크나 세계화를 얘기하면서 정작 난민문제에 치를 떠는 건 역시 분단시대를 거치면서 우리 스스로 상당부분 괴물화된 것이 아닌가 하는 생각을 할 수 있습니다. 그런데 이것을 굳이 이중과제론까지 끌고 갈 때에는, 가령 난민문제를 일시적인 재난으로 볼 건가 아니면 현 세계체제가 유지되는 한 이

런저런 방식으로 점점 더 확대될 문제라고 봐야 하는가 묻는다면 세계체제 차원에서 생각할 여지가 생기는 것 같습니다.

마음공부 얘기를 많이 하셨는데 나는, 쓸데없는 생각 좀 하지 말자라는 것이 좋은 말씀 같아요.(웃음) 내가 옛날 대학교수들은 너무 놀아서 문제였는데 요즘 대학교수들은 쓸데없는 공부를 너무 많이 하는 것 같다는 말을 한 적이 있는데요. 쓸데없는 생각 좀 하지 말고, 쓸데없는 책 좀 덜 읽고, 쓸데없는 소리 좀 덜 하고 그러면 좋겠습니다. 그런데 이게 굉장히 고도의 수행을 요구합니다. 무관사(無關事)에 동(動)하지 말라는 말이 원불교의 「솔성요론(率性要論)」(『정전』수행편 제12장)에 나옵니다. 솔성요론이라는 것은 성품을 거느리고 다스리는 것이죠. 하급 법위에는 계문(戒文)을 주지만 일단 그 경지를 넘어서면 계문이 없고 마음을 거느리는 요론만을 제시하는데 그중에 하나가 '무관사에 동하지 말라'예요. 나와 관계없는 일에 괜히 쓸데없이 동하지 말라 했는데, 그건 웬만큼 공부가 된 사람들도 계속 챙겨볼 마음공부라는 뜻이지요. 그게 왜 어려울까 생각하면 역시 사람이란 자기 잘난 맛에 살기 때문에 자기가 나설 자리가 아닌데 괜히 나서고 싶어지고 행동으로 안 나서더라도 뭔가 멋있는 훈계를 하고 싶어지고 괜히 신경 쓰고, 그런 게 다 무관사에 동하는 일이지요. 발언자10이 무관사에 동하지 않는 공부를 하셨다니까 상당한 경지에 이르신 거죠.(웃음)

## 후천개벽운동과 이중과제의 문제의식

한말의 개화파·척사파·개벽파 이 3자구도 얘기를 그전에 했는데 오늘은 특히 문학과 연결시키는 얘기까지 나왔습니다. 그런데 원래 한말에는 개벽파라는 호칭이 없었고 동학을 주로 얘기했습니다. 지난 시간에 내가 얘기했듯이 동학을 3자구도 속에 끼워놓고 심지어는 제일 중요하다고 주장한 사람들이 1970~80년대의 운동권 쪽이었어요. 그때는 동학 자체보다도 농민전쟁, 농민혁명 하면서 종교의 외피를 쓴 혁명이라는 표현도 했는데, 그런 운동권의 사조가 후퇴하면서 개화파와 척사파의 대립만 남은 것처럼 되어버렸어요. 지금도 개화파와 척사파에 해당하는 어떤 흐름을 지적할 수 있을지는 몰라도 그 명칭을 그대로 적용하기는 어렵고요. 또 하나 그때와 다른 것은 당시는 식민지 되기 직전이었지만 통일국가였는데 지금은 분단국가이기 때문에 남쪽에서 벌어지는 그러한 3자구도의 양상과 북쪽에서 벌어지는 3자구도의 양상은, 3자구도가 있다 하더라도 서로 다르게 마련이거든요, 그래서 남쪽 위주로만 생각해서는 안 되는 문제가 있고요.

지난 시간에 개화파·척사파·개벽파를 이중과제와 연결시킬 때 척사파는 완전히 근대를 거부하는 흐름으로서 적응할 생각을 안 했고, 개화파는 적응에 몰두했는데 사실 식민지가 되고 주권을 상실했으니까 당시 적응에 실패한 거라고 했죠. 반면에 개벽파가 이중과제론과의 친화성이 제일 크다고 볼 수 있다고 했는데, 그러나 그 시점에서 동학이나 동학이라는 종교, 그리고 동학농민운동도 적응능력이나 극복능력의 수준이 그다지 높지는 않았다고 할 수 있습니다. 그러니까 실패했죠.

지금 가령 김수영과 신동엽을 가지고 따진다면, 그것을 그 시대의 구도 그대로 개화파와 농민혁명세력 뭐 이렇게 구분한다면 신동엽은 개벽파 그러니까 동학파고, 김수영은 개화파 맞죠. 그러나 발언자 10이 얘기했듯이 현재 시점에서 김수영이 과연 개화파냐 오히려 개벽파에 가깝지 않느냐 하면, 나는 원론적으로는 진짜 훌륭한 작가들은 다 개벽파라고 봐요. 그리고 김수영이 처음에는 모더니스트로 출발하잖아요. 그때는 개화파의 흐름을 대체로 따르다가 점점 바뀌면서 개벽파, 뭐 '파'까지는 아니더라도 후천개벽운동에 자기 식으로 참여하는 시인이 됐다고 봅니다. 신동엽은 원래 그런 의도가 더 분명히 있었는데 본인의 의도와 상관없이 그가 이룬 업적이 김수영과 비교해 어떠냐는 점은 우리가 작품에 대한 평론을 통해서 가려내야 할 문제겠죠.

이야기 나온 김에 발언자1이 그 이전 모임에서 던진 질문인데 내가 그때 답을 못해서 이 자리에서 말씀드리겠습니다. 그때 발언자1은 내가 종교에 대해서 얘기하는 게 종교가 문학과 비슷한 것 같다고 하며 매슈 아놀드를 얘기했죠? 그런데 매슈 아놀드라는 사람은 문학을 종교의 보완재로 생각하기보다는 종교가 생명이 다 했다고 봤기 때문에 그 대체재로 생각했어요. 하지만 내가 보기에는 문학으로 종교를 대체하는 것이 답은 아닌 것 같아요. 문학과 종교가 상통하는 새로운 뭔가가 나와야지, 문학도 개벽파적인 문학이 나오고 종교도 개벽파적인 종교라야지 이 시대의 요구를 충족시켜줄 수 있겠죠. 원불교에서 쓰는 문자로 선천(先天)시대의 종교 가지고는 절대로 그게 안되고, 그렇다고 선천시대의 종교는 약효가 다 됐으니까 문학과 예술로 대체하자 하는 것도 설득력 있는 얘기는 아닌 것 같습니다.

나의『손님』론과 이중과제론의 연결이 그다지 잘 안 된다는 얘기도 지난 공부모임에서 이미 나왔죠. 이중과제론에 대해서는『손님』론보다는 가령 내가 더 최근에 쓴「근대의 이중과제, 그리고 문학의 '도'와 '덕'」(2015) 같은 글이 더 적합하지 않겠느냐는 얘기도 나왔고요.『손님』론과 이중과제의 연결이 분명치 않은 까닭은 사실『손님』론 쓰기 전에 내가 이중과제론이라는 것을 제기하기는 했지만 아직 체화가 안 되어 있어서 그 글을 쓰면서는 분단체제와 문학평론을 연결하는 데 집중했고, 이중과제와의 연결까지는 생각을 안 했기 때문인 것 같습니다. 그러나 여러분이 한번 연결시켜보겠다 하시면 나로서는 대환영이지요.

그것과 관련해서 발언자7이 내가 작품비평에서 여성을 얘기할 때는 설득력이 있고, 무슨 음양조화론이니 하는 담론보다 그런 식으로 얘기하는 게 더 낫지 않느냐 했는데, 문학평론 좋은 게 바로 그런 거예요. 이 사람 저 사람의 반발을 살 만한 담론을 펼칠 필요 없이 좋은 작품을 논하면서 슬그머니 자기 얘기를 할 수 있다는 게 평론의 좋은 점입니다. 발언자7께서 몇가지 경우를 지적하며 그런 작업을 굉장히 잘했다고 평가하시는 것 같아서 감사하고요.(웃음) 그런데 나 개인으로 그런 평론을 쓰게 된 동기랄까 경위를 말하면, 내가 그런 얘기를 했잖아요, 사내 못난 것들이 남자로 태어났다는 것만 가지고 무슨 큰 벼슬인 듯이 행세하려고 든다, 그런 못난 사내가 안 돼야겠다는 충정에서 문학비평의 그런 대목들도 산출됐다는 점을 알아주시면 좋겠습니다.(웃음)

## 한반도 정세와 시민참여운동의 중요성

최근 정세와 관련해 우선 분단체제론이나 시민참여형 통일의 관점에서도 이게 꼭 잘 전개되고만 있는 거냐는 회의론이 있습니다. 특히 세계체제 문제로 갔을 때 우리가 분단체제를 극복하면 세계체제가 그걸로 금방 고꾸라지는 건 아니지만 중대한 균열이 온다는 주장을 해왔는데, 요즘 정세는 미국의 영향력이 오히려 강화되는 것이지 균열이 나는 것은 아니지 않냐는 의문을 가진 분들이 꽤 있는 것 같습니다.

우선 형식논리로만 말한다면 분단체제 극복이 이루어지면 세계체제에 중대한 균열이 가는 것은 여전히 맞다고 봅니다. 그런데 현재 벌어지는 남북교류와 남북화해의 과정이 꼭 분단체제 극복으로 갈 것인가 하면, 그것은 아직 확실치 않다고 봐요. 왜냐하면 트럼프만 하더라도 분단체제를 극복해서 미국 중심의 세계체제에 균열을 일으킬 생각이 전혀 없을 거고, 또 우리 정부 당국자들도 그렇게 생각하는 사람은 많지 않을 거예요. 김정은 위원장 쪽도 어떻게 생각하는지 알 길은 없지만 분단체제 극복 같은 식으로 생각은 안 할 겁니다. 트럼프가 생각하는 건, 그렇게 말도 했죠, 북이 비핵화를 하면 남한처럼 잘살게 해주겠다는 거였어요. 그런데 신자유주의 단계에 들어선 이 남한처럼 만들어줄 도리는 없다고 봅니다. 북은 그럴 준비도 안 돼 있고요, 그렇게 될 수도 없지만. 오히려 박정희 모델에 흡사한 개발독재국가와 또 매코맥(Gavan McCormack)이 말하는 토건국가로 갈 가능성은 있을 것 같아요. 그래서 그 과정에서 남한에서는 남측의 지배계급이랄까 자본가의 지배력이 오히려 강화되고, 세계적인 차원에서는 미국의 체제, 미국의 영향력이 오히려 커질 가능성이 충분히 있다고 봐요. 그런데 그것은 분단체제 극복이 아닌 남북교류에 그치는 거니까 형식논리로 말하면 그런 일이 벌어지더라도 내 논리에는 아무런 결함이 없다고 말할 수는 있는데, 우리가 그런 말 하자고 사는 건 아니잖아요.(웃음)

그래서 나는 그야말로 시민참여가 더 중요해진 시기라고 봐요. 어차피 우리는 남북연합 건설단계에 들어섰습니다. 지금 북의 비핵화와 미국에 의한 체제보장을 맞바꾼다고 얘기하는데, 미국에 의한 체제보장이라는 것은 쳐들어가지 않는 거고 이런저런 제재를 안 한다는 보장이지 그 체제가 영구히 지속되게 해줄 도리는 없는 거예요. 트럼프는 자기가 그렇게 한다고 생각해요. 말 잘 들으면 김정은이 계속 집권하게 해주고 번창하게 해주겠다고 하는데, 북미화해 이후에 북 체제의 보장을 실질적으로 뒷받침해줄 나라는 우리 한국밖에 없다고 봐요. 남북이 느슨한 연합으로나마 결합돼 있어야 미국이 쳐들어갈 수 없고 남의 존재에 대한 북의 불안감도 덜어지거든요. 물론 영구히 체제를 보장해주는 것은 한국도 못할 일이고, 다른 누구도 못하는 거고, 또 꼭 그래야 되느냐 하면, 아니 우리가 북한체제가 영구히 존속하도록 해야 하는 이유가 뭐가 있습니까, 그런 능력도 없지만. 그러나 여하튼 미국이 이제까지의 적대정책을 철회한다고 해도 미국이나 국제사회의 북한 인권문제 거론이라든가 온갖 압박은 계속될 겁니다. 트럼프가 아니어도 미국의 주류사회에서 할 것이고 세계에도 그런 것을 하겠다는 사람들이 많이 있습니다. 또 북측은 북측대로 취약한 점이 있기 때문에 이것으로 인해서 북의 체제가 과도하게 흔들리지 않게 해주는 것은 남과 북이 연합을 하면서, 가령 북에 대한 공격은 자동적으로 남북연합에 대한 공격이고 남북연합의 구성원인 남한에 대한 공격이다 이렇게 만듦으로써만 가능한 것입니다. 어떤 남북연합을 만드는가 하는 것은 남북에 있는 모두가 관여할 문제지만 지금 단계에서는 역시 남한 시민들의 역할이 제일 크다고 봐요.

그리고 미국도 트럼프가 이제 와서 입장을 바꾸긴 참 어렵지만 적극성이 줄어든다거나 조금씩 달라질 수는 있죠. 하지만 지금 미국이 입장을 바꿀 수 없는 이유 중에 하나는, 그랬다가는 트럼프 자기가 완전히 망하는 탓도 있지만, 이미 남북한이 너무 나가고 있어요. 나는 개인적으로 처음에 평창올림픽 이후 남북 접촉 얘기가 나올 때, 펜스가 와서 방해하듯이 미국이 방해해서 정상회담도 못하게 할까 봐 걱정했는데, 트럼프가 무슨 마음인지(웃음) 자기 말로는 블레씽(blessing)해줬고, 그래서 시작이 된 거잖아요. 그러고 싱가포르 북미 정상회담까지 갔는데, 설혹 싱가포르 회담이 안 열렸어도 판문점선언으로 시작된 그 동력을 완전히 없앨 수는 없었다고 봐요. 물론 더 힘들었겠죠. 싱가포르 회담 이후에 북미관계가 다소 소강상태인데 그건 모르는 일이에요, 물밑에서 무슨 얘기가 오가는지. 그러나 그사이에 남북관계는 또 엄청나게 빨리 진행되고 있지 않습니까. 또 중국이 그동안 대북제재에 가담한 것은 북한이 핵무기를 가지겠다고 하니까 제재에 동조한 거거든요. 북한이 안 하겠다 하면 그다음에 국제사회가 다시 제재한다고 해도 중국이 그때는 동의를 안 합니다. 그렇기 때문에 지금 생긴 이 모멘텀은 뒤집기 어렵다고 보는데, 다만 그것을 어느 방향으로 끌고 가느냐는 아직 남은 문제라고 생각합니다.

미국중심 체제에 얼마나 균열이 가느냐 하는 것은 이게 거창한 문제가 돼서 말하기 어려운데, 나는 트럼프라는 사람은 미국 헤게모니의 몰락을 재촉하기 위해서 하늘이 보내준 사람 같아요. 그러니까 트럼프는 미국우선주의자이고 지금 트럼프를 비판하는 미국 주류세력들은 그래도 미국중심의 세계체제를 생각하는 사람들인 것 같아요. 그래서 미국 주류세력 입장에서 볼 때 트럼프가 하는 일이 무책임하기 짝이 없는 건데, 그것만 봐도 트럼프가 하는 짓이 미국중심의 세계체제에 얼마나 위협을 주고 있는가 하는 것을 짐작할 수 있지 싶고요. 트럼프의 생각처럼 북한 해변이 엄청 아름답다고, 원산에 트럼프타워를 짓는다고 하면 당장에 트럼프한테 이익이 돌아가고 미국 자본도 얻어 가는 게 있을 거고 여러 나라 자본이 득을 보겠지만, 미국과 북한의 적대관계가 거의 70년 만에 해소됨으로써 생기는 전체적인 긴장완화, 한반도만이 아니라 이 세계체제를 유지하던 어떤 팽팽한 긴장체제가 탁 풀리는 것은 그것을 상쇄하고도 남을 만큼 의미가 있다는 거지요.

그래서 남북이 화해함으로써 대안적인 체제가 곧바로 생긴다는 뜻이 아니라, 이제까지도 말기국면에서 흔들리고 있는 세계체제가 오히려 더 흔들리게 되고, 어쩌면 난민도 더 많이 발생하고 이상한 질병도 더 많이 돌고 그런 쪽으로 갈 수 있지요. 그럴 때 한반도는 시민들의 의미있는 참여를 통해서 남북이 화해하고 느슨한 국가연합이라도 건설하면 이 혼란스러운 세상을 좋게 만드는 과정에서 굉장히 중요한 세계적인 거점이 될 수 있지 않겠나 생각합니다.

여기서 내가 마쳐야지 여러분의 의견도 듣고 질문도 더 들을 수 있을 것 같아서 이 정도로 하겠습니다. 참 그리고 아까 발언자6이 성차별과 관련해서 체제의 문제인데 그걸 사상으로만 해결하려고 하면 안 된다고 했는데, 그 체제라는 건 사회체제라는 얘기인가요?

**발언자6** 네, 제도화되어서 통치의 일부로서…

**백낙청** 우리가 동양사상을 다시 살린다거나 할 때 가장 주의해야 할 점이 그거라고 봐요. 유교나 도교도 그렇고, 또 음양오행설이나 불교도 그렇고요. 이런 게 그동안 동아시아에 실재했던 위계적 사회의 질서, 억압적인 질서하고 밀착되어 있었거든요. 그래서 그런 점을 무시하고 사상만 딱 떼어가지고 하는 것은 맘대로 되는 일이 아니지만, 사회체제를 바꾸는 얘기를 동시에 하면서 거기에 이런 동아시아의 사상이 어떤 도움을 줄 수 있는지를 하나하나 새로 점검해야 합니다. 그런데 음양오행론에 대해서 제가 공부가 많은 것은 아닙니다. 다만 음양의 대립 또는 조화 이런 식으로 생각하는 것이 현대 여성운동이나 여성학이 부딪힌 딜레마랄까 그런 것을 해소하는 데 도움이 될 수는 없는지, 그걸 열린 마음으로 생각해보자는 거예요.

　지난번 공부모임에서 개별성·단독성 같은 개념이면 됐지 왜 굳이 음양을 이야기하느냐고 했는데, 사실 개별성·단독성이라고 하면 아주 구체적인 얘기 같지만 그것도 어떻게 보면 굉장히 추상적인 얘기입니다. 그에 비하면 음양론이 훨씬 더 구체적이에요. 왜냐하면 실제로 동양의 전통에서 전국시대 음양오행설이 처음 정착될 때부터 그렇고, 그후 주돈이(周敦頤)가 『태극도설(太極圖說)』을 쓰면서 태극에서 음양이 나오고 음양에서 오행이 나오고 이것을 사회질서의 문제와 연결시켰는데, 늘 그런 식으로 구체적인 사항에 적용했어요. 물론 그 내용은 현대사회의 평등이념에 어긋나는 것이었지만요. 또 그렇기 때문에 그것이 구체적인 사안에 적용되면서 주어진 사회제도와 유착되어 있다는 점을 우리가 기억하고 점검해야 한다는 얘기가 나오는 겁니다.

사실 모든 개체 속에 남자냐 여자냐의 구별만이 아니고 남자면 남자, 여자면 여자, 또 그 개개인의 남녀 또는 제3의 성, 이 모두가 자기 나름의 단독적이고 개별적인 음양배합을 가지고 있는 거예요. 그냥 단독성·독자성·개별성을 얘기하는 것보다는 음과 양이라는 두가지 카테고리를 활용해서 분류를 하니까 약간은 더 구체적이죠. 그리고 그것만 가지고 부족하니까 나온 게 오행이에요. 오행이니 벌써 카테고리가 다섯개 생기는 거 아니에요? 그만큼 분류가 좀더 세분화·구체화되는 거고, 오행을 적용하기에 따라서 다섯가지 요소의 여러 순열 조합이 있잖아요. 그렇게 되면 훨씬 더 많은 범주가 생깁니다. 그 범주를 너무 절대시하면 과학적인 탐구를 불가능하게 하지만, 과학적인 실험이라는 게 가설 없이 무조건 데이터만 추출해서 진행하면 별로 생산적이지 못하잖아요. 그런 의미에서 음양오행이라는 것은 개별적인 점검을 할 수 있는 일정한 카테고리를 제공하는 거예요. 그래서 그것도 우리 시대의 문제를 제기하고 검증하는 하나의 방법이 될 수 있겠다, 그 정도의 이야기로 들어주시면 될 것 같습니다. 그럼 다른 얘기로 넘어가죠.

**발언자15** 지난 1기 모임 때 제가 느낀 건 내부와 외부를 갈라서 사고하지 않고 세계체제-분단체제-국내, 이렇게 하나로 연동되는 것으로 보는 점이 우리가 앞으로 공부하는 데 적용해볼 부분이 굉장히 많겠다는 것이었습니다. 이번에는 근대와 근대 이후로 확연히 나누는 게 아니라 근대와 탈근대가 한몸에 있고, 그래서 두개의 과제로 나누어지는 것이 아니라 하나의 과제라는 관점인 것으로 이해했습니다.

그러니까 서양에 근대라는 개념이 있고 근대와 탈근대로 시기를 나누지만, 우리에게는 하나의 시대인 것이고, 두개의 시기로 나눌 수 없다는 말씀으로 이해합니다. 그런 시각이 이중과제적 시각인데, 그렇다면 적응과 극복이라는 것도 나눠질 수 없는 것 아닌가를 여쭙고 싶어요. 보통 서구적인 분석방법처럼 적응과 극복을 두개의 요소로 두면 안 되고 하나의 개념으로 묶어놓아야 하는 것은 아닌지요. 선생님이 이 부분을 어떻게 생각하실지가 우선 궁금합니다.

지금 선생님이 전개하는 방대한 개념들이 서로 연결되어 있는데, 지혜·공부·적공·문명·도와 덕 이런 것들이 나옵니다. 보통 저희 같은 사회과학자들은 객관과 주관으로 이원화해서 사고해왔는데, 최근 10년간 해오신 말씀이 문명과 종교에까지 연결되어오는 걸 보니까, 이것을 모두 통합해서 논해야 하는 건지 궁금증이 들었습니다. 저는 편의적으로 나눠서 생각했던 것 같습니다. 윤리적 주체로서의 마음공부 개념을 쓰실 때는 통합해서 보는 측면이 강한 것 같습니다. 분단체제론·이중과제론·문명론 등을 하나로 묶어서 보아야 하는 건지 나눠서 보아야 하는 건지 다시 생각해보게 됩니다. 저는 여태까지 나눠서 보는 게 편안했는데, 참고문헌들의 궤적을 보니까 그렇게 하지 않으신 것 같아서 앞으로 이런 문제들을 어떻게 정리해야 할지 고민이 됩니다. 1990년에 '지혜의 시대' 같은 말을 쓰신 것이 문명으로 연결되는 맥락인지는 이번에 깨닫게 되었습니다. 당시 저는 과학적 사회주의, 민족문학 주체, 사구체논쟁 등 창비진영과 운동진영이 대립된 측면들이 있겠구나 생각했는데, 이미 그때 문명론이나 마음공부 같은 것이 다 내장되어 있던 것 아닌가 싶습니다.

**백낙청** 거기에 대해 일단 답을 할까요? 지금 철학계에서 그렇고 사회과학계에서도 그렇고 이른바 주·객관 이원론을 넘어서야 한다는 얘기를 많이 하고 있잖아요. 그런데 그게 주·객관 분류 자체를 폐기하란 말이 돼서는 안 된다고 봐요. 그 분류가 절대적인 것이 아니라는 거지 주·객관 이원론이라는 것도 다 그럴 만한 이유가 있어서 생겨난 거지요. 또 그 나름의 기능을 충분히 해왔고요. 그걸 수행하는 사람들에게는 굉장히 편안하기도 하고요. 그런데 너무 편안해서 거기에 안주하면, 일종의 월급쟁이가 되는 거죠. 편안하게 월급 받으면서 객관적 분석과 주관적인 것을 분류하고 별다른 생각 없이 살아가는 거예요. 그래서 그런 일에 종사하는 이들은 주·객관 이원론을 활용해서 계속 작업을 하되, 그것이 근원적인 앎이라든가 우리가 살아가는 본래의 자세에는 오히려 방해가 되는 면도 있다는 것을 깨닫자는 거예요. 그래서 내가 '지혜의 시대'를 얘기했을 때도 지혜라는 것은 지식, 알음알이를 뛰어넘는 거지만, 알음알이를 배척하는 것이 아니라는 얘기를 했어요. 특히 우리 시대는 과학적 시각이라는 게 대단히 중요한데 그 중요성을 충분히 알면서도 거기에 안주하지 않는 자세를 지혜로 본 것이지요. 주·객관 이원론에 대한 저의 생각은 그렇고요.

근대적응과 근대극복을 완전히 붙여놔야 하느냐고도 물으셨는데, 근대극복을 완수하지는 못하더라도 극복을 향해서 나아가는 노력이라고 보면 그 둘을 붙여놓는 건 너무 당연하다고 봅니다. 그런데 그것을 근대극복이라고 하면, 이중과제론을 수행한다고 하면, 도대체 근대가 극복이 되느냐 이런 반문이 가능하잖아요? 나는 근대극복 과정도 일회성 사건으로 되는 게 아니고 그야말로 꾸준히 적공하면서 적응과 극복이 하나로 붙어 있는 노력을 계속하는 가운데 그 길이 열린다고 보기 때문에 당장에 근대극복이 완수 안 되더라도 극복의 노력과 적응의 노력이 같이 가는 게, 하나로 보는 게 맞다고 생각합니다.

**발언자16** 저도 차제에 공부도 할 겸해서 제가 이해하는 것을 말씀드리면요. 첫째로 저는 이중과제론의 성격이 통찰이라고 생각합니다. 이게 사회과학자들이 좋아하는 이론화·체계화가 엄밀하게 되어 있지 않은 통찰이기 때문에 어떻게 보면 추상도가 높을 수도 있고 어디나 다 적용될 수 있는 면이 있지요. 이처럼 뛰어난 통찰인데 그러면 앞으로는 어떻게 할 건가에 대해 생각해볼 여지가 있을 것 같습니다. 예컨대 저는 20세기 중국사에 적용해보는데, 이중과제론을 여러 군데 적용하고 적용범위를 넓혀가면서 적당할 때 다시 종합하는 식으로 해서 이론적 체계화를 해나가는 게 바람직한지, 지금 단계에서도 이론적으로 체계화하는 작업을 더 하는 게 좋은지, 물론 두가지 모두 동시에 진행된다고 할 수 있고 각자가 알아서 할 부분이기도 하지만 그런 면을 어떻게 하는 게 좋을지 생각해봅니다.

둘째로 하나냐 둘이냐라는 문제와 관련해서는, 제 이해방식으로는 단기·중기·장기의 시기를 구분하는 것이 굉장히 효과적이었습니다. 그러니까 단기·중기·장기의 과제를 일관되게 생각하고 꾸준히 집중적으로 실천하는 노력이 필요한데, 물론 적절히 과제를 안배하고 분배하기도 하지만 과제들을 동시에 생각하는 그 발상이 이중과제론을 구체적으로 적용하는 데 굉장히 중요한 발상이 아닌가 합니다. 따라서 고등학교에서든 어디에서든 단기적인 문제에 적용해 실천하면서도 중·장기적인 과제에 대한 생각이 일관되게 들어와 있을 때, 또는 장기적인 얘기만으로 끝나는 게 아니라 단기적인 실천과제에도 연결되어 상호작용할 때 이중과제론이 훌륭히 적용되지 않을까 그렇게 이해하고 있습니다. 이 두가지 생각에 대해서 말씀을 좀더 듣고 싶습니다.

## 이중과제론은 이론이 아니라 담론이자 운동론이다

**백낙청** 우선 이중과제론은 체계화할 수 있는 이론은 아니라고 봐요. 지난번에 박맹수 교수가 '론'에 대해서 말씀하시면서, 론하고 이론을 동일한 걸로 보고 론이라는 게 문제가 있다고 얘기하셨는데, 나는 론하고 이론은 다르다고 봐요. 우리말로 세계체제론이라고 번역하지만 월러스틴은 그것을 world-systems theory라고 하면 굉장히 싫어해요. Theory가 아니다, 분석방법이다, 그래서 world-systems analysis라고 하는 거고요. 원래 불교에서는 경(經)이 있고 론(論)이 있고 소(疏)가 있잖아요. 경은 경전 곧 부처님 말씀이고, 그 부처님 말씀에 대해 논한 것이 론이고 론을 다시 풀이한 게 소인데, 그 론은 이론이 아닙니다. 그건 부처님을 말씀을 이론화한 것이 아니고 부처님 말씀에 대한 자기 생각을 피력한 거예요. 일종의 평론이라면 평론이죠. 가령 '분단체제론'도 영어판으로 낼 때 초벌번역을 해온 분들이 전부 theory라고 했는데 내가 다 고쳤어요. Theory가 아니고 그때그때 경우에 따라서 어떤 때는 discourse라고 하고 어떤 때는 doctrine이라고, 또 어떤 때는 notion이라고 하는 식으로 고쳤습니다. 이때 론은 거기에 대한 생각을 말하는 담론, discourse지 이론은 아닙니다. 이중과제론이야말로 우리가 안고 있는 어떤 실천적인 과제를 어떤 식으로 수행하자는 얘기 아니예요? 그렇기 때문에 체계화할 수 있는 이론은 아닙니다. 다만 그 과제를 효과적으로 수행하기 위해서는 세계체제 문제나 또는 우리 현실 문제에 대한 이론 공부도 있어야지요. 이론적인 분석도 있고, 체계화도 있어야 하는데, 이중과제론 자체는 그냥 담론이고 좀 차원이 높은 운동론이죠.

그렇기 때문에 지금 말씀하신 단기·중기·장기 과제를 설정하는 방식하고는 이게 굉장히 맞는 이야기입니다. 그런데 단기·중기·장기도 어떤 사람들은 그것을 순차적으로 생각해요. 단기적인 과제 먼저 해놓고 그다음에 중기적인 과제를 하고 그다음에 장기적인 과제를 한다고 그러는데, 단기·중기·장기 얘기를 할 때 내가 강조하는 점은, 발언자께서도 거기에 동의한다고 보는데, 달성 시기가 다를 뿐 진행은 동시에 한다는 거예요. 어떤 거는 단기적인 달성을 내다보면서 하고, 어떤 것은 중기적인 달성이 겨우 가능하다는 걸 전제로 진행하는데, 작업 자체는 지금 동시에 하는 겁니다. 장기적인 것도 마찬가지예요. 그러니까 적응과 극복이라는 차원으로 나눌 수도 있고, 단기·중기·장기로 나눠서 작업을 하는데 다만 달성에는 순서가 있지만 진행은 동시에 해야 한다고 할 수도 있습니다. 즉 단기·중기·장기로 나누는 발상은 그 취지를 올바로 이해하면 이중과제론과 친화성이 높은 발상이라고 생각합니다.

**발언자17** 이어지는 얘기이기도 해서 조금 보태겠습니다. 저도 이중과제론을 가지고 생각을 하고, 일종의 방법으로 계속 현실에 적용하고자 하고 있습니다. 기존에는 한반도 분단체제와 관련해서 이중과제론과 연결하기가 쉽지 않았어요. 왜냐하면 한반도 분단이 워낙 극악한 상황이고 이게 죽고사는 차원의 문제라서 그 뒤에 있는 어떤 가치문제 같은 것은 잘 생각을 안 하는 거죠. 그런데 뭔가 가능성이 열리기 시작하니까 이 상황이 이중과제와 어떤 연관이 있지 하는 사유의 공간이 이번 토론에서 생겼고, 그런 문제들이 많이 제기된 것 같아요. 이번 공부모임의 중요한 의의 중 하나라고 생각합니다. 예를 들어 남북관계가 좋아져서 자본이 진출하면 이건 자본주의의 확장이다, 그러니까 반대해야 한다는 얘기들을 하잖아요. 그것은 이중과제론 관점에서 보면 상당히 말이 안 되는, 아니 이중과제적 관점이 아니더라도 말이 안 되는 얘기라고 생각해요. 적어도 평화가 만들어지는 긍정적인 시도이고, 그 과정에 우리가 어떤 방식으로 개입할 것인가는 또다른 문제이지요. 물론 거기에 자본주의 세계체제의 메커니즘이 들어가지만, 그 부분을 감당하면서도 우리가 어떻게 실천적으로 그것을 넘어설 수 있는 계기를 만들 것인지 사유를 해야지요. 자본주의 확대니까 거부한다, 또는 이것은 돈을 벌 수 있는 좋은 기회다, 이 두가지 중에서 하나만 선택해야 되느냐 하면 그건 둘 다 아니잖아요? 그런 것이 아닌 다른 방법을 찾는 데 이중과제론이 의미있는 사유의 방법론을 줄 수 있지 않느냐는 생각입니다.

또 하나는 제가 고민하는 문제 중의 하나인데, 이중과제를 태도라는 측면에서 보면 이중과제를 얘기할 때 시기적으로 강조점에 변화를 주는 것도 의미가 있을 것 같습니다. 어떤 때는 적응의 측면을 부각할 수 있고 또 어떤 때는 극복의 측면을 부각할 수 있는 것이죠. 1980년대의 혁명운동이 변화되고 90년대에 이른바 포스트담론이 등장할 때를 예로 들어보겠습니다. 지난 공부모임에서 나온 표현으로 얘기하면 탈주·이탈은, 중국에서 하는 표현을 빌리면, '형식적으로는 좌(左)지만 실질적으로 우(右)다'라고 할 수 있습니다. 저는 포스트담론을 그런 식으로 받아들이는데, 담론은 굉장히 좌적으로 구성되어 있지만 실질적으로 체제를 변화시키는 데 별로 도움이 안 되거나 오히려 한계를 조성한다고 봅니다. 그런데 어쨌든 형식적으로는 좌적인 측면이 있기 때문에 그때는 막연한 자본주의 극복을 얘기한다고 될 일이 아니라며 비판했던 것 같아요.

그런데 제가 2~3년 전부터 생각해보면 대개 우리나라도 그렇고 세계의 사회적 담론이 월러스틴이 말한 자유주의 헤게모니에 상당히 포섭되어 있는 것 같습니다. 우리나라의 좌측 담론도 오히려 자유주의 논리에 강하게 종속되어 있어서 세상을 비평하는 데 어려움을 많이 안겨주는 것 같아요. 이중과제적 긴장 내에서 보면 지금은 자유주의적 담론의 허상을 극복해나가는 지점들에 좀더 힘을 써야 하지 않을까 생각합니다. 그렇게 생각하니 세상 살기가 더 어려워지더라고요.(웃음) 뭔가 더 나아갈 지점을 건드려주어야 하니까 더 고통스럽고, 사실은 선례도 별로 없는 것 같고요. 예를 들면 남북관계에서도 그 부분을 어떻게 반영시킬 것인가, 환경이나 사회적 경제 같은 부분을 남북관계에 어떻게 반영할 것인가 했을 때, 이건 굉장히 힘든 일이거든요. 누가 도와줄 일 같지도 않고요.

**발언자16** 제가 잠깐만 추가하자면요. 지난번에도 말씀드렸지만 연습문제를 한번 풀어보자는 겁니다. 최근에 칼럼이 많잖아요. 예를 들면 김종철 선생이나 박노자 교수 등 많은 분들이 지금 어떤 한반도가 만들어질 것 같으냐, 남북한에 어떤 사회가 올 거냐에 대해 쓴 여러 칼럼이 있는데, 이른바 우파까지는 아니더라도 비판적 지식인들의 최근 논의를 이중과제의 시각에서 논평하는 작업을 해보면 연습문제로서 상당히 훌륭하겠다는 생각이 들더라고요.

**발언자13** 발언자16께서 이중과제론은 통찰이라고 말씀하셨고, 그 말씀을 받아서 백낙청 선생님은 이중과제론은 이론이 아니라 담론이자 방법론이고 운동론이라고 말씀하셨는데, 지금 그 말씀 들으면서 그동안 제가 왜 헤맸는지가 정리됐습니다. 적응과 극복이 형용모순 아니냐는 의문점을 가진 채, 잘 납득이 안 되고 뭔가 공허했던 것을 돌이켜보니 자꾸 이론틀로, 특히 사회과학적 이론틀로 이걸 받아들이려고 했던 것 같습니다. 그런데 지금 말씀하셨듯이 통찰·방법론·담론으로 생각하니까, 그래서 이중과제론이라는 방법론이 내가 교육을 바라보고 복잡하고 모순적인 문제점들을 정리하는 데 어떤 힘이 됐던 거로구나 하고 알게 됐습니다. 지금 말씀을 공부 초기에 정리했으면 안 헤맸을 텐데 하는 생각이 좀 듭니다.(웃음) 저처럼 잘 모르는 사람들은 이중과제론을 이론체계로 받아들여서 헤매는 면이 있으니까 앞으로 미리 정리해주시면 공부할 때 더 도움이 될 것 같습니다.

**백낙청** 네, 죄송합니다.(웃음) 발언자17께서 이중과제론을 잘 설명해주셨어요. 그러다보니까 살기가 더 힘들어졌다고 하는데 아니라는 증거가 지금 나오잖아요.(웃음) 그리고 아까 얘기 나온 대로 쓸데없는 생각 그만하자는 공부가 안 된 사람들은 계속 살기 힘들어질 겁니다.(웃음) 실제 주변에서 보이는 태도를 놓고 이중과제론이라는 척도로 점검해보면 상당수가 쓸데없는 생각들이에요. 독선적인 얘기일지 몰라도 나는 그렇게 봅니다. 그래서 그런 생각 좀 그만하고 살면 훨씬 잘 살 텐데, 어쨌든 하나의 검증수단으로 생각해보면 어떻겠는가 하는 겁니다.

변혁적 중도주의도 내가 그런 방식으로 제기했지요. 그게 불교에서 용수의 『중론(中論)』의 방법을 빌려왔다고는 하지만, 무엇이 중도가 아닌가 하고 하나씩 쳐내다보면 마지막에는 그거밖에 안 남는다고 했죠. 가령 한말의 개화파·척사파·개벽파 얘기에서도 그 세 파를 놓고 이중과제론에 각각 얼마나 충실했느냐는 식으로 한번 따져보자는 겁니다. 그러면 아까 얘기했듯이 둘은 이중과제라는 개념이 없었고, 하나는 본질적인 친연성은 있는데 제대로 발휘를 못해서 실패했다는 결론이 나오잖아요. 연습문제 얘기도 나왔는데, 지금 남북화해가 자본주의의 확장이라고 해서 반대하는 입장도 있고, 이건 무조건 좋은 일이고 화해하고 교류하고 북도 남한처럼 잘살고 우리도 더 잘살게 되면 좋은 게 아니냐는 입장도 있고 여러가지 입장이 있는데, 어느 것이 이중과제론에 가장 부합하는가 하는 식으로 점검하는 것도 아주 유용한 훈련이 될 것 같습니다. 그래서 그런 연습문제를 풀면서, 저건 이중과제론에 어긋나니까 그런 쓸데없는 생각은 하지 말자 그러면 발언자17께서도 훨씬 즐겁게 사실 거라고 말씀드리고 싶습니다.(웃음)

## 지자본위와 지혜의 위계질서

**발언자18** 저는 궁금하기도 하고, 중요한 대목인데 그렇게 많이 얘기가 안 나온 '지혜의 위계질서'에 관해 여쭤보고 싶습니다. 저는 이중과제론이 근대주의에 대한 비판인 동시에 탈근대주의에 대한 비판이고 그런 면에서 결국 '중도'라는 생각이 들었습니다. 그러니까 백선생님이 일관되게 추구하는 바는 중도라는 생각이고, 중도라는 것은 다시 말해 '도'라고 할 수 있겠죠. 그 '도'에 이르는 길에서 원불교는 지우차별이라고 해서 모든 차별은 나쁜데 지와 우는 차별해야 한다고 하고, 그것에 이어 지자본위라는 개념이 또 나오고, 백선생님이 한걸음 더 나아가서 '지혜의 위계질서'까지 끌고 나가는 과정이 참 재미있습니다. 백선생님은 지우차별보다는 지자본위라는 말을 더 강조하시는 것 같지만, 원불교에서는 지우차별도 상당히 많이 쓰는 말 같은데…

**백낙청** 지자본위는 사요(四要)라는 강령에 위치해 있고, 지우차별은 그것을 해설하면서 나온 말일 거예요.

**발언자18** 알겠습니다. 그런데 저는 왜 그것을 구태여 '차별'이라고 부를까 하는 생각이 들었습니다. 예컨대 '차이'라고 표현할 수 있는데, 물론 그건 요즘 하는 말이죠, 차별과 차이를 구별하는 것 말입니다. 현대어가 지니는 뉘앙스를 봤을 때는 차별은 억누르고 따돌리고 그런 거잖아요. 그래서 요즘은 아주 나쁜 뜻으로 쓰는데, 옛날에 그런 말을 썼다는 것을 가지고 시비 걸 생각은 없지만, 지금이라도 지우와 관련해서는 차별보다는 차이라는 방식으로 설명하는 것이 훨씬 설득력 있지 않을까 하는 생각입니다.

더 나아가서 백선생님이 '지혜의 위계질서'라는 표현을 하면서 왜 위계라는 말을 썼을까 궁금했어요. 무슨 의미인지는 알겠습니다. 어떤 조직이라든지 운동에는 대오가 필요하고 그게 또 어느정도 질서와 방향성을 가져야 하기 때문에, 그리고 전략과 전술이 있어야 하고, 이른바 애물들이 판치는 것은 막아야 하기 때문에 필요하다는 것은 이해됩니다. 다만 그게 왜 '위계'라는 말로 표현되느냐는 것입니다. 이를테면 '지혜의 질서' 이렇게만 표현하더라도 사람들이 훨씬 거부감 없이 받아들일 수 있고 또 그런 게 필요하다고 본능적으로 납득할 텐데 말입니다. 어느 글에선가 위계라는 말은 등급이라는 말과도 연관된다고 하셨고, 불가나 도가에서는 그 사람의 법력이나 도력에 따라서 사람을 윗등급 아랫등급으로 나눌 수 있다고 하셨는데, 옛날에는 그게 맞는 말이었다고 생각합니다. 하지만 현대에 그런 개념을 꼭 고집할 필요가 있을까, 왜 그런 것을 강조할까에 대해 궁금하기도 하고, 그 개념을 현대어로 다시 정립하실 생각은 없는지도 여쭤어봅니다.

**백낙청** 발언자18은 내 생각이 되도록 반발을 덜 사고 받아들여졌으면 하는 간절한 염원을 갖고 계시는 것 같은데, 지혜의 위계질서란 말은 내가 잘못 썼다 그랬잖아요?(웃음) 그게 좋은 말이 아닌데, 왜 그 말을 쓰게 됐냐면 처음에 그 얘기를 월러스틴과 대담할 때 영어로 하다보니까 hierarchy라는 말을 안 쓸 수가 없었어요. 뭐 전혀 안 쓸 수 없는 것은 아니지만 그때는 하여간 다소 무심코 hierarchy of wisdom이란 말을 썼고, 그것을 직역하면 지혜의 위계질서인데, 그후에 내가 여러번 해명을 했죠.

지혜라는 말도 서양 사람들한테는 잘 안 먹히는 말이고요. 우리 전통에서는 지혜라고 하면 그래도 어떤 깨달음이 일어나서 그 깨달음에서 오는 밝음(慧)을 생각하는 사람들이 꽤 있는데, 미국 사람들은 거의 그런 생각이 없죠. 그들은 지혜라고 하면 실용적인 슬기를 생각하거든요. 그래서 그 말도 좀 잘못이고. 거기다 위계질서 그러면 벌집을 쑤시는 결과가 되는데, 그래서 그후로는 되도록 그 표현을 안 씁니다.

그런데 흥미로운 건 데이비드 하비 같은 맑스주의자이자 평등주의자도 자기가 먼저 그 말을 쓰잖아요. Hierarchy를 모두 없애는 무조건적인 수평주의는 곤란하다, hierarchy가 필요할 때는 필요하다고 하죠.<sup>•</sup> 사실 이건 제가 거의 20년 전부터 해온 말이기도 해요.<sup>••</sup>

---

• 백낙청-데이비드 하비 대담「자본은 어떻게 작동하며 세계와 중국은 어디로 가는가」,『백낙청 회화록』7권, 창비 2017, 454~58면.
•• 백낙청-방민호 대담「시대적 전환을 앞둔 한국문학의 문제들」(1999),『백낙청 회화록』4권, 창비 2007, 221~23면.

## 백낙청-방민호 대담 「시대적 전환을 앞둔 한국문학의 문제들」(1999)

『백낙청 회화록』 4권, 221~23면

'도'를 들먹임으로써 어떤 해답을 준다고 생각하면 지난날의 어떤 관념이나 사회질서로 복귀하는 결과가 될 수밖에 없겠지요. 그러나 '도'를 말하는 이유가 오늘날의 서구중심적 진리관에 대해 문제를 제기하는 하나의 방식일 수도 있습니다. 서양 내부에서도 지금 문제시되고 있는 그들의 이성 내지 합리성이라는 것은 동양의 '도'에 포함되어 있던 개인적 수행의 문제라든가 어떤 근원적인 진리 문제로부터 떨어져나와서 결국 도구적 이성으로 국한된 데서 문제가 생긴 거지요. 이것은 진리 본연의 모습, 진정 이성(理性)의 이름에 값하는 것과는 다른 무엇일 것입니다. 동시에 이렇게 국한되고 변질된 이성 또는 진리를 해체하려는 많은 노력이 결과적으로는 진리 자체에 대한 회의에 빠지는 현실에 비추어, 필요한 해체작업과 진리에 대한 새로운 헌신을 겸행하는 하나의 방편으로서, 지난날의 '도' 개념 속에는 적어도 진리의 실천적 차원과 인식상의 차원이 결합되어 있었음을 상기하자는 것입니다.

이런 식으로 해명하면, 물론 일부에서는 여전히 의구심을 표시하지만, 월러스틴만 해도 당신의 취지가 그런 것이라면 좋다, 한번 같이 논의해볼 만한 중요한 문제다라고 받아들이지요. 그런데 정작 말썽이 나는 것은, 내가 그런 무난한 합의에 만족하지 않고, '지혜'라는 말을 또 꺼내고, 게다가 이건 영어로 대충 해본 말을 다시 우리말로 옮기다 보니까 더 이상하게 들리게 됐습니다만 '지혜의 위계질서'라는 표현까지 들고 나오니 의문을 갖는 사람들이 생기는 건 당연한 일이겠지요. 하지만 우리가 지난날의 '도'에 맞먹을 새로운 진리를 찾아보자는 정도로 말하고 끝내면 비판은 덜 받을지 모르지만, 그건 구체성이 결여된 거룩한 말씀에 지나지 않지요. 예컨대 그것이 어떤 사회관계를 통해 구현될지에 대해서도 토론이 있어야 하는 것인데, 나는 물질적 불평등의 폐지와 지혜의 등급에 대한 인정이 함께 가야 한다고 보는 겁니다. 진리에 대한 깨달음과 실천으로서의 지혜에는 등급이 있게 마련이고 등급을 아는 것 자체도 지혜지요.

우리가 지향하는 자유롭고 평등한 사회라는 것이 아무런 강압이 없는 사회, 다시 말해서 출생신분이나 다른 어떤 고정된 위계질서에 의해 남에게 억압받는 것도 아니고, 총칼에 억눌리지도 돈의 힘 때문에 짓눌리지도 않는 그런 사회라고 한다면, 결국 그것은 지혜로운 민중이 스스로를 다스리는 세상, 그런 의미에서 지혜가 다스리는 세상이 되어야 함은 명백합니다. 그러자면 지혜의 등급이 인정되어 지혜가 앞선 사람들이 그 지혜를 충분히 활용할 수 있고, 지혜가 모자라는 사람은 모자라는 만큼 기여하면서 동시에 더 많은 지혜를 쌓아나갈 수 있어야 지혜가 다스리는 세상이 되는 것 아니겠어요? 그렇지 않은 민주주의·평등주의 사회는 설혹 실현이 될 수 있더라도 애물들이 설쳐대는 난장판에 다름 아니지요. 다만 제가 영어로 '하이어라키(hierarchy)', 즉 위계질서라는 표현을 쓰기는 했습니다만 지혜의 등급이라는 것이 고정된 위계질서로 가서는 안 된다고 토를 달았습니다. 실제로 법력의 등급 내지 계서(階序)라는 개념은 불교에서 그 평등주의와 표리일체를 이루어왔습니다만, 이 점을 가장 명쾌하게 정리해놓은 대목을 나는 원불교『정전』에서 읽은 바 있습니다. 원불교에서는 인생의 요도(要道) 가운데 하나로 '지자본위(智者本位)'를 내세우는데, 지자본위 생활의 조목들을 열거한 뒤에 이런 단서를 붙입니다. "이상의 모든 조목에 해당하는 사람을 근본적으로 구별 있게 할 것이 아니라, 구하는 때에 있어서 하자는 것이니라." 말하자면 역동적이고 가변적인 위계질서이지요.

그러니까 그것을 조심스럽게 써야 하긴 하지만 전면적으로 기피할 일은 아니라고 봅니다. 사실 행정이나 관리를 할 때야말로 위계질서가 필요하죠. 엥겔스가 이상적인 사회에서는 사람에 대한 지배가 사물들에 대한 관리(administration of things)로 대체될 거라고 했는데, 이 관리야말로 위계질서 없이 안 되는 거예요. 정치는 수평적으로 할 수 있지만 행정은 수평적으로 안 되는 겁니다. 그러니까 위계라는 말이 나왔다고 해서 펄펄 뛰지 말고 그런 게 필요한 경우들도 한번 생각해볼 필요가 있어요.(웃음)

문제는 행정이나 관리가 아닌 영역에서도 완전한 수평관계가 아닌 어떤 질서나 차별짓기가 필요한 것 아니냐는 것입니다. 원불교에서 지자본위란 말을 쓰고 이것을 해설하면서 다른 차별은 다 없애되 지우차별은 둬야 한다고 했습니다. 그런데 이때 차별을 차이로 그 표현을 바꾸는 것은 야구로 말하면 도망가는 피칭이에요. 차별이 아닌 차이라고 할 때는 대등한 걸 말하잖아요. 지우는 대등한 게 아니라는 게 초점입니다. 아까 등급 얘기도 했지만, 분명히 불교에서도 그렇고 도교에서도 그렇고 법력이나 도력에 등급이 있는 거고, 그 차이를 인정한다는 것은 사실은 차별을 하는 거예요. 그러니까 차별이라고 무조건 나쁜 것만은 아니라는 입장이지요. 다만 그 법력의 내용이 뭔가 하는 게 중요한데, 내가 볼 때 원불교의 장점은 이사병진(理事並進)이라고 해서 생활에서 하는 일, 불교로 말하면 사판승(事判僧)의 영역과 이판승(理判僧)들이 참선수행을 통해 도달하는 깨달음, 그 두가지 공부가 같이 가면서 어떤 사람은 그렇게 병행하는 능력이 더 뛰어나고 어떤 사람은 덜 뛰어나게 되는데, 덜 뛰어난 사람이 자기보다 뛰어난 사람의 지도를 받아들이는 게 맞죠. 그리고 자발적으로 지도를 받는 것 자체가 지혜이고, 그만큼 공부가 되어 있다는 거죠. '그 사람이라야 그 사람을 안다'는 말이 있잖아요? 그러니까 자기보다 지혜가 뛰어난 사람을 알아보는 것만 해도 상당한 수준의 지혜에 가 있는 사람이라야 가능합니다. 거기까지 가기 전에는 억지로 할 수는 없고요. 이건 현대인들의 평등주의 이념과 거리가 있지만 실제로는 균등사회의 실현을 위해서도 필요한 원리라고 봐요.

### 백낙청−박윤철 대담 「물질개벽에 상응하는 정신개벽이 일어나야」
(2016) 『백낙청 회화록』 7권, 403~404면

제가 지혜의 위계질서를 만들자고 했던 게 그 말이었어요. 불평등사회를 만들자는 게 아니라 평등사회를 만든다고 할 때, 원불교에서 말씀하듯이 다른 모든 차별을 철폐하되 지우의 차별만은 둬야지, 차별 없앤다고 지우차별까지 없애면 난장판 되는 거 아니에요? 우리가 평등세상을 만들자고 해서 마음의 어른이 없는 애물들의 세상을 만들자는 건 아니지 않느냐, 이렇게 말한 적이 있습니다. 근데 평등세상을 만드는 운동이 아직도 제대로 성공을 못하고 여기저기서 반격에 시달리는 이유 중의 하나가, 보수주의자뿐 아니라 일반 대중의 마음속에도 쟤들 하자는 대로 했다가 애물들이 판치는 세상이 되는 것 아니냐는 의구심이 있어서 아닐까 싶거든요. 그러니까 모든 차별을 철폐하면서도 어떤 질서를 만들겠다는 대안이 나와야 한다는 말이죠. 그래서 지자본위라는 인생의 요도, 이것도 우리가 천착하고 구체적으로 실행할 방법을 찾아야 한다고 봅니다. (…) 서양에서도 가령 플라톤 같은 사람들이 철인군주 얘길 하지 않습니까. 그것도 사실 지우차별에 의한 통치체제를 구상한 거거든요. 그것하고 원불교에서 말한 것 또는 우리가 주장하는 것과 뭐가 다르냐면요, 지자본위 조항에서 굉장히 중요한 단서처럼 붙어 있는 게 그 차별을 영구히 하자는 게 아니라 그때그때 필요한 만큼만 하자는 것이에요. 플라톤은 그게 아니거든요. 어릴 때부터 소질을 감별해서 다르게 기르는 겁니다. 길러서 통치계급 노릇할 훈련을 받은 사람이 통치하는 거예요. 사실 유교도 철학자 군주 이상을 얘기한 거 아니에요? 그래서 지우차별을 중요시하는 사회인데 이게 고정된 사회적인 위계질서와 결부되어 있다는 말이죠. 그러니까 우리가 지금 해야 할 일은 그런 고정된 사회적 위계질서를 타파하면서 지우차별의 원리를 어떻게 적용할 것인가이고, 그에 관해 앞으로의 방안을 창안해내야 하는 겁니다.

지자본위, 또는 모든 차별을 없애되 지우차별은 남겨둔다는 말을 뒤집으면 다른 모든 차별이 없어져야지 지우차별이 정당하게 작동할 수 있다는 거예요. 가령 남자와 여자의 차별이 굉장히 큰 현실에서는 남자로 태어나는 게 중요하지 여자가 지자가 된들 '지자본위'로 못 살잖아요. 돈이 지배하는 사회에서는 돈 많은 게 중요하지 지자가 되는 게 중요하지 않거든요. 또 강권이 지배하는 사회에서는 총칼 쥔 자가 행세하는 거지 지자가 행세하지 못합니다. 그러니까 지자본위의 사회를 실현하기 위해서도 여타의 온갖 차별을 없애는 게 필요한데, 다른 한편 지우차별마저 사라진 무차별 사회를 만들자고 나서면 대중의 장기적인 호응을 얻을 수 없을 겁니다. 그래서 지우차별과 부당한 차별 철폐는 맞물려 있다고 봐야 하지 않을까 싶어요.

**이남주** 네, 예정된 시간이 많이 지나서 이 정도로 마무리를 지어야겠습니다. 부족한 얘기는 뒤풀이 자리에서 더 하기로 하고요. 그동안 힘든 발제와 정리를 해주신 분들, 그리고 훌륭한 강평으로 늘 우리에게 좋은 공부거리를 제공해주신 백낙청 선생님께 감사드립니다. 끝까지 참여해주신 여러분께도 다시 한번 감사드립니다. 이것으로 총 8회에 걸친 창비담론 아카데미 2기 모임을 모두 마치겠습니다.

# 후기

　창비담론 아카데미 제1기의 기록 『변화의 시대를 공부하다』가 나온 이후로도 한반도는 격동의 연속이었다. 1기가 끝나고 책이 나오는 사이에 평창 겨울올림픽과 4·27판문점선언이 있었던 데다가, 2기 아카데미 진행 도중에는 5월의 제2차 판문점 남북정상회담과 6월 12일 싱가포르 조미(북미)정상회담이 열리고 쎈토사 공동성명이 발표되었다. 2기 종료 이후인 9월 14일에는 남북공동연락사무소가 개소식을 가졌으며, 같은 달 18~20일에 걸친 문재인 대통령의 평양 방문과 세번째 정상회담으로 평양선언이 나오고 백두산 천지에서의 감동적인 장면들이 연출되었다. 이는 교착상태가 우려되던 북미협상의 재개를 이끌어내기도 하여 10월 폼페이오 미 국무장관의 제4차 평양 방문에서 2차 북미정상회담 개최에 합의하게 되었다. 최근에는 문 대통령이 프란치스코 교황을 찾아가 김정은 위원장의 초청 의사를 전달하고 응낙을 얻어냄으로써 한반도 평화에 큰 힘이 보태지기도 했다.

　이들 사건은 지난날의 '격동'과 달리 평화로운 한반도를 향한 큼

직한 발걸음이다. 그 주된 원동력이 바로 한국의 촛불혁명이 아닐까 하는 물음이 2기 아카데미의 중요한 논제가 되었다. 일부 회의론도 없지 않았지만 논의 과정에서 수긍하는 견해가 점차 많아졌다. 이후의 극적인 사건들은 그러한 견해에 더욱 힘을 실어주었다고 믿는다. 물론 다른 요인들, 특히 미국과 조선민주주의인민공화국의 역할을 외면하는 것은 아니다. 오히려 이들 요인 또한 그후의 경과를 바탕으로 더욱 엄정하게 평가하는 공부가 이어져야 할 것이다.

북의 김정은 국무위원장이 2018년 신년사 이후로 일관되게 견지해온 전략적 결단의 중요성과 그 역사적 맥락에 대해서는 아카데미 기간에도 상당한 토론이 있었다. 여기서는 그 배경에 있는 북측 민중의 역할 또한 정확히 인식하고 점검할 필요가 있음을 상기하고자 한다. '핵무력 완성'까지 북측 인민이 감내한 희생과 인내, 그리고 더 안정적이고 풍족한 삶에 대한 그들의 너무도 자연스러운 열망은 절대권력을 가진 지도자라도──아니, 장기집권이 보장되어 먼 장래까지 내다보는 권력자일수록──의식하지 않을 수 없었을 것이다.

미국의 역할과 트럼프 대통령 개인의 공헌 또한 중요한 요인이다. 다만 미국이 주도한 국제사회의 제재가 지니는 의미를 어떻게 평가하느냐에 따라 한반도 비핵화에 대한 전략도 달라지게 마련이다. 북이 경제제재로 생존의 위협을 못 견뎌서 협상을 택했다고 본다면, 압박을 계속하거나 오히려 강화하는 것이 타결을 촉진하는 길이 될 수있다. 반면에 단순생존이 아닌 '번영'을 위해 비핵화를 선택한 것이라면 협상의 진전에 맞춘 적당한 제재완화 조치가 협상을 성공으로 이끄는 조건이 될 수 있는 것이다. 우리 정부의 상황인식은 후자에 가까운 게 분명하며, 문재인 대통령을 비롯한 당국자들이 점점 그런 인식을 더 뚜렷이 밝히고 있는 것은 반가운 일이다.

트럼프 개인에 대한 불신은 미국에서 여야를 막론하고 주류사회의 공통된 태도인 것 같다. 그래서 한반도에서의 그의 전향적 행보마저 트럼프가 싫어서 반대하거나, 나아가 북미화해를 향한 그의 행보 자체가 미국의 안정적인 세계지배를 허무는 그의 또다른 실책으로 간주하는 경향도 만만치 않다. 미국 주류사회의 그런 비판은 한반도 분단체제의 해소가 미국 주도의 세계체제에 균열을 가져올 것이라 주장해온 나 자신이나 담론아카데미의 상당수 참가자들의 견해와 일치하는 바 없지 않다. 다만 미국 주도의 세계체제가 대다수 미국인이 생각하듯이 훌륭하기만 했던 것이 아닐뿐더러, 미국의 안정적 세계지배는 트럼프 이전에 위기국면에 들어섰고 이에 트럼프는 종래의 고비용 다자구조를 유지하는 대신 '우선 현찰을 챙기는' 미국우선주의를 택함으로써 그 나름의 국내 지지층을 확보하고 있는 형국이다. 이것이 세계체제에 균열을 일으키는 행위임에 틀림없지만 이미 일어난 균열을 추인하는 의미도 없지 않다. 그 과정에서 현존 세계체제의 산물인 분단체제를 해소할 계기를 우리가 포착할 수 있다면 이는 우리의 능력이요 행운이며 세계사적 임무이기도 할 터이다.

그 능력은 곧 촛불혁명으로 확보된 능력이다. 그리고 북미협상 과정에서도 바로 한국이 고비마다 그런 능력을 발휘하지 않고서는 북과 미국 양자만으로 답을 내놓지 못하는 상황임이 시간이 갈수록 분명해지고 있다. 이 작업의 중심에 선 문재인 대통령의 개인적 활약을 폄하할 이유는 없지만, 촛불정부의 수반이라는 — 김대중도 노무현도 누리지 못한 — 특별한 지위가 아니고는 그런 성과를 내기 힘들었을 것 또한 사실이다.

따라서 한국사회 안에서 촛불혁명이 얼마나 힘차게 진행되느냐가 앞으로 한반도문제 해결도 좌우하게 되어 있다. 촛불정부를 자임하는 문재인정부는 지난 세월의 누적된 불법과 부패를 바로잡는 작업을 진행해온 데다 남북관계의 발전에 획기적인 성과를 내고 있다. 그러나 대통령의 권한만으로 가능한 이런 일들 외에 입법을 통한 제도화를 성취할 정치적 역량을 보이고 무엇보다 국민의 생활을 안정시키고 개선하는 경제적 성과를 내지 못한다면 촛불혁명의 동력도 크게 손상되게 마련이다. 촛불정부의 세계적·범한반도적 개입능력도 문재인정부가 남북관계와 외교무대에서 확보한 정치적 자산을 활용하여 국내의 당면 난제들을 어떻게 풀어나가느냐에 달린 형국인 것이다.

이런 급박한 시국에 '근대의 이중과제'라든가 '문명의 대전환'을 공부한다는 것이 한가한 일이 아닌가 하는 의문이 들 법도 하다. 그러나 본서를 읽으면 분명해지듯이 공부모임 참여자들은 현실의 절박한 문제를 외면한 공허한 거대담론에 빠지는 것을 내내 경계하는 자세를 견지했다. 더 중요한 것은 현실이 절박할수록 문제의 정확한 인식과 대응에 필요한 담론의 틀을 찾아내는 일이다.

당장에 경제와 민생 문제만 해도 그렇다. 논의의 틀(이른바 프레임)을 제대로 설정하지 못하면 결국 정부의 경제관리 능력이라든가, 또는 애당초 이념 위주의 정책기조 여부라든가, 아니면 관리능력 부족과 이념과잉을 겸함으로써 실패가 예정된 상태인가 하는 차원의 논란에 갇힐 수밖에 없다. 실제로 경제 분야의 이런 논란이 촛불혁명과 남북관계 발전으로 위력을 크게 잃은 '이면헌법'이 기운을 되찾을 마지막 싸움터인지 모른다. 이때 현재의 경제적 어려움이 국내보다 국제적 환경 탓이 크다는 점을 지적하는 수세적 논조로는 이길 수 없다. 정부의 경제운용 능력이 향상되어야 함은 물론이지만, 분단체제로 인해 세계자본의 사정 변동과 이해관계에 유달리 취약해진 한

국경제의 실상을 정확히 분석함으로써만 정부 경제팀의 책임을 올바로 측정하고 적절한 대책을 세울 수 있다. 나아가 그동안 수구세력의 기만적 구호로나 활용되었을 뿐 실질적 추진이 불가능했던 경제민주화라든가, 말로만 '유라시아 철도' 운운할 뿐 대북강경노선으로 봉쇄해온 북방경제로의 길, 군축을 통한 복지예산 확충의 가능성 등도 경제담론의 장에 수용되어야 한다.

한반도의 비핵화와 평화체제 수립이야말로 이중과제론으로의 인식 확대를 요구한다. 한편으로 그것은 19세기 말엽에 자본주의 세계체제로 편입된 이래 근대세계체제에 독립된 국민국가로 참가해본 적이 없는 한반도가 '근대적응'을 수행하는 획기적인 계기인 동시에, 현존 '국가간체제'에 도전하는 새로운 형태의 복합국가를 건설하는 '근대극복'의 과정과 맞물려 있다. 이를 추동하는 촛불혁명은 '나라다운 나라'라는 일견 근대주의적 목표를 내세우고 있지만, 그 목표로 설정된 정의롭고 안전하며 평화로운 사회는 자본주의 세계체제의 변혁을 요구하는 것이기도 하다. '근대적응과 근대극복의 이중과제'가 결코 한가한 남의 이야기가 아닌 것이다. 남북연합의 건설과정이 병행하지 않고서는 비핵화라는 현실정치의 숙제 또한 풀리지 않으리라는 점에서 특히나 그렇다(졸고 「어떤 남북연합을 만들 것인가」, 『창작과비평』 2018년 가을호 참조).

근대의 극복이 문명의 대전환을 포함하는 것 또한 당연하다. 이때도 중요한 것은 막연한 문명론이 아니라 역사적 자본주의라는 문명사적 현상에 대한 구체적 이해와 함께 자본주의의 틀 안에서는 제대로 실현될 수 없는 인류적 과제를 수행할 전략을 세우는 일이다. 이번 담론아카데미에서 충분히 논의되지 못한 지구환경의 문제도 그한 예일 터이며, 다소나마 중요한 의제로 다루어진 페미니즘 문제,

전근대적 제정일치(祭政一致)와 근대적 정교분리를 아울러 넘어서는 정치와 종교의 새로운 관계 모색, 지자본위(智者本位)의 평등사회를 실현하는 방법 등이 모두 그러한 사례에 해당할 것이다.

끝으로 '창비담론'이라지만 상당부분 나 개인이 제기하고 설파해온 담론을 공부의 과제로 채택해준 창비담론 아카데미 운영위원회의 백영서 위원장 이하 여러 동학과 특히 이번에도 서문을 써준 이남주 위원, 그리고 기획에 호응하고 함께 공부해준 참가자 여러분께 머리 숙여 감사드린다. 1기에 이어 2기의 공부내용도 책으로 출간해준 창비사의 호의도 마음에 새기고 있으며 특히 강일우 대표와 염종선 이사, 그리고 윤동희 인문사회출판부장을 비롯한 실무진 여러분에게 고마움을 전한다.

2018년 10월
백낙청 삼가 씀

제2기 창비담론 아카데미 읽기자료

## 1. 복습/보습 목록

백낙청

「민족문학론과 분단문제」(1987, 1990), 『민족문학의 새 단계』, 창작과비평사 1990.

「분단체제의 인식을 위하여」(1993, 1994), 『분단체제 변혁의 공부길』, 창작과 비평사 1994; 정현곤 엮음 『변혁적 중도론』, 창비 2016.

「민족문학론·분단체제론·근대극복론」(1995), 『흔들리는 분단체제』, 창작과 비평사 1998.

「큰 적공, 큰 전환을 위하여」(2014), 『백낙청이 대전환의 길을 묻다』, 창비 2015.

## 2. 기본독서 목록

1) 이남주 엮음 『이중과제론: 근대적응과 근대극복의 이중과제』, 창비 2009.

2) 백낙청

「근대성과 근대문학에 관한 문제제기와 토론」(1993), 『통일시대 한국문학의 보람』, 창비 2006.

「한반도에서의 식민성 문제와 근대 한국의 이중과제」,『창작과비평』105호,
    1999년 가을; 약간 압축·윤문한 형태로『이중과제론』에 재수록.

「황석영의 장편소설『손님』」(2005),『통일시대 한국문학의 보람』.

「근대 세계체제, 인문정신, 그리고 한국의 대학」(2008),『어디가 중도며 어째
    서 변혁인가』, 창비 2009.

「근대, 적응과 극복의 이중과제」(2014), 강정인 외『시민사회의 기획과 도전』,
    민음사 2016.

「근대의 이중과제, 그리고 문학의 '도'와 '덕'」,『창작과비평』170호, 2015년
    겨울.

「문명의 대전환과 종교의 역할」(2016), 박윤철 엮음『문명의 대전환과 후천
    개벽: 백낙청의 원불교 공부』, 모시는사람들 2016.


## 3. 권장독서 목록

1)『백낙청 회화록』(창비 2007, 2017)

이매뉴얼 월러스틴 대담(1998)「21세기의 시련과 역사적 선택」, 제4권.

박혜명 대담(1999)「희망의 21세기, 어떻게 맞이할까」, 제4권.

서준섭 대담(2006)「나의 문학비평과 불교, 로런스, 원불교」, 제5권.

류준필-유재건-최장집 토론(2014)「근대, 적응과 극복의 이중과제」, 제7권.

박윤철 대담(2016)「물질개벽에 상응하는 정신개벽이 일어나야」, 제7권.

김성민 대담(2016)「민족문학론, 분단체제론, 변혁적 중도론」, 제7권.


2) 백낙청 국문논문

「지구화시대의 민족과 문학」(1997),『통일시대 한국문학의 보람』.

「지혜의 시대를 위하여」(1990),『민족문학의 새 단계』.

「다시 지혜의 시대를 위하여」(2001), 『한반도식 통일, 현재진행형』, 창비 2006.

「서장: 민족문학, 세계문학, 한국문학」(2006), 『통일시대 한국문학의 보람』.

「통일시대·마음공부·삼동윤리」(2007, 2009), 『어디가 중도며 어째서 변혁인 가』; 『문명의 대전환과 후천개벽』에도 수록.

「문학이 무엇인지 다시 묻는 일」(2008), 『문학이 무엇인지 다시 묻는 일: 민족 문학과 세계문학 5』, 창비 2011.

「세계화와 문학: 세계문학, 국민/민족 문학, 지역문학」(2010), 『문학이 무엇인 지 다시 묻는 일』.


3) 백낙청 영어논문

Paik Nak-chung, "Coloniality in Korea and a South Korean Project for Overcoming Modernity," *Interventions* 4, Vol 2, No. 1, 2000.

Paik Nak-chung, "The Double Project of Modernity," *New Left Review* 95, September-October 2015.

Paik Nak-chung, "Won-Buddhism and a Great Turning in Civilization," *Cross-Currents: East Asian History and Culture*, No. 22, March 2017, https://cross-currents.berkeley.edu/e-journal/issue-22/paik.


4) 기타

유재건 「한반도 분단체제의 독특성과 6·15시대」(2006, 2007, 2016), 『변혁적 중도론』, 창비 2016.

'특집: 분단체제를 다시 생각할 때'(이남주, 김성경, 김준형, 김동엽), 『창작과비 평』 179호, 2018년 봄.

제2기 창비담론 아카데미 참가자
강경석 김명환 김성경 김학재 박맹수 박종호 백낙청 백영경 백영서 백지연
손종도 송종원 양경언 염승준 염종선 오연경 윤동희 이기정 이남주 이일영
이종현 이지영 이하림 전성이 전철희 정지영 최시현 한기욱 한영인 황정아

# 문명의 대전환을 공부하다
## 이중과제론과 문명전환론

초판 1쇄 발행 / 2018년 11월 26일

지은이 / 백낙청 외
펴낸이 / 강일우
책임편집 / 윤동희
조판 / 박지현
펴낸곳 / (주)창비
등록 / 1986년 8월 5일 제85호
주소 / 10881 경기도 파주시 회동길 184
전화 / 031-955-3333
팩시밀리 / 영업 031-955-3399 편집 031-955-3400
홈페이지 / www.changbi.com
전자우편 / human@changbi.com

ISBN 978-89-364-8632-7 03340